collection dialogues

1re Tle

BAC PRO

Cahier de cours et d'activités

Réforme de la voie professionnelle

NOUVEAU PROGRAMME

Français

Direction de collection

Bérengère Dreux

Christophe Guelff

Auteurs

Rémy Collignon

Bérengère Dreux

Julien Gelly

Christophe Guelff

Jordan Lafond

Cécile Lexa

Jennifer Palermo

Jimmy Pourcelot

Solène Verhille

Nathan TECHNIQUE

Avec ce livre, une licence i-Manuel 2.0

Le i-Manuel 2.0, un outil simple d'utilisation qui reprend l'ensemble des contenus de ce livre sous forme numérique et interactive.

Il permet d'accéder au contenu de ce manuel à tout moment et en tout lieu sur un ordinateur ou une tablette. L'utilisateur peut donc passer du papier au numérique et choisir le support qui lui convient le mieux selon le travail à faire et le lieu où il se trouve.

Une véritable interactivité entre l'enseignant et sa classe

- Piloter la classe : assurer le suivi du travail des élèves à distance et en cours (recevoir et envoyer du travail, faire des commentaires, intervenir en temps réel)
- Intégrer et envoyer à la classe, à un ou plusieurs élèves, des documents personnels
- Afficher les corrigés ou la correction individuelle du travail de l'élève
- Vidéoprojeter en classe les activités, les documents et les corrections pour animer les cours et travailler collectivement
- Télécharger la version papier pour une utilisation sans connexion
- Imprimer des documents pour mettre les élèves en situation d'examen

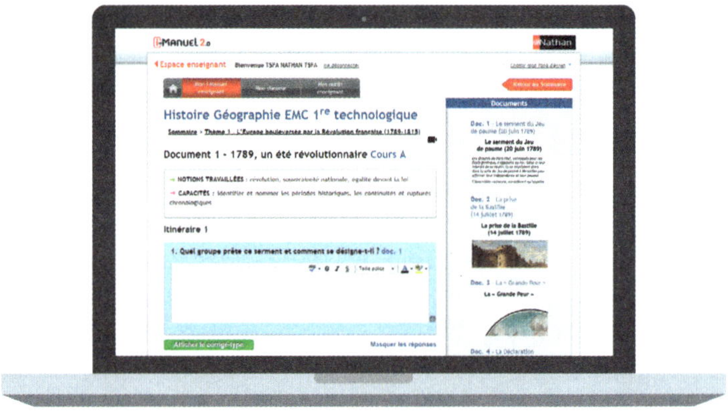

Des fonctionnalités innovantes pour favoriser l'intérêt, la motivation et l'implication des élèves

- Saisir les réponses en travaillant sur ordinateur ou tablette
- Faire les activités et les exercices, préparer ou réviser le cours en classe ou à la maison
- Accéder directement aux ressources numériques, vidéos, logiciels professionnels, fichiers élèves...
- Sauvegarder le travail effectué dans un dossier (classeur)
- Envoyer le travail à son professeur
- S'enregistrer, s'auto-évaluer et se former aux outils numériques

Toutes les infos et les tutos sur www.nathan.fr/i-manuel2

Des ressources numériques en accès direct

Flashez les QR Codes avec votre smartphone ou saisissez les mini-liens associés pour accéder à des vidéos, animations, QCM…

i-MANUEL 2.0

LA SOLUTION NUMÉRIQUE

pour mettre les élèves en activité

COMMENT ACCÉDER À VOTRE i-MANUEL 2.0 ÉLÈVE

Votre enseignant souhaite travailler en classe avec le i-Manuel 2.0 :

POUR ACTIVER VOTRE i-MANUEL 2.0

1. ▶ Transmettez votre clé d'activation imprimée ci-dessous à votre enseignant qui, en retour, vous communiquera vos identifiant et mot de passe.

VOTRE CLÉ D'ACTIVATION PERSONNELLE

BM-2-24-NMK2S-WTICO

L'activation des licences i-Manuel 2.0 des élèves est laissée au libre choix de l'enseignant et l'ouvrage imprimé peut toujours être utilisé seul. Il faut activer au minimum 12 clés élèves pour créer une classe.

2. ▶ **Ensuite, pour vous connecter,** rendez-vous, selon les indications de votre enseignant :

▶ Sur imanuel.nathan.fr et connectez-vous à votre espace élève i-MANUEL 2.0 avec vos identifiant et mot de passe.

OU

▶ Sur la plateforme, ou l'ENT de votre établissement, et accédez directement à votre i-MANUEL 2.0.

À SAVOIR

Votre clé d'activation élève est unique et personnelle, une fois utilisée, elle ne sera plus valide.
Elle offre un accès à un seul élève pour une période de 24 mois (à compter de la première activation) et ne peut être réutilisée par d'autres élèves les années suivantes.

Pour l'enseignant : rendez-vous sur **www.nathan.fr/i-manuel2** pour contacter votre délégué pédagogique Nathan, disposer de toutes les informations pratiques pour créer vos classes, activer les licences de vos élèves.
Au-delà de 100 licences élèves à activer, vous pouvez contacter accompagnement@cns-edu.fr
Pour équiper vos élèves de nouvelles licences 100% numériques i-Manuel 2.0, connectez-vous sur cns-edu.com

Nathan TECHNIQUE

AVANT-PROPOS

Ce nouveau Cahier de cours et d'activités est fidèle aux nouveaux programmes (Bulletin Officiel spécial n°1 du 06 février 2020) et aux vademecums diffusés par l'Institution dans le cadre de la Transformation de la Voie Professionnelle.

L'équipe d'auteurs, majoritairement composée d'enseignants en Bac Pro, propose de travailler l'acquisition des quatre compétences du programme :

- **Maîtriser l'échange oral :** écouter, réagir, s'exprimer dans diverses situations de communication ;
- **Maîtriser l'échange écrit :** lire, analyser, écrire et adapter son expression écrite selon les situations et les destinataires ;
- **Devenir un lecteur compétent et critique**, adapter sa lecture à la diversité des textes ;
- **Confronter des connaissances et des expériences** pour se construire.

Une articulation entre les différentes dominantes de l'enseignement du français

Tous les textes ne peuvent pas être abordés de la même manière : en systématisant un double itinéraire de lecture articulant les différentes **dominantes abordées en français**, ce cahier de cours et d'activités aide à affronter les **points résistants** des textes ou des images, propose des outils d'**individualisation** et de **motivation** correspondant à tous les profils d'élèves.

- Le premier itinéraire offre, par exemple, une entrée par la **lecture personnelle** ou un **point de langue**.
- Le second itinéraire propose une **lecture plus distanciée** conduisant progressivement les élèves vers l'interprétation des textes et des images.

Indissociables dans les apprentissages, **l'articulation entre lecture et écriture** est omniprésente. Dans les ateliers d'écriture, l'**écriture en plusieurs jets** est privilégiée et l'**oral** permet de travailler l'argumentation.

Perspective Bac, accompagnement, différenciation et passerelle BTS

- Pour préparer les élèves à la nouvelle épreuve du baccalauréat professionnel, des pages Méthode BAC proposent de travailler les différentes compétences évaluées à l'examen.
- Pour développer le **travail personnel** des élèves et les compétences permettant d'**apprendre à apprendre**, des activités d'accompagnement personnalisé ont été conçues pour répondre aux besoins des élèves. Toutes les activités sont réalisables en une heure.
- Les pages Vers le BTS préparent les élèves à la poursuite d'études, en montrant les continuités avec le Bac Pro et les exigences du BTS. Des activités en lien avec le **numérique** favorisent par ailleurs le travail collaboratif, le tutorat ou la différenciation.

Ancrer le français dans la pédagogie de projets

Les élèves doivent développer leur **autonomie** et leur **adaptabilité** afin d'assurer leur insertion sur le marché du travail et d'envisager un parcours professionnel épanouissant. L'enseignement du français a toute sa place dans l'acquisition de ces **compétences transversales** grâce à la pédagogie de projet.

Le cahier de cours et d'activités propose des pistes concrètes et contextualisées de co-intervention et de chefs-d'œuvres. Aisément réalisables en classe, elles permettent de donner davantage de sens à l'enseignement du français.

Développer l'horizon culturel des élèves

Les pages Rencontre des arts permettent de visiter des lieux patrimoniaux, de se confronter au spectacle vivant, de produire une information. Les pages Découverte, quant à elles, proposent d'entrer de manière motivante dans les objets d'étude.

Un cahier de grammaire solide

En fin d'ouvrage, un cahier de grammaire propose des **cours détaillés et accessibles** et des **exercices progressifs et variés**.

Gageons que les choix arrêtés sauront répondre aux besoins des élèves et qu'ils seront, pour chaque enseignant, des outils précieux pour un travail riche, renouvelé, adapté aux exigences des programmes et aux réalités du terrain.

Les auteurs.

SOMMAIRE **PREMIÈRE**

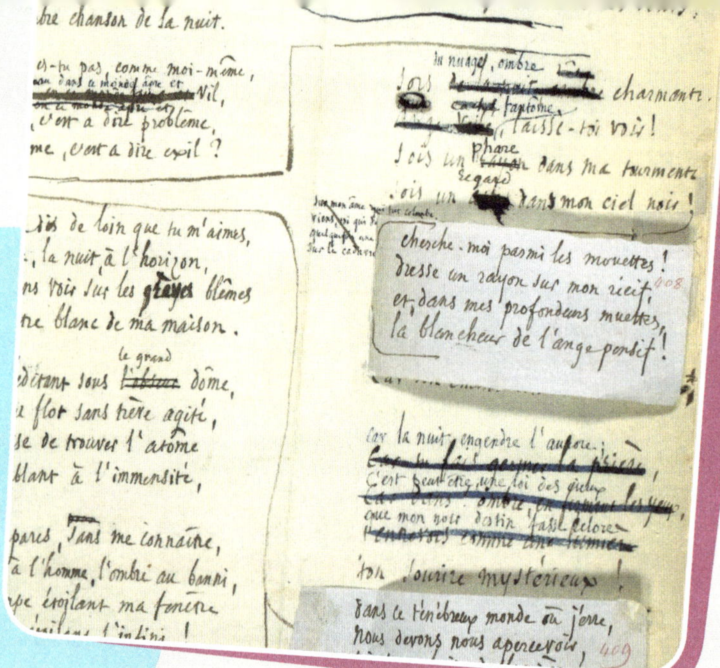

OBJET D'ÉTUDE **1**

CRÉER, INVENTER : **L'INVENTION ET L'IMAGINAIRE**

OBJET D'ÉTUDE 2

LIRE ET SUIVRE UN PERSONNAGE : ITINÉRAIRES ROMANESQUES

OBJET D'ÉTUDE

VIVRE AUJOURD'HUI : **L'HUMANITÉ, LE MONDE, LES SCIENCES ET LES TECHNIQUES**

LES OUTILS

ÉTUDE DE LA LANGUE

MÉTHODE BAC

ACCOMPAGNEMENT PERSONNALISÉ

VERS LE BTS

Mon carnet

En classe de Première, vous allez étudier deux objets d'étude.

« Créer, inventer : l'invention et l'imaginaire »

• Dans ce premier objet d'étude, vous allez découvrir et analyser des poèmes, mais surtout vous vous interrogerez sur la création poétique. D'où vient l'inspiration ? Comment invente-t-on de nouvelles formes poétiques ? Comment les poètes travaillent-ils leur texte ?

« Lire et suivre un personnage : itinéraires romanesques »

• Dans ce second objet d'étude, vous allez suivre l'itinéraire romanesque de différents personnages. Vous allez vous interroger sur leur évolution dans les romans. Comment le personnage se transforme-t-il au fil des pages ? Quelle place occupe-t-il dans le roman ? Cette place est-elle la même dans les romans du XIXe et ceux du XXe siècles ?

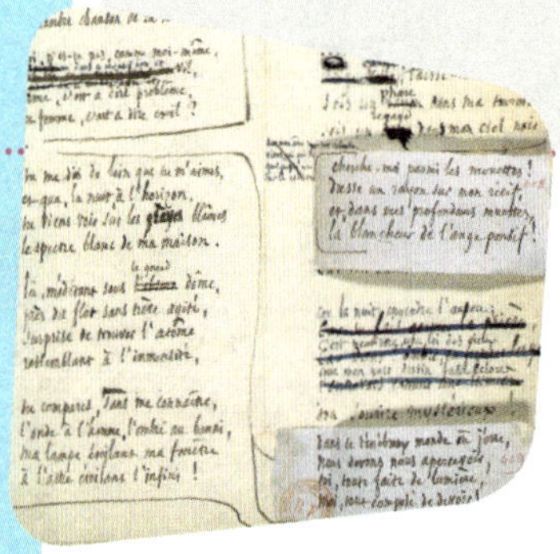

« CRÉER, INVENTER : L'INVENTION ET L'IMAGINAIRE »

JE DÉFINIS LES MOTS CLÉS DE L'OBJET D'ÉTUDE

1 Qu'est-ce que « créer » ?

....

....

2 Qu'est-ce qu'« inventer » ?

....

....

3 Quelle relation la création et l'invention entretiennent-elles avec l'imaginaire ?

....

....

MON PLANNING DE LECTURE

Les lectures de mon cahier	À lire pour le	Lu
....	....	☐
....	....	☐
....	....	☐
....	....	☐

Mes lectures personnelles	À lire pour le	Lu
....	....	☐
....	....	☐
....	....	☐
....	....	☐

PERSPECTIVE BAC

Quels sont vos objectifs dans le cadre de cet objet d'étude ?

CAPACITÉ | **PARLER** ....

....

CAPACITÉ | **LIRE** ....

....

CAPACITÉ | **ÉCRIRE** ....

....

MES OBJECTIFS PERSONNELS

Qu'espérez-vous travailler ou découvrir dans cet objet d'étude ?

....

....

....

....

....

de bord

« LIRE ET SUIVRE UN PERSONNAGE : **ITINÉRAIRES ROMANESQUES** »

JE DÉFINIS LES MOTS CLÉS DE L'OBJET D'ÉTUDE

1. Selon vous, que signifie l'expression « Suivre un personnage » ?

....

....

....

2. Quand on parle de personnage, qu'est-ce qu'un « itinéraire romanesque » ?

....

....

....

MON PLANNING DE LECTURE

Les lectures de mon cahier	À lire pour le	Lu
....	....	☐
....	....	☐
....	....	☐
....	....	☐

Mes lectures personnelles	À lire pour le	Lu
....	....	☐
....	....	☐
....	....	☐
....	....	☐

PERSPECTIVE BAC

Quels sont vos objectifs dans le cadre de cet objet d'étude ?

CAPACITÉ | **PARLER** ....

....

CAPACITÉ | **LIRE** ....

....

CAPACITÉ | **ÉCRIRE** ....

....

MES OBJECTIFS PERSONNELS

Qu'espérez-vous travailler ou découvrir dans cet objet d'étude ?

....

....

....

....

....

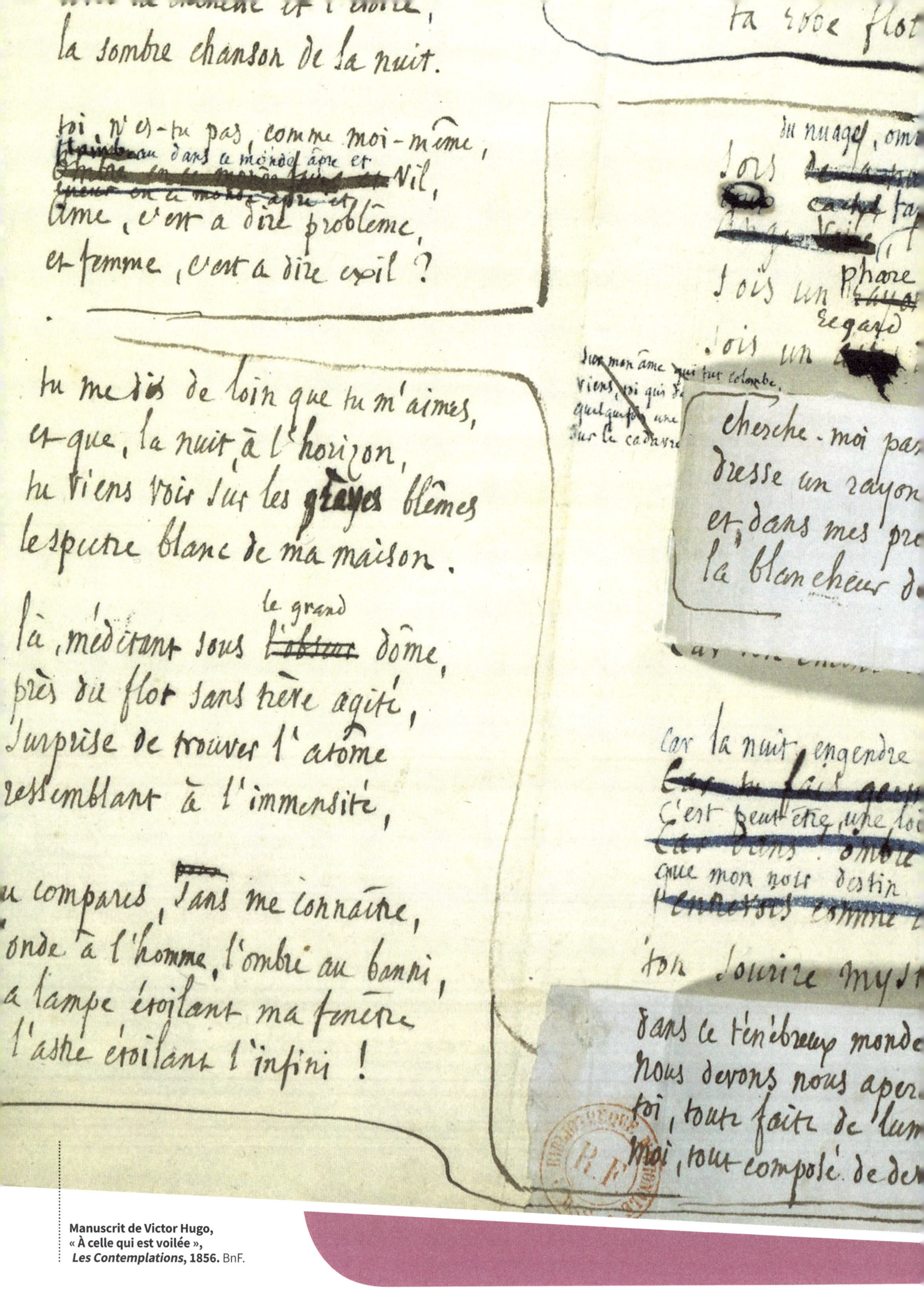

la sombre chanson de la nuit.

toi, n'es-tu pas, comme moi-même,
dans le monde âpre et vil,
âme, c'est à dire problème,
et femme, c'est à dire exil ?

tu me dis de loin que tu m'aimes,
et que, la nuit, à l'horizon,
tu viens voir sur les grèves blêmes
le spectre blanc de ma maison.

là, méditant sous le grand dôme,
près du flot sans trêve agité,
surprise de trouver l'atome
ressemblant à l'immensité,

u compares, sans me connaître,
onde à l'homme, l'ombre au banni,
a lampe étoilant ma fenêtre
l'astre étoilant l'infini !

sois un phare

cherche-moi pas
dresse un rayon
et, dans mes pr
la blancheur d

Car la nuit engendre
C'est peut-être une loi
que mon noir destin

ton sourire myst

dans ce ténébreux monde
nous devons nous aper
toi, toute faite de lum
moi, tout composé de de

Manuscrit de Victor Hugo, « À celle qui est voilée », *Les Contemplations*, 1856. BnF.

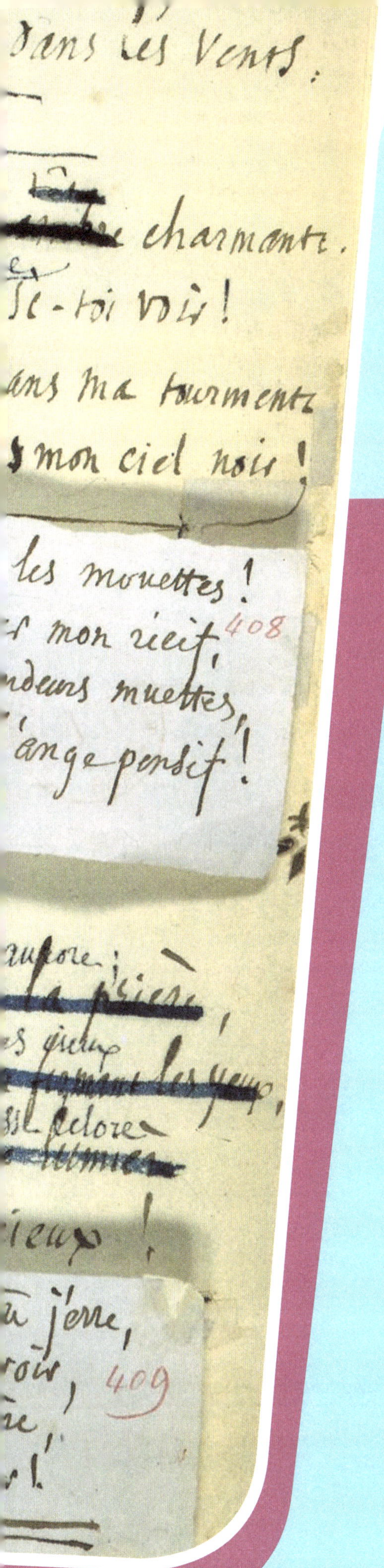

CRÉER, INVENTER : L'INVENTION ET L'IMAGINAIRE

OBJET D'ÉTUDE 1

Découverte

Brouillons poétiques

1 Victor Hugo, « **Océan** », ***La Légende des siècles***, 1854

◆ Hugo a conservé tous ses manuscrits dans le souci de les léguer, après sa mort, à la Bibliothèque nationale de France. La « malle aux manuscrits » contient les manuscrits des romans et des poèmes, mais aussi des albums et des carnets de dessins.

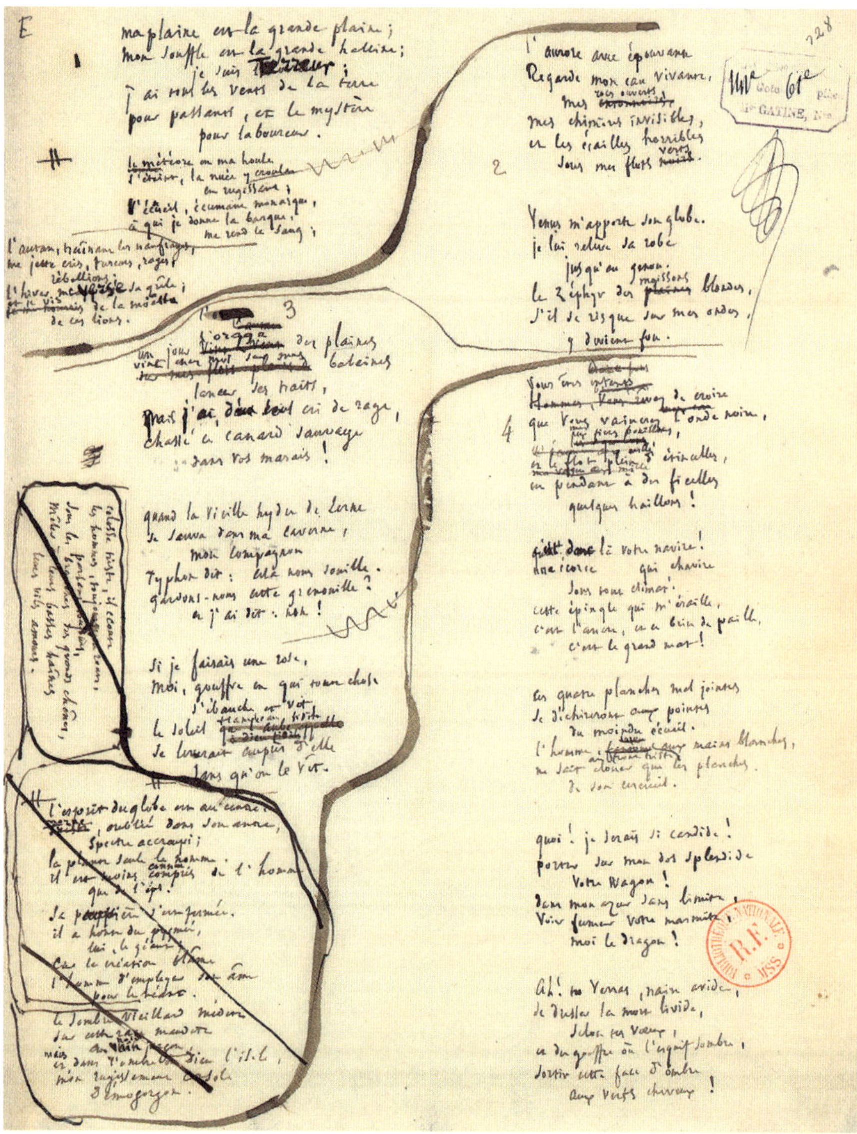

BnF.

1 Quels aspects graphiques témoignent de la réflexion de Hugo et d'Apollinaire sur leur texte ?

....

....

2 Comment ces deux poètes exploitent-ils l'espace de la page ?

....

....

Consultez le site de la BnF sur les brouillons d'écrivains.
liennathan.fr/o4c41o

2 Guillaume Apollinaire, « **Cahier de Stavelot** », 1899

◆ Apollinaire n'a que 19 ans lorsqu'il ébauche dans ces cahiers d'écolier, dits cahiers de « Stavelot », ses premières poésies.

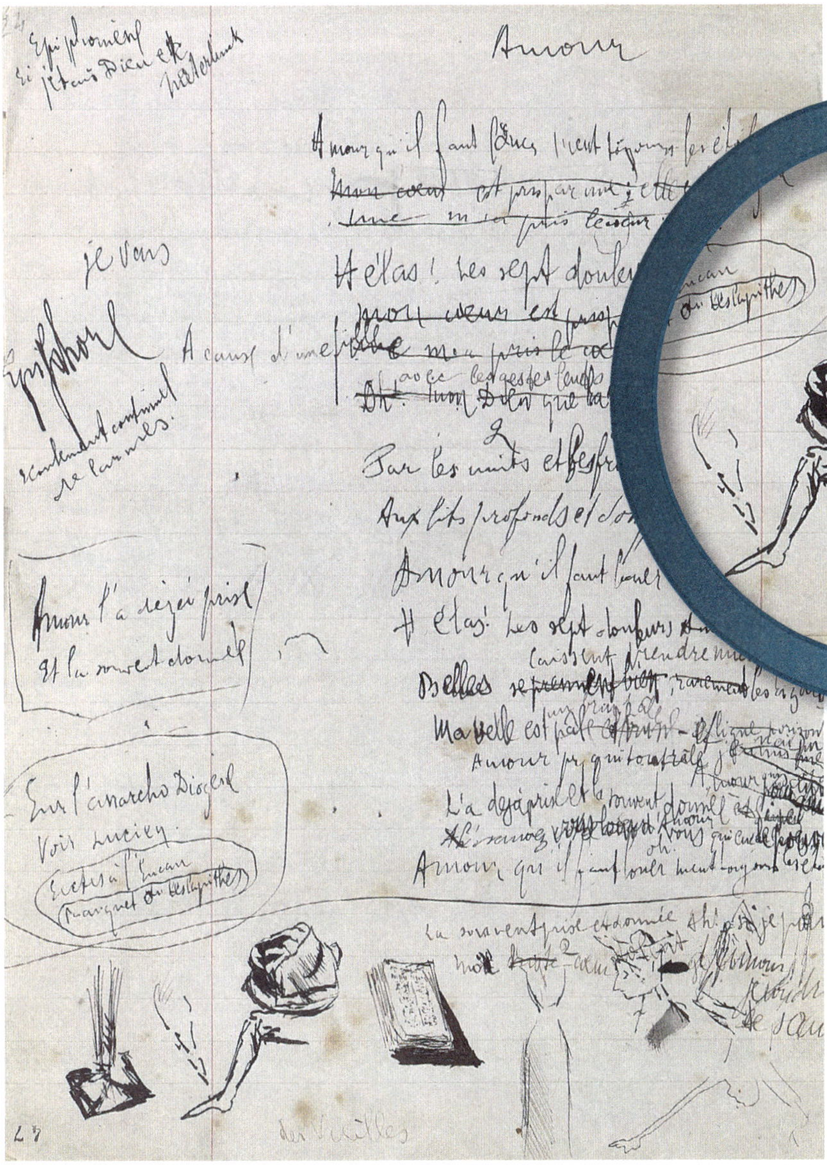

BnF.

3 Selon vous, en quoi les dessins d'Apollinaire traduisent-ils la réflexion du poète ?

....

....

....

....

....

ACTIVITÉ

Vous allez écrire un poème en vers ou en prose à partir des mots du cahier d'Apollinaire.

a. Relevez les mots lisibles sur le cahier d'Apollinaire.

b. Composez votre poème. Sur votre brouillon, à la manière de Hugo et d'Apollinaire, cherchez des idées, griffonnez, dessinez, écrivez.

c. Mettez au propre le premier jet de votre poème.

d. Retravaillez votre brouillon : rayez tout ce qui vous semble superflu.

e. Relisez votre texte : qu'en pensez-vous ?

La création poétique : imaginer, inventer, écrire

1 Nicolas Poussin
L'Inspiration d'Anacréon, vers 1628

Landesmuseum Hannover.

ACTIVITÉS

Découvrir

1 Qui était Anacréon ?

2 Identifiez les personnages à droite et à gauche d'Anacréon : quels rôles jouent-ils auprès du poète ?

3 Poussin s'est inspiré d'un autre de ses tableaux pour réaliser celui-ci. Lequel ? Quelles différences et similitudes constatez-vous ?

Lire et écrire

4 **a.** Effectuez des recherches sur la poésie du XVIIe au XIXe siècle : des poètes ont-il écrit sur l'art d'écrire des poèmes ? Lesquels ?

b. Dans un court paragraphe, résumez leurs conseils.

Rechercher

5 Qu'est-ce que le Mont Parnasse ?

6 En quoi était-il lié à l'inspiration des poètes dans l'Antiquité ?

Un jeu sur la forme et les modèles

Écoutez le poème.
liennathan.fr/gt2e51

TRISTAN L'HERMITE
(1601-1655)

Repères

La préciosité

• Elle se manifeste d'abord comme une réaction à la grossièreté de la cour d'Henri IV et de celle de la première Régence. Les poètes cherchent à employer un langage raffiné et des images qui surprennent le lecteur.

2 Tristan L'Hermite

Les Plaintes d'Acante, 1633

Sur un tombeau

Celle dont la dépouille en ce marbre est enclose
Fut le digne sujet de mes saintes amours :
Las ! depuis qu'elle y dort, jamais ne repose,
Et s'il faut[1] en veillant que j'y songe toujours.

Ce fut une si rare et si parfaite chose
Qu'on ne peut la dépeindre avec l'humain discours ;
Elle passa pourtant de même qu'une rose,
Et sa beauté plus vive eut des termes plus courts.

La Mort qui par mes pleurs ne fut point divertie[2]
Enleva de mes bras cette chère partie
D'un agréable tout qu'avait fait l'amitié[3].

Mais, ô divin esprit qui gouvernait mon âme,
La Parque[4] n'a coupé notre fil qu'à moitié,
Car je meurs en ta cendre et tu vis dans ma flamme.

1. C'est pourquoi il faut. 2. Divertie est ici le synonyme de détournée. 3. L'amour. 4. Les trois Parques (Clotho, Lachésis et Atropos) mesurent la vie des hommes à l'aide d'un fil. La première le file, la seconde le mesure et la dernière le coupe.

Questions

Itinéraire 1

◆ **ORAL**

1. Quel sentiment pouvez-vous associer à ce poème ?

◆ **LECTURE**

2. Quels thèmes sont abordés dans ce poème ?

....

....

....

3. Surlignez les indices de l'énonciation : dans quel état affectif se trouve le poète ?

....

....

4. En quoi le dernier vers est-il important ?

....

....

....

Itinéraire 2

◆ **LECTURE**

5. De quel type de poème s'agit-il ? Quelles contraintes cette forme poétique impose-t-elle ?

....

....

6. Surlignez les périphrases. Que pouvez-vous en déduire sur le travail de l'écriture poétique ?

....

....

◆ **ÉCRITURE**

7. Pourquoi peut-on qualifier ici l'écriture du poète d'« exercice de style » ? Vous justifierez votre réponse en prenant appui sur le fond et la forme du poème.

....

....

....

3 Jean de La Fontaine
***Fables*, 1668**

JEAN DE LA FONTAINE
(1621-1695)

Le Loup et la Cigogne

Les Loups mangent gloutonnement[1].
Un Loup donc étant de frairie[2]
Se pressa, dit-on, tellement
Qu'il en pensa perdre la vie.
Un os lui demeura bien avant au gosier.
De bonheur pour ce Loup, qui ne pouvait crier,
Près de là passe une Cigogne.
Il lui fait signe ; elle accourt.
Voilà l'Opératrice[3] aussitôt en besogne.
Elle retira l'os ; puis, pour un si bon tour,
Elle demanda son salaire.
« Votre salaire ? dit le Loup :
Vous riez, ma bonne commère !
Quoi ? ce n'est pas encor beaucoup
D'avoir de mon gosier retiré votre cou ?
Allez, vous êtes une ingrate :
Ne tombez jamais sous ma patte[4]. »

1. Avec grand appétit.
2. Divertissement.
3. Chirurgien ou médecin vendant des drogues.
4. Après un reproche cynique, le Loup affiche sa méchanceté.

TEXTE ÉCHO

4 Ésope
***Fables*, VIIe- VIe siècles av. J.-C**

Du Loup et de la Grue

Un Loup s'étant enfoncé par hasard un os dans la gorge, promit une récompense à la Grue, si elle voulait avec son bec retirer cet os, dont il se sentait incommodé. Après qu'elle lui eut rendu ce bon office, elle lui demanda le salaire dont ils étaient convenus. Mais le Loup avec un rire moqueur et grinçant les dents : « Contentez-vous, lui dit-il, d'avoir retiré votre tête saine et sauve de la gueule du Loup, et de n'avoir pas éprouvé à vos dépens combien ses dents sont aiguës. »

Questions

Itinéraire 1

◆ ORAL

1. Quels éléments du texte d'Ésope ont été repris par La Fontaine ?

Itinéraire 2

◆ LECTURE

2. Pourquoi peut-on dire que La Fontaine réécrit Ésope ?

3. Qu'apporte l'usage du vers à la narration chez La Fontaine ?

4. Le Loup a-t-il les mêmes caractéristiques dans les deux fables ? Justifiez votre réponse en surlignant les éléments dans les deux textes.

◆ ÉCRITURE

5. Trouvez une fable d'Ésope et, à la manière de La Fontaine, réécrivez-la sur une feuille de brouillon.

> **▶ CONSEIL**
> • Votre production sera écrite en vers. Elle reprendra les éléments de la narration d'Ésope.
> • Vous centrerez votre fable sur l'un des deux personnages.

◆ ORAL

6. Présentez les deux fables et montrez comment La Fontaine s'inspire des textes de l'Antiquité pour composer ses fables.

5 Victor Hugo
Les Contemplations, 1856

VICTOR HUGO (1802-1885)
La mort de sa fille Léopoldine en 1843 bouleverse Hugo. Il écrit « Demain, dès l'aube » en 1847 alors qu'il se rend à Villequier sur sa tombe.

Écoutez le poème.
liennathan.fr/fk47g9

Demain, dès l'aube

Demain, dès l'aube, à l'heure où blanchit la campagne,
Je partirai. Vois-tu, je sais que tu m'attends.
J'irai par la forêt, j'irai par la montagne.
Je ne puis demeurer loin de toi plus longtemps.

Je marcherai les yeux fixés sur mes pensées,
Sans rien voir au dehors, sans entendre aucun bruit,
Seul, inconnu, le dos courbé, les mains croisées,
Triste, et le jour pour moi sera comme la nuit.

Je ne regarderai ni l'or du soir qui tombe,
Ni les voiles au loin descendant vers Harfleur,
Et quand j'arriverai, je mettrai sur ta tombe
Un bouquet de houx vert et de bruyère en fleur.

Auguste de Châtillon, *Léopoldine Hugo, au livre des Heures*, 1835.
Maison de Victor Hugo, Paris.

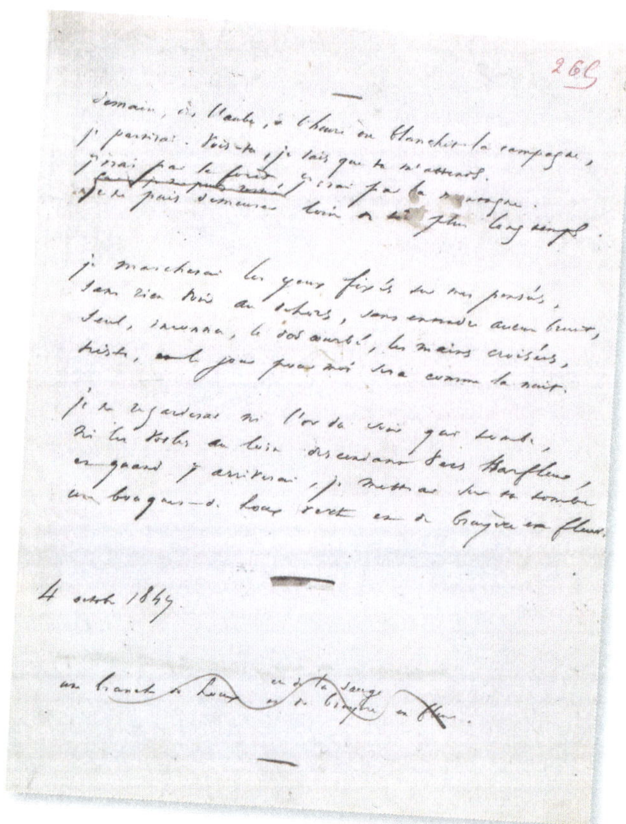

Manuscrit de Victor Hugo « Demain, dès l'aube », *Les Contemplations*, 1847.

Consultez le site de la BnF sur les brouillons d'écrivains.
liennathan.fr/o4c41o

6 Victor Hugo
« Dolor », *Les Contemplations*, 1854

Hugo travaille au poème « Dolor » en 1854.
Ce poème sera publié dans le recueil des *Contemplations* en 1856

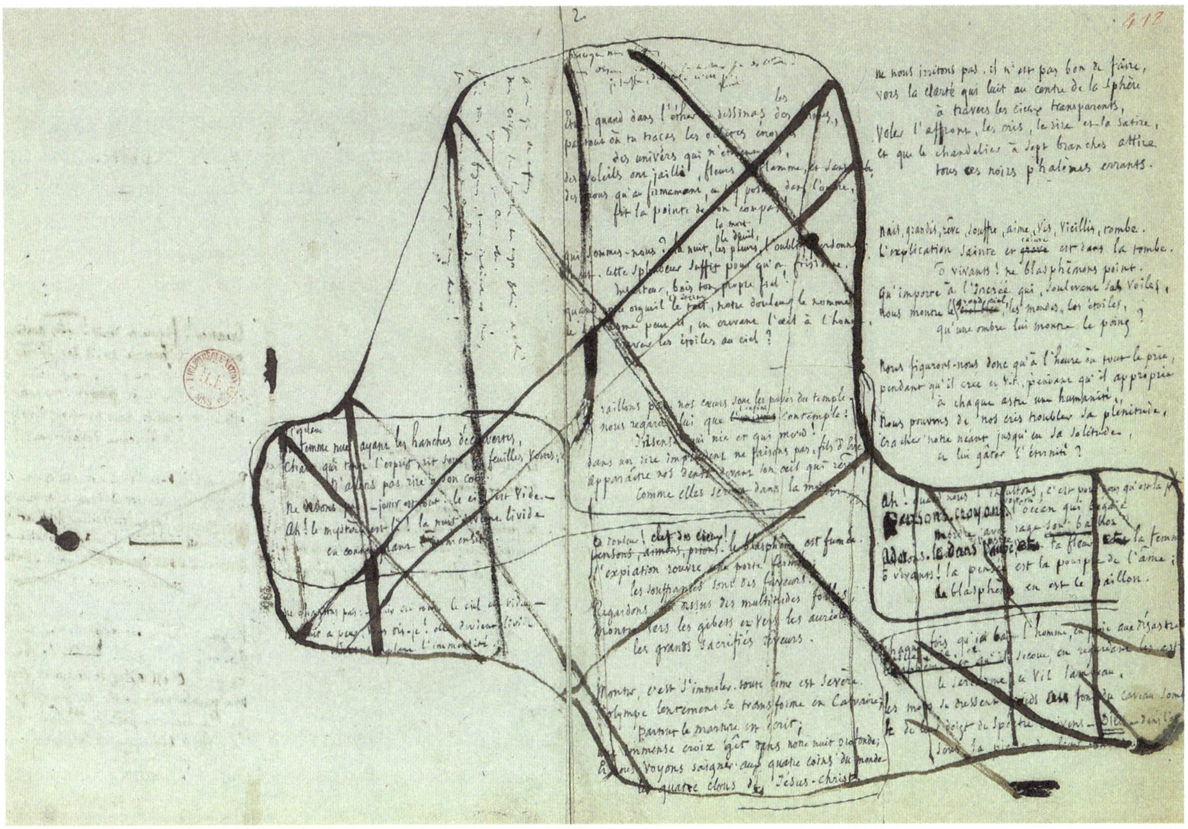

BnF.

Questions

Itinéraire 1

◆ **ORAL**

1. Associez un sentiment au poème et justifiez votre réponse.

Itinéraire 2

◆ **LECTURE**

2. Quel souvenir a poussé Hugo à écrire ce poème ?

....

3. Pourquoi, selon vous, le poème « Demain, dès l'aube » est-il si peu raturé ?

....

....

....

....

4. Comparez le manuscrit de « Demain, dès l'aube » et celui de « Dolor ». Quelles différences observez-vous ?

....

....

....

◆ **ÉCRITURE**

5. À partir de votre observation du manuscrit du poème « Dolor », que pouvez-vous en déduire sur le travail poétique de Hugo ?

....

....

....

....

....

....

La création poétique : regarder le monde autrement

7 Charles Baudelaire
Petits poèmes en prose, préface, 1869

CHARLES BAUDELAIRE (1821-1867)
Par la forme et les thèmes du poème en prose, Baudelaire fait figure de poète moderne.

Dans cette préface en forme de lettre à Arsène Houssaye, Baudelaire explique sa conception du poème en prose.

J'ai une petite confession à vous faire. C'est en feuilletant, pour la vingtième fois au moins, le fameux *Gaspard de la nuit* d'Aloysius Bertrand[1] (un livre connu de vous, de moi et de quelques-uns de nos amis, n'a-t-il pas tous les droits à être appelé *fameux* ?) que l'idée m'est venue de tenter quelque chose d'analogue, et d'appliquer à la description de la vie moderne, ou plutôt d'*une* vie moderne et plus abstraite, le procédé qu'il avait appliqué à la peinture de la vie ancienne, si étrangement pittoresque.

Quel est celui de nous qui n'a pas, dans ses jours d'ambition, rêvé le miracle d'une prose poétique, musicale sans rythme et sans rime, assez souple et assez heurtée pour s'adapter aux mouvements lyriques de l'âme, aux ondulations de la rêverie, aux soubresauts de la conscience ?

C'est surtout de la fréquentation des villes énormes, c'est du croisement de leurs innombrables rapports que naît cet idéal obsédant.

1. Recueil de courts poèmes en prose sous-titré *Fantaisie à la manière de Rembrandt et de Callot* et publié en 1842.

8 Charles Baudelaire
Petits poèmes en prose, 1869

Les Fenêtres

Celui qui regarde du dehors à travers une fenêtre ouverte ne voit jamais autant de choses que celui qui regarde une fenêtre fermée. Il n'est pas d'objet plus profond, plus mystérieux, plus fécond, plus ténébreux, plus éblouissant qu'une fenêtre éclairée d'une chandelle. Ce qu'on peut voir au soleil est toujours moins intéressant que ce qui se passe derrière une vitre. Dans ce trou noir ou lumineux vit la vie, rêve la vie, souffre la vie.

Par-delà des vagues de toits, j'aperçois une femme mûre, ridée déjà, pauvre, toujours penchée sur quelque chose, et qui ne sort jamais. Avec son visage, avec son vêtement, avec son geste, avec presque rien, j'ai refait l'histoire de cette femme, ou plutôt sa légende, et quelquefois je me la raconte à moi-même en pleurant.

Si c'eût été un pauvre vieux homme, j'aurais refait la sienne tout aussi aisément. Et je me couche, fier d'avoir vécu et souffert dans d'autres que moi-même.

Peut-être me direz-vous : « Es-tu sûr que cette légende soit la vraie ? » Qu'importe ce que peut-être la réalité placée hors de moi, si elle m'a aidé à vivre, à sentir que je suis et ce que je suis ?

Écoutez le poème.
liennathan.fr/29vti7

Questions

Itinéraire 1

◆ LECTURE

1. Où Baudelaire trouve-t-il son inspiration ? Surlignez les éléments qui le montrent (texte 7).

2. Pourquoi Baudelaire veut-il abandonner le vers traditionnel (texte 7) ?

....

....

....

Itinéraire 2

◆ LECTURE

3. Pourquoi ce qui se passe « derrière une vitre » (l. 7, poème 8) est-il toujours plus intéressant ?

....

....

4. Le poème « Les Fenêtres » illustre-t-il ce qui est écrit dans la préface ?

....

....

....

VERS LE BAC

Dans mon carnet personnel...

Dans cette séquence, vous avez lu et découvert des poèmes des XVIIe et XIXe siècles et vous avez pu réfléchir à la manière dont s'élabore l'acte poétique.
Dans votre carnet personnel, vous allez maintenant garder une trace de votre lecture en reconstituant ce qui fait la démarche créative des poètes, entre inspiration et travail sur le texte.

LECTURE

1 Quel poème avez-vous préféré ? Pourquoi ?

....

....

2 Parmi les textes étudiés, quel passage aimeriez-vous retenir ? Pourquoi ?

....

....

3 Quelles sont les différentes sources d'inspiration des poètes que vous avez étudiés ?

....

....

....

4 Peut-on dire que la poésie est aussi un travail sur le texte ? Pourquoi ?

....

....

RECHERCHE ET ÉCRITURE

5 Recherchez sur Internet une peinture illustrant l'un des poèmes étudiés et justifiez votre choix.

....

....

....

....

ORAL

6 Écrire de la poésie, est-ce se laisser porter uniquement par son imaginaire ? Débattez de ce sujet.

MISE EN PERSPECTIVE

7 De quelles autres œuvres pourriez-vous rapprocher les différents poèmes étudiés ?

....

....

....

....

....

....

SYNTHÈSE

VERS L'ÉPREUVE

Répondez à la problématique de la séquence :
Le poète est-il seulement un artiste « inspiré » ?
Vous rédigerez une réponse argumentée en faisant appel aux connaissances acquises dans cette séquence. Vous enrichirez votre réponse en vous appuyant sur vos lectures personnelles et votre culture.

ÉCRIRE...

Un poème à contraintes

▶ Dans cet atelier d'écriture, vous allez composer un blason. Puis vous réfléchirez au cheminement de votre inspiration poétique et à la manière dont vous avez travaillé votre poème.

Eugène Delacroix,
***Jeune orpheline au cimetière*,**
1824. Musée du Louvre, Paris.

AVANT DE COMMENCER

a. En poésie, qu'est-ce qu'un blason ?
Recherchez la définition.

....

....

....

b. Lisez le blason de Maurice Scève (▶ p. 23). Autour de quel élément du visage, le poème est-il construit ?

....

▶ **VOCABULAIRE**
• **Périphrase :** elle exprime une idée avec plusieurs mots. Ex. : « L'astre du jour » pour désigner le « soleil ».

À VOUS D'ÉCRIRE

• **Composez un blason qui rend hommage à la jeune fille du tableau.**

ÉTAPE 1 S'attacher au visage

• Quelle impression se dégage de ce portrait ?
• Quel détail de son visage pourrait vous servir de point de départ ?
• À quoi allez-vous associer les parties de ce visage ?

ÉTAPE 2 Écrire le poème

• Quelles métaphores pourriez-vous développer ?
• Quelles périphrases pourriez-vous employer ?
• Quel lexique pourriez-vous utiliser pour décrire la jeune fille ?
• Quelles rimes allez-vous créer ?

ÉTAPE 3 Travailler le poème

• Vous pouvez travailler les champs lexicaux, trouver des synonymes ou encore enrichir vos images en les développant sur plusieurs vers.
• Poursuivez votre travail d'enrichissement jusqu'à ce qu'il vous semble suffisamment pertinent.
• Relisez votre poème et corrigez vos fautes.

Je découvre un poème

Maurice Scève, *Le Front*, 1536

Front large et haut, front patent[1] et ouvert,
Plat et uni, des beaux cheveux couvert :
Front qui est clair et serein firmament
Du petit monde, et par son mouvement
Est gouverné le demeurant[2] du corps :
Et à son vueil sont les membres concors[3] :
Lequel je vois être troublé par nues[4],
Multipliant ses rides très-menues,
Et du côté qui se présente à l'œil
Semble que là se lève le soleil.
Front élevé sur cette sphère ronde,
Où tout engin[5] et tout savoir abonde.
Front révéré, Front qui le corps surmonte
Comme celui qui ne craint rien, fors[6] honte.
Front apparent, afin qu'on pût mieux lire
Les lois qu'amour voulut en lui écrire,
Ô front, tu es une table d'attente
Où ma vie est, et ma mort très-patente !

1. Découvert (sens ancien, du latin *patere*) 2. Le reste.
3. À sa volonté les membres sont d'accord. 4. Nuage.
5. Esprit inventif (sens ancien, du latin *ingenium*). 6. Sinon.

Je rédige un blason

▶ Composez un blason qui rend hommage à la jeune fille du tableau.

LES OUTILS POUR ÉCRIRE

Les parties du visage

Vous pouvez mettre en valeur le **physique** de la jeune femme en utilisant :
• **les mots du visage** : *les cheveux, la chevelure ; le front ; les sourcils ; les cils ; les yeux ; le nez ; la bouche ; les lèvres ; la joue, les pommettes, les oreilles ; le cou ; la nuque…*
Le visage peut être : *charmant ; doux ; provocateur ; intrépide ; somptueux ; magnifique…*
• Vous pouvez **qualifier** les parties du visage par des **adjectifs** :
Les yeux sont : *en amande ; plissés ; fendus ;*
La pupille est *noire, profonde, obscure…*
Ils semblent *apeurés ; terrifiés ; surpris ; étonnés ; rêveurs ; profonds…*
Le nez peut être *fin ; droit ; mince ; aquilin…*
Les lèvres *ourlées ; charnues ; veloutées…*

Les répercussions sur le poète

• **Vous pouvez être :** *troublé ; déconcerté ; bouleversé, étonné ; ému…*
Ou encore *charmé ; captivé ; émerveillé ; séduit ; fasciné…*
• Utilisez des **périphrases**, ou encore des **métaphores** : *(mon) soleil…*

Pratiquer l'exagération

• Vous pouvez recourir à l'**anaphore** (répétition d'une même tournure en début de phrase) ;
• ou employer des **hyperboles** et des **adverbes intensifs** : *très ; particulièrement ; beaucoup ; intensément…*

DE L'ATELIER À L'ÉPREUVE

• Afin d'enrichir votre carnet personnel, intégrez-y votre poème et expliquez comment l'inspiration vous est venue. Vous êtes-vous laissé(e) porter par votre imaginaire, ou au contraire guider par les contraintes du poème ?

VERS L'ÉPREUVE

• Entraînez-vous à présenter oralement votre poème et la démarche de création qui lui est associée.

GROUPEMENT DE TEXTES

Les nouveaux chemins de la création

1 Jean Moréas

Le Symbolisme, manifeste paru dans *Le Figaro*, 1886

JEAN MORÉAS (1856-1910)
Il a été le fondateur de la revue *Le Symboliste* avec Paul Adam et Gustave Kahn.

Nous avons déjà proposé la dénomination de *symbolisme* comme la seule capable de désigner raisonnablement la tendance actuelle de l'esprit créateur en art. Cette dénomination peut être maintenue. [...] Ennemie de l'enseignement, la déclamation, la fausse sensibilité, la description objective, la poésie symbolique cherche à vêtir l'Idée d'une forme sensible qui, néanmoins, ne serait pas son but à elle-même, mais qui, tout en servant à exprimer l'Idée, demeurerait sujette. L'Idée, à son tour, ne doit point se laisser voir privée des somptueuses simarres[1] des analogies[2] extérieures ; car le caractère essentiel de l'art symbolique consiste à ne jamais aller jusqu'à la concentration de l'Idée en soi. Ainsi, dans cet art, les tableaux de la nature, les actions des humains, tous les phénomènes concrets ne sauraient se manifester eux-mêmes ; ce sont là des apparences sensibles destinées à représenter leurs affinités ésotériques[3] avec des Idées primordiales[4].

1. Soutane, vêtement du clergé romain.
2. Ressemblances.
3. Compréhensibles que des seuls initiés.
4. Essentielles.

2 André Breton

Manifeste du surréalisme, 1924

ANDRÉ BRETON (1896-1966)
Il écrit le premier *Manifeste du surréalisme*. Dans cet essai, il développe les fondements, les finalités et les méthodes du mouvement surréaliste.

Faites-vous apporter de quoi écrire, après vous être établi en un lieu aussi favorable que possible à la concentration de votre esprit sur lui-même. Placez-vous dans l'état le plus passif, ou réceptif, que vous pourrez. Faites abstraction de votre génie, de vos talents et de ceux de tous les autres. Dites-vous bien que la littérature est un des plus tristes chemins qui mènent à tout. Écrivez vite sans sujet préconçu, assez vite pour ne pas retenir et ne pas être tenté de vous relire. La première phrase viendra toute seule, tant il est vrai qu'à chaque seconde il est une phrase étrangère à notre pensée consciente qui ne demande qu'à s'extérioriser. Il est assez difficile de se prononcer sur le cas de la phrase suivante ; elle participe sans doute à la fois de notre activité consciente et de l'autre, si l'on admet que le fait d'avoir écrit la première entraîne un minimum de perception. Peu doit vous importer, d'ailleurs ; c'est en cela que réside, pour la plus grande part, l'intérêt du jeu surréaliste.

ACTIVITÉS

Découvrir

1 **a.** Quel mouvement précède le symbolisme ?

....

b. Quelles sont ses caractéristiques ?

....

....

....

c. Le symbolisme est-il en totale rupture avec lui ? Pourquoi ?

....

....

....

2 Selon Breton (texte 2), qu'est-ce que l'écriture automatique ?

....

....

....

....

3 Quels sont les procédés créatifs dont parle Breton ?

....

....

....

....

Lire et écrire

4 D'après les deux manifestes, en quoi la création poétique prend-elle une nouvelle direction ?

....

....

....

....

Rechercher

Le groupe surréaliste dans un parc d'attraction.
De gauche à droite : André Breton, Robert Desnos, Joseph Delteil, Simone Breton, Paul Éluard, Gala Éluard, Jacques Barou, Max Ernst, **années 20**.

5 Pour libérer l'inconscient, les surréalistes utilisent différentes techniques d'écriture comme l'écriture automatique. Il en existe d'autres : complétez le tableau en effectuant une recherche.

Techniques d'écriture	Caractéristiques

Écoutez le poème.
liennathan.fr/u1a3f0

3 Guillaume Apollinaire
Alcools, 1913

GUILLAUME APOLLINAIRE (1880-1918)
Il est l'un des poètes français les plus importants du XXe siècle. Influencé par la poésie symboliste dans sa jeunesse, il fut l'un des précurseurs du surréalisme.

Zone (extrait)

Voilà la poésie ce matin et pour la prose il y a les journaux
Il y a les livraisons à 25 centimes pleines d'aventures policières
Portraits des grands hommes et mille titres divers

J'ai vu ce matin une jolie rue dont j'ai oublié le nom
Neuve et propre du soleil elle était le clairon
Les directeurs les ouvriers et les belles sténo-dactylographes[1]
Du lundi matin au samedi soir quatre fois par jour y passent
Le matin par trois fois la sirène y gémit
Une cloche rageuse y aboie vers midi
Les inscriptions des enseignes et des murailles
Les plaques les avis à la façon des perroquets criaillent
J'aime la grâce de cette rue industrielle
Située à Paris entre la rue Aumont-Thiéville et l'avenue des Ternes

1. Personne qui prend des notes pendant que quelqu'un parle.

Raoul Dufy, *La Fée électricité* (détail), 1937.
Musée d'Art Moderne, Paris.

Questions

Itinéraire 1

◆ **ÉCRITURE**

1. Rédigez au brouillon la lettre que vous auriez pu écrire à Apollinaire pour lui faire part de votre réaction à la lecture de son poème.

Itinéraire 2

◆ **LECTURE**

2. De quoi l'auteur fait-il l'éloge ?

....

3. En quoi l'écriture poétique d'Apollinaire est-elle innovante ?

....
....
....

4. Quels liens pouvez-vous établir entre le poème d'Apollinaire et la peinture de Dufy ?

....
....
....

Repères

La modernité poétique

• La poésie du début du XXe siècle trouve son inspiration dans la réalité du monde moderne. Les poètes se réclamant de la « modernité poétique » rejettent les sujets nobles pour s'attacher à des sujets quotidiens. Ils revendiquent la liberté de s'exprimer sans contraintes. Ils suppriment ainsi la ponctuation ou usent du vers libre.

4 Guillaume Apollinaire
Calligrammes, 1918

Cœur couronne et miroir

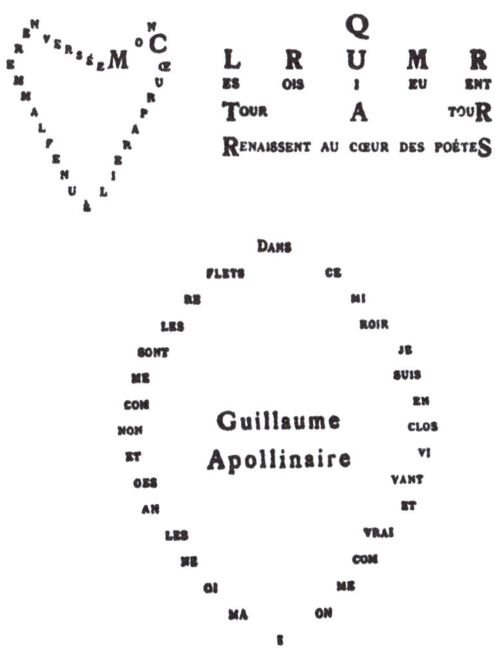

Questions

Itinéraire 1

◆ LANGUE

1 Quelle est l'étymologie du mot « calligramme » ?

....

◆ LECTURE

2 Quels liens pouvez-vous établir entre le texte et le dessin ?

....

....

....

Itinéraire 2

◆ LECTURE

3 Que représente, selon vous, le cœur et la couronne ? Pourquoi ?

....

....

4 Pourquoi peut-on dire que la poésie d'Apollinaire incarne la modernité poétique ?

....

....

5 Que « voit-on » à travers le miroir ? Appuyez-vous sur la forme et le sens du poème.

....

....

....

6 D'après vous, en quoi consiste le processus créatif d'Apollinaire ?

....

....

....

◆ ÉCRITURE

7 À la manière d'Apollinaire, composez au brouillon un calligramme qui parlera de vous.

La création : un peu de manipulation

5 Tristan Tzara
***Sept manifestes Dada*, 1918**

TRISTAN TZARA (1896-1963)
Il est à l'origine du mouvement Dada en France.
Tzara affirmait : « J'écris un manifeste et je ne veux rien ».

Pour faire un poème dadaïste

Prenez un journal
Prenez des ciseaux.
Choisissez dans ce journal un article ayant la longueur que vous comptez donner à votre poème.
Découpez l'article.
Découpez ensuite avec soin chacun des mots qui forment cet article et mettez-les dans un sac.
Agitez doucement.
Sortez ensuite chaque coupure l'une après l'autre.
Copiez consciencieusement dans l'ordre où elles ont quitté le sac.
Le poème vous ressemblera.
Et vous voilà un écrivain infiniment original
et d'une sensibilité charmante, encore qu'incomprise du vulgaire.

Francis Picabia, *L'Œil cacodylate*, 1921.
Huile sur toile avec collages de photographies, de cartes postales et de papiers découpés.
Centre Georges Pompidou, Paris.

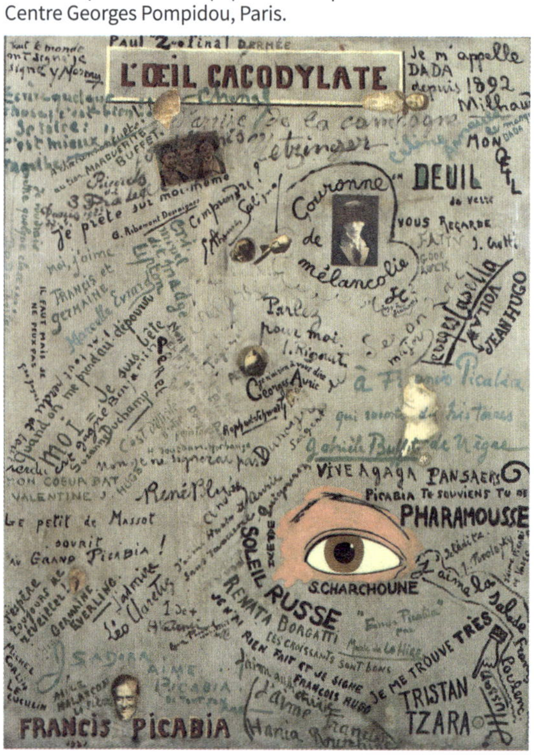

En 1921, **Picabia** (1879-1953) est atteint d'un zona à l'œil. Il peint alors *L'Œil cacodylate* et invite ses amis à remplir les vides qui entourent l'œil du tableau. 56 artistes dadaïstes participent au projet.

Questions

Itinéraire 1

◆ ÉCRITURE

1. Écrivez un poème en suivant les indications de Tzara : découpez les mots puis rangez-les par classes grammaticales dans des enveloppes. Prenez ensuite un mot dans chaque enveloppe et construisez votre poème.

◆ LECTURE

2. À quel type de texte pouvez-vous comparer le poème de Tzara ? Pourquoi ?

....

....

Itinéraire 2

◆ LECTURE

3. En quoi la démarche de Tzara illustre-t-elle parfaitement l'approche créative des dadaïstes ?

....

....

....

4. En quoi le tableau de Picabia reflète-t-il l'esprit dada ?

....

....

TEXTE ÉCHO

6 Raymond Queneau

Cent mille milliards de poèmes, préface, 1961

Ce petit ouvrage permet à tout un chacun de composer à volonté cent mille milliards de sonnets, tous réguliers, bien entendu.

C'est somme toute une sorte de machine à fabriquer des poèmes, mais en nombre limité ; il est vrai que ce nombre, quoique limité, fournit de la lecture pour près de deux cents millions d'années (en lisant vingt-quatre heures sur vingt-quatre).

Les choses étant ainsi données, chaque vers étant placé sur un volet, il est facile de voir que le lecteur peut composer 10 à la puissance 14 sonnets différents, soit cent mille milliards.

(Pour être plus explicite pour les personnes sceptiques : à chaque premier vers [au nombre de dix] on peut faire correspondre dix seconds vers différents ; il y a donc cent combinaisons différentes des deux premiers vers ; en y joignant le troisième il y en aura mille et, pour les dix sonnets, complets, de quatorze vers, on a donc bien le résultat énoncé plus haut).

En comptant 45 secondes pour lire un sonnet et 15 secondes pour changer les volets à 8 heures par jour, 200 jours par an, on a pour plus d'un million de siècles de lecture, et en lisant toute la journée 365 jours par an, pour 190 258 751 années plus quelques plombes et broquilles (sans tenir compte des années bissextiles et autres détails).

RAYMOND QUENEAU (1903-1976)
Il a fondé l'OuLiPo (Ouvroir de la Littérature Potentielle). L'OuLiPo cherche à atteindre une nouveauté poétique en imposant à la langue des contraintes formelles.

Questions

Itinéraire 1

◆ LECTURE

1. Recherchez quelle est la particularité du recueil *Cent mille milliards de poèmes*.

2. Comment Queneau propose-t-il d'exploiter cette originalité ?

....

....

....

Itinéraire 2

◆ ÉCRITURE

3. Par groupes de quatre, construisez un recueil de poésie combinatoire.

◆ Contraintes à suivre

- Composez un **quatrain** (quatre vers) en **alexandrins** qui évoquera un jeune homme amoureux.
- Votre quatrain suivra le schéma de **rimes AABB** : les rimes des vers 1 et 2 se finiront en « u » et celles des vers 3 et 4 en « é ».
- Vous respecterez la structure suivante pour les différents vers :
  - vers 1 : complément circonstanciel de lieu
  - vers 2 : sujet avec expansion du groupe nominal
  - vers 3 : verbe d'action et COD
  - vers 4 : complément de temps
- Vous écrirez chaque vers sur une bande de papier.
- Votre poème sera écrit à la première personne et au présent de l'indicatif.

▶ CONSEIL

- Prenez une feuille A4 et découpez quatre bandes horizontales de même dimension.

7 Paul Éluard

Capitale de la douleur, 1926

PAUL ÉLUARD (1895-1952)
Éluard, Gala et Max Ernst forment un triangle amoureux. L'œuvre d'Éluard va se nourrir de la souffrance de cette relation.

Écoutez le poème.
liennathan.fr/on9d29

L'Amoureuse

Elle est debout sur mes paupières
Et ses cheveux sont dans les miens,
Elle a la forme de mes mains,
Elle a la couleur de mes yeux,
Elle s'engloutit dans mon ombre
Comme une pierre sur le ciel.

Elle a toujours les yeux ouverts
Et ne me laisse pas dormir.
Ses rêves en pleine lumière
Font s'évaporer les soleils,
Me font rire, pleurer et rire,
Parler sans avoir rien à dire.

Max Ernst, *Gala, Max et Paul*, 1923.
Coll. privée, Berlin.

Questions

Itinéraire 1

◆ LECTURE

1 Associez un sentiment au poème. Justifiez votre réponse en surlignant les éléments du texte.

....

Itinéraire 2

◆ LECTURE

2 Quels éléments du poème évoquent l'atmosphère du rêve ?

....
....
....
....
....
....

3 Quelles images Éluard crée-t-il ici ? En quoi, selon vous, sont-elles innovantes ?

....
....
....
....
....

◆ ÉCRITURE

4 Quels liens pouvez-vous établir entre le poème et la démarche poétique des surréalistes ?

....
....
....
....
....
....

Écoutez le poème.
liennathan.fr/kfj849

8 Robert Desnos
Corps et biens, 1930

Les poèmes rassemblés dans la section « À la mystérieuse » sont consacrés à l'amour et à la femme idéale.

J'ai tant rêvé de toi

J'ai tant rêvé de toi que tu perds ta réalité.

Est-il encore temps d'atteindre ce corps vivant et de baiser[1] sur cette bouche la naissance de la voix qui m'est chère ?

J'ai tant rêvé de toi que mes bras habitués, en étreignant ton ombre, à se croiser sur ma poitrine ne se plieraient pas au contour de ton corps, peut-être.

Et que, devant l'apparence réelle de ce qui me hante et me gouverne depuis des jours et des années, je deviendrais une ombre sans doute.

O balances sentimentales.

J'ai tant rêvé de toi qu'il n'est plus temps sans doute que je m'éveille. Je dors debout, le corps exposé à toutes les apparences de la vie et de l'amour et toi, la seule qui compte aujourd'hui pour moi, je pourrais moins toucher ton front et tes lèvres que les premières lèvres et le premier front venus.

J'ai tant rêvé de toi, tant marché, parlé, couché avec ton fantôme qu'il ne me reste plus peut-être, et pourtant, qu'à être fantôme parmi les fantômes et plus ombre cent fois que l'ombre qui se promène et se promènera allègrement sur le cadran solaire de ta vie.

1. Embrasser

ROBERT DESNOS (1900-1945)
Il participa à des expériences d'écriture sous hypnose et fut capable de dicter ses poèmes dans son sommeil.
Sa rencontre avec Yvonne George lui inspirera de nombreux poèmes d'amour impossible.

Repères

Le surréalisme

- Ce mouvement s'étend à de nombreux domaines artistiques : peinture, musique, dessin, littérature et cinéma. L'imaginaire surréaliste s'appuie en littérature sur l'automatisme, le rêve et l'inconscient.

Questions

Itinéraire 1

◆ ÉCRITURE

1. Composez un dossier autour du poème de Desnos. Vous pouvez y insérer d'autres poèmes, des illustrations ou encore une mise en voix. Vous justifierez vos choix dans un court paragraphe.

◆ LECTURE

2. Quelle est la tonalité de ce poème ?

....

3. À quel moment la femme aimée se montre-t-elle la plus présente dans l'esprit de Desnos ?

....

....

....

....

....

Itinéraire 2

◆ LECTURE

4. Quel rôle joue l'inconscient dans ce poème ?

....

....

5. Le poème s'inscrit-il dans le rêve ?

....

6. Quels liens pouvez-vous établir entre le poème et la démarche surréaliste ?

....

....

7. Comment Desnos marie-t-il passion amoureuse et passion de la langue ?

....

....

Du brouillon au texte : donner corps à la forme

ANDRÉ BRETON (1896-1966)
Chef de file du mouvement surréaliste, André Breton est une figure majeure de la littérature du XXe siècle.

9 André Breton
Union libre, extrait, 1931

Ma femme à la chevelure de feu de bois
Aux pensées d'éclairs de chaleur
À la taille de sablier
Ma femme à la taille de loutre entre les dents du tigre
Ma femme à la bouche de cocarde et de bouquet d'étoiles de dernière grandeur
Aux dents d'empreintes de souris blanche sur la terre blanche
À la langue d'ambre et de verre frottés
Ma femme à la langue d'hostie poignardée
À la langue de poupée qui ouvre et ferme les yeux
À la langue de pierre incroyable
Ma femme aux cils de bâtons d'écriture d'enfant
Aux sourcils de bord de nid d'hirondelle
Ma femme aux tempes d'ardoise de toit de serre
Et de buée aux vitres
Ma femme aux épaules de champagne
Et de fontaine à têtes de dauphins sous la glace
Ma femme aux poignets d'allumettes
Ma femme aux doigts de hasard et d'as de cœur
Aux doigts de foin coupé
Ma femme aux aisselles de martre[1] et de fênes[2]
De nuit de la Saint-Jean
De troène et de nid de scalares
Aux bras d'écume de mer et d'écluse
Et de mélange du blé et du moulin
Ma femme aux jambes de fusée
Aux mouvements d'horlogerie et de désespoir
Ma femme aux mollets de moelle de sureau
Ma femme aux pieds d'initiales
Aux pieds de trousseaux de clés aux pieds de calfats[3] qui boivent
Ma femme au cou d'orge imperlé
Ma femme à la gorge de Val d'or
De rendez-vous dans le lit même du torrent
Aux seins de nuit
Ma femme aux seins de taupinière marine
Ma femme aux seins de creuset du rubis
Aux seins de spectre de la rose sous la rosée [...]

1. Petit mammifère.
2. Fruit du hêtre.
3. Ouvrier

Écoutez le poème.
liennathan.fr/l567qt

Questions

Itinéraire 1

ORAL

1. Mettez en voix ce poème : quels choix allez-vous faire ? Pourquoi ?

LECTURE

2. Dessinez « la femme » décrite par Breton.

Itinéraire 2

LECTURE

3. En quoi ce poème est-il surréaliste ?

4. Comment comprenez-vous le titre du poème ? Quels liens pouvez-vous établir avec la démarche surréaliste ?

5. D'après vous, pourquoi Breton a-t-il choisi d'écrire son poème sous cette forme poétique ?

10 André Breton, **manuscrit d'*Union libre*,** 1931

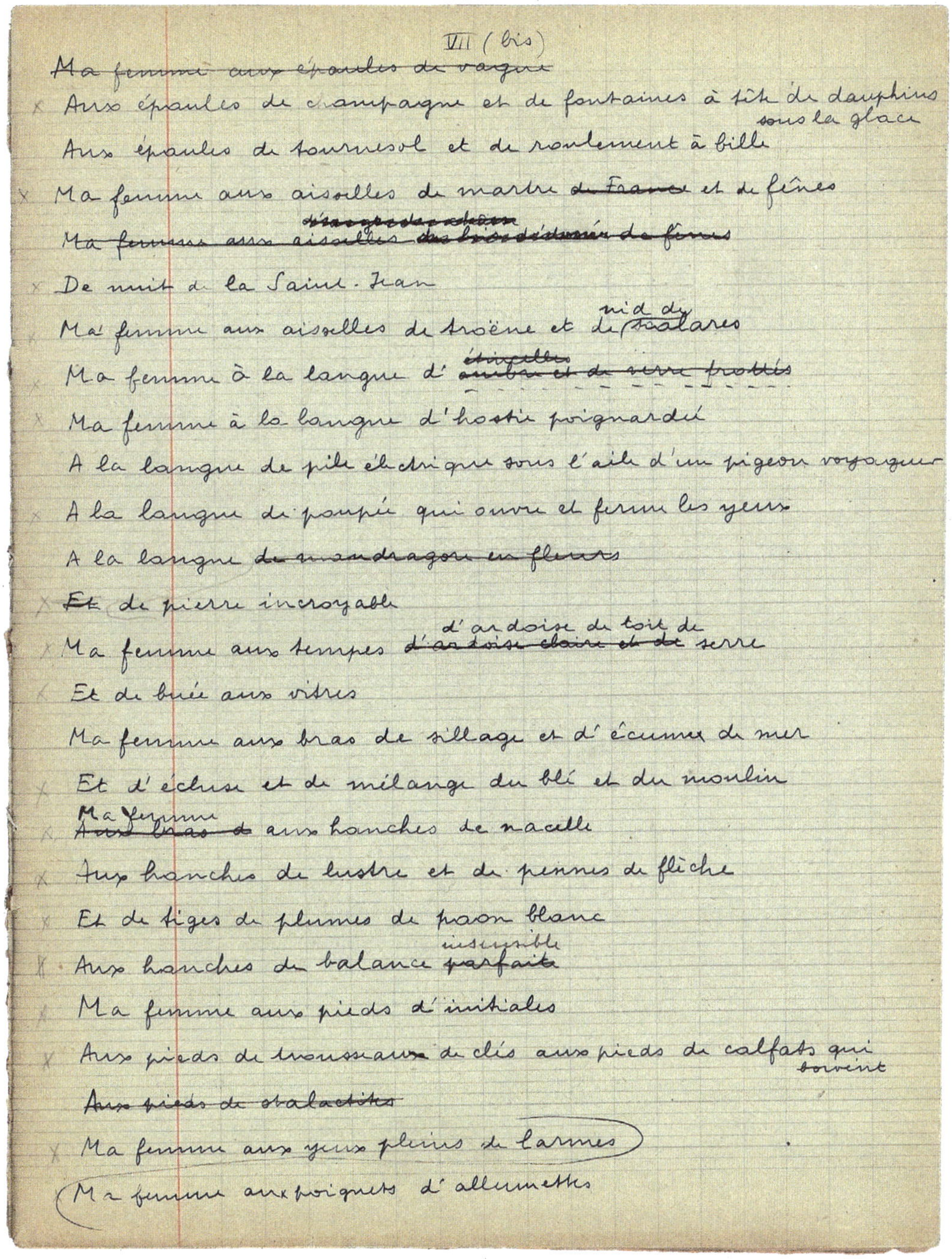
VII (bis)

~~Ma femme aux épaules de vagues~~

Aux épaules de champagne et de fontaines à tête de dauphins sous la glace

Aux épaules de tournesol et de roulement à bille

Ma femme aux aisselles de martre ~~de France~~ et de faînes

~~Ma femme aux aisselles~~ [illegible]

De nuit de la Saint-Jean

Ma femme aux aisselles de troène et de nid de scalares

Ma femme à la langue d' [illegible]

Ma femme à la langue d'hostie poignardée

A la langue de pile électrique sous l'aile d'un pigeon voyageur

A la langue de poupée qui ouvre et ferme les yeux

A la langue ~~de mandragore en fleurs~~

~~Et~~ de pierre incroyable

Ma femme aux tempes d'ardoise de toit de ~~d'ardoise claire et de~~ serre

Et de buée aux vitres

Ma femme aux bras de sillage et d'écume de mer

Et d'écluse et de mélange du blé et du moulin

Ma femme ~~Aux bras de~~ aux hanches de nacelle

Aux hanches de lustre et de pennes de flèche

Et de tiges de plumes de paon blanc

Aux hanches de balance insensible ~~parfaite~~

Ma femme aux pieds d'initiales

Aux pieds de trousseaux de clés aux pieds de calfats qui boivent

~~Aux pieds de stalactites~~

Ma femme aux yeux pleins de larmes

Ma femme aux poignets d'allumettes

6 Comparez le poème final avec le brouillon : quel est, selon vous, le processus d'écriture de Breton ?

◆ ÉCRITURE

7 Poursuivez le poème. Comme Breton vous commencerez vos vers avec l'expression suivante : « Ma femme … »

11 Paul Claudel
Cent phrases pour éventails, 1927

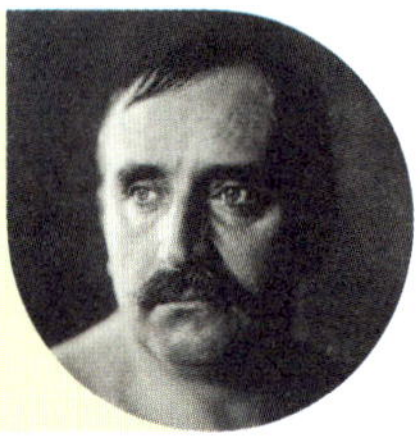

PAUL CLAUDEL (1868-1955)
Dramaturge, poète, essayiste, diplomate et membre de l'Académie française, Claudel fut fortement influencé par Arthur Rimbaud.

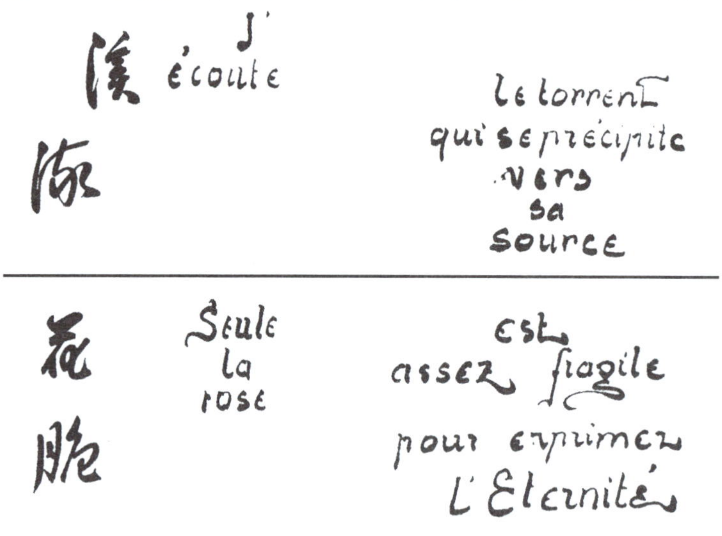

Questions

Itinéraire 1

◆ RECHERCHER

1 Renseignez-vous sur la forme poétique du haïku. Quelles en sont les caractéristiques ?

....

....

◆ ORAL

2 Comment Claudel s'inspire-t-il de l'art japonais pour renouveler la forme poétique ?

Itinéraire 2

◆ ÉCRIRE

3 À la manière de Claudel, composez un haïku. Vous pouvez vous inspirer d'une image trouvée sur Internet ou dans un livre. Votre haïku évoquera la nature ou le temps qui passe.

....

....

....

> **▶ CONSEIL**
> • Au brouillon, listez ce que vous voyez sur l'image et ce qu'elle vous évoque. Ensuite, composez votre poème.

◆ ORAL

4 Mettez en voix votre haïku. Enregistrez-vous à l'aide de votre téléphone et écoutez votre enregistrement afin d'améliorer votre prise de parole.

Dans mon carnet personnel...

VERS LE BAC

Dans cette séquence, vous avez lu et découvert des poèmes de la première moitié du XXe siècle et vous avez pu mieux comprendre comment la manière dont les poètes abordent la poésie peut avoir une influence sur la forme et le sens de leurs poèmes. Dans votre carnet personnel, vous allez maintenant garder une trace de votre lecture en reconstituant ce cheminement.

LECTURE

1 Quel manifeste vous a le plus enthousiasmé (▶ p. 24) ? Pourquoi ?

....

....

....

2 Quelle nouvelle forme poétique avez-vous préférée ? Pourquoi ?

....

....

3 De quel poème aimeriez-vous vous souvenir ? Pourquoi ?

....

....

RECHERCHE ET ÉCRITURE

4 Recherchez sur Internet une peinture illustrant l'un des poèmes étudiés et justifiez votre choix.

....

....

....

....

....

ORAL

5 La poésie du XXe siècle marque une rupture avec le siècle précédent. Cette transformation du langage et de la forme vous semble-t-elle une bonne chose ? Débattez.

MISE EN PERSPECTIVE

6 De quelles autres œuvres pourriez-vous rapprocher les poèmes étudiés ? Pourquoi ?

....

....

....

....

....

....

....

SYNTHÈSE

VERS L'ÉPREUVE

Répondez à la problématique de la séquence :
Comment les poètes inventent-ils de nouvelles formes ?

Vous rédigerez une réponse argumentée en faisant appel aux connaissances acquises dans cette séquence. Vous enrichirez votre réponse en vous appuyant sur vos lectures et votre culture.

ÉCRIRE...

Un cadavre exquis

▶ Dans cet atelier d'écriture, vous allez réaliser un cadavre exquis à la manière des surréalistes.

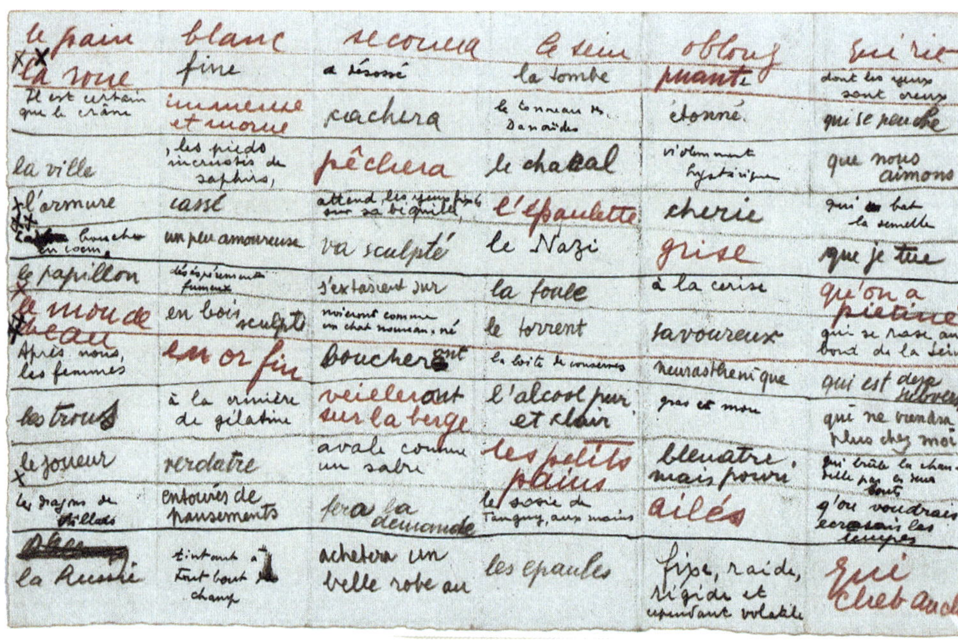

Manuscrit du jeu surréaliste de ce jour, 21 janvier 1934,
par Elsie Houston, Péret, Hérold, Brauner, Tanguy et Breton.

AVANT DE COMMENCER

- Observez le cadavre exquis. D'après vous, qu'ont voulu faire les auteurs ?

À VOUS D'ÉCRIRE

- **Réalisez votre cadavre exquis.**

ÉTAPE 1 Comprendre comment se construit un cadavre exquis

a. Faites des recherches sur le cadavre exquis et définissez-en le principe.
b. Quelles sont les différentes variantes possibles ?

ÉTAPE 2 Choisir une organisation

- Répartissez-vous en cinq groupes.
  - Le groupe 1 s'occupe des adverbes de temps.
  - Le groupe 2 dresse la liste des sujets.
  - Le groupe 3 note sur les étiquettes des adjectifs.
  - Le groupe 4 s'occupe des verbes. Les verbes seront conjugués à la troisième personne du singulier.
  - Le groupe 5 produit une liste de compléments d'objet directs et indirects.
- Écrivez ces mots sur une vingtaine de petites étiquettes et glissez-les dans des enveloppes différentes.

ÉTAPE 3 Jouer et créer

- Le groupe 1 tire au hasard un adverbe de temps, le groupe 2 un sujet, le groupe 3 un adjectif, le groupe 4 un verbe et enfin le groupe 5 un complément.
- Quel est le résultat obtenu ?
- Qu'est-ce que cela vous inspire ?

▶ CONSEIL

- Quand vous composez votre liste de mots, ne tenez pas compte de ce que proposent les autres groupes.
- Dans une même équipe, accordez-vous pour que vos propositions soient bien différentes.

Je découvre un cadavre exquis

André Breton,
***Jeu du cadavre exquis*, 1934**

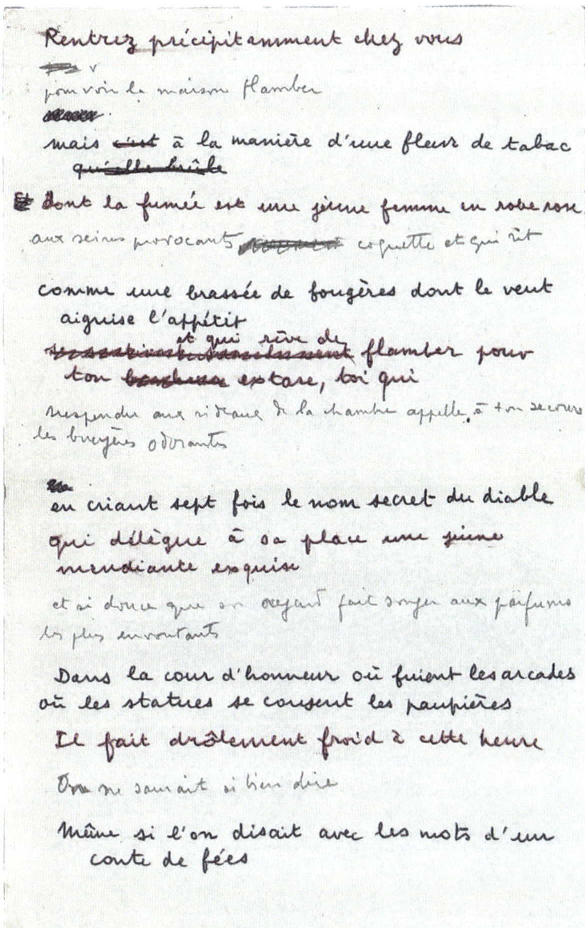
Rentrez précipitamment chez vous
pour voir la maison flamber
mais à la manière d'une fleur de tabac
dont la fumée est une jeune femme en robe rose
aux seins provocants coquette et qui rit
comme une brassée de fougères dont le vent
aiguise l'appétit
et qui rêve de flamber pour
ton extase, toi qui
respondes aux rideaux de la chambre appelle à ton secours
les bruyères odorantes
en criant sept fois le nom secret du diable
qui délègue à sa place une jeune
mendiante exquise
et si douce que son regard fait songer aux parfums
les plus enivrants
Dans la cour d'honneur où fuient les arcades
où les statues se cousent les paupières
Il fait drôlement froid à cette heure
On ne saurait si bien dire
Même si l'on disait avec les mots d'un
conte de fées

LES OUTILS POUR ÉCRIRE

Vous pouvez utiliser des...

- **Adverbes de temps** : *demain ; aussitôt ; autrefois ; ensuite ; hier ; jadis ; jamais ; tard ; souvent ; soudain ; tôt ; maintenant…*
- **Sujets** : *le poisson ; l'éléphant ; le garçon ; la jeune fille ; la belle-mère ; le professeur ; le chien ; le téléphone ; l'ours…*
- **Verbes** : *aimer ; jouer ; écouter ; manger ; dévorer ; admirer ; adorer ; détester ; écrire ; voir…*
- **COD** : *des fruits ; des oranges ; quelqu'un ; quelque chose ; un chat ; une fleur ; une balle…*
- **COI** : *à la maison ; à mon chien ; à ma fille ; de la musique ; à mon lapin ; à la console ; au père Noël ; à quelqu'un…*

DE L'ATELIER À L'ÉPREUVE

- Afin d'enrichir votre carnet personnel, intégrez-y votre cadavre exquis et expliquez la démarche créative que vous avez mise en place pour le réaliser.

VERS L'ÉPREUVE

- Entraînez-vous à présenter oralement votre réalisation personnelle et la démarche de création qui lui est associée.

J'écris mon cadavre exquis

....

RENCONTRE DES ARTS

Le moulin de Villeneuve

Ce moulin à eau du XVIIe siècle est l'ancienne propriété d'Elsa Triolet et de Louis Aragon.
Ce lieu a été une véritable source d'inspiration pour les deux auteurs.
Il appartient désormais à l'État et a été transformé en appartement-musée.

1

Visitez le site Internet.
liennathan.fr/o60o5h

DÉCOUVRONS LE MOULIN PAS À PAS

Qu'y trouve-t-on ?

• Le moulin comprend des salles d'expositions, de conférences et de spectacles. Il dispose également d'une bibliothèque comptant près de 30 000 livres.

Que s'y passe-t-il ?

• Destiné à faire vivre l'œuvre des auteurs, le moulin de Villeneuve est un centre de recherche universitaire sur l'œuvre d'Aragon et d'Elsa Triolet. Il accueille aussi la création vivante et propose de nombreux ateliers pédagogiques.

1 Une sculpture dans le parc.

2 Le bureau de Louis Aragon.

3 Le bureau d'Elsa Triolet.

4 Elsa Triolet et Louis Aragon dans leur jardin.

ACTIVITÉS

Participer à l'un des ateliers proposés (« Les mots m'ont pris par la main ») pour vous amuser à jouer avec les mots, à la manière d'Aragon et aussi des surréalistes. Vous pourrez ainsi explorer l'écriture automatique, le « mamou » ou encore les « cadavres exquis ».

Quel lien avec l'objet d'étude ?

• Aragon, avec Breton, Soupault ou encore Tzara, participe activement aux mouvements dadaïste et surréaliste. En février 1939, Louis Aragon épouse Elsa Triolet, celle-ci devient la principale source d'inspiration de ses poèmes. La visite de l'appartement-musée prend tout son sens dans le cadre d'une réflexion sur la création poétique et la naissance de son inspiration.

Andrée Chédid, *Rythmes*, 2003

Avec *Rythmes*, Andrée Chédid pose un regard émerveillé sur la vie, une vie faite de mouvements dont le rythme s'impose à celui des mots et donne naissance à la poésie.

ENTRETIEN
Martine Laval et Andrée Chédid pour *Télérama*, octobre 2000.

Martine Laval. **Quelle différence faites-vous entre le travail d'écriture d'un roman et celui de la poésie ?**

André Chédid. Un roman demande énormément de discipline. Je dois me donner des coups de pied tous les matins et cela pendant un an ou deux. Alors j'y vais mollo !

C'est un effort en continu car il ne faut pas perdre le fil, et alimenter l'écriture de hauts et de bas, de reliefs qui forgent la trame. En poésie, ce sont des blocs qui arrivent. Et dans cette espèce de magma, on fouille, on triture, on rature. C'est amusant !

À PROPOS DE ...

L'auteur

Andrée Chédid (1920-2011), poète et romancière, est aussi l'auteure de nouvelles, de pièces de théâtre et de chansons. Elle compose *Rythmes* en 2003, elle a alors 83 ans.

L'œuvre

Rythmes paraît en 2003 aux éditions Gallimard, puis est à nouveau publié en 2018, avec une préface de Jean-Pierre Siméon.

Robert Delaunay,
Rythme. Joie de vivre, 1930.

CITATION
Robert Delaunay

« À partir des années 30, Robert Delaunay conçoit des œuvres géométriques dont la construction est organisée par le rythme de la couleur. *Rythme, joie de vivre* exprime le bonheur de vivre. Delaunay dira à propos de son tableau « **J'ai la vie en moi et la couleur dans le monde** ». »

POUR ENTRER DANS L'ŒUVRE…

Dans cette séquence…
Vous vous interrogerez sur le processus créatif d'Andrée Chédid : **une démarche entre spontanéité et travail minutieux sur les mots.**

1 Quelles hypothèses pouvez-vous formuler sur le travail de création d'Andrée Chédid à la lecture de l'entretien de *Télérama* ?

2 Quel lien pouvez-vous établir entre la citation « dans cette espèce de magma, on fouille, on triture, on rature » et le titre de l'œuvre de Delaunay ?

3 Selon vous, quel rapport la poésie d'Andrée Chédid entretient-elle avec le titre de l'objet d'étude « Créer, inventer : l'invention et l'imaginaire » ? Formulez des hypothèses.

Andrée Chédid, *Rythmes*, 2003

1

EXTRAIT

Le Hasard

Hans Hartung, *T1987-H5*, 1987.

Le Hasard
Ne cesse de ramener
Vers nos rivages
Quelques merveilles
Que nous n'avions pas cueillies
Quelques malheurs
Que nous n'avions pas ourdis

Surgi des ténèbres
Ou de l'éclair
Le Hasard
Pose tantôt son aile
Sur notre épaule
Tantôt ses griffes
Dans la chair
De nos vies.

Section 5, « Vie, intervalle convoité ».

Questions

Itinéraire 1

◆ LECTURE VERS LE BAC

1 Présentez le corpus. Qu'est-ce qui rassemble le texte et l'image ? Les sépare ?

....

....

....

◆ ORAL

2 Mettez en voix le poème « Le Hasard » : sur quels mots allez-vous insister ? Pourquoi ?

Itinéraire 2

◆ LECTURE

3 Comment le jeu du hasard est-il mis en évidence dans le poème d'Andrée Chédid ? Appuyez-vous sur l'utilisation des contraires pour répondre.

....

....

....

4 Peut-on parler ici d'une approche rationnelle du travail des mots et de l'imaginaire ?

....

....

....

....

....

◆ ÉCRIRE

5 Écrivez la suite du poème. Votre strophe, de sept ou huit vers, abordera la place du hasard dans le processus créatif.

....

....

....

....

....

....

....

....

2

EXTRAIT

Le sens

Nous confrontant
À ses miroirs
À ses espaces
À sa profusion[1]
La Parole
Nous entraîne
Vers nulle part
Vers partout.

Section 2,
« La source des mots ».

1. Grande abondance.

3

TEXTE ÉCHO

Martine Laval et Andrée Chédid, *Télérama,* entretien, 2000

Martine Laval. **[Les personnages] vous mènent par le bout du nez ?**
Andrée Chédid. J'écris sans savoir où je vais. Au départ, j'avais une image, le visage d'une femme. Puis une image en amène une autre. Je laisse aller le flot, un flot qui peut être n'importe quoi.

Questions

Itinéraire 1

◆ LECTURE

1 D'après vous, comment Andrée Chédid construit-elle ses poèmes ?

....

....

Itinéraire 2

◆ LECTURE

2 Comment la construction d'un poème peut-elle en impacter le sens ?

....

....

....

3 Quels liens pouvez-vous établir entre les poèmes, « Le sens » et « Le Hasard » (▶ p. 42) ?

....

....

....

4 Pourquoi, selon vous, Andrée Chédid met-elle une majuscule aux mots « Hasard » (v. 1 et 10, poème 1) et « Parole » (v. 5, poème 2) ?

....

....

....

◆ ÉCRITURE

5 Dans son poème, Andrée Chédid écrit « La parole / Nous entraîne / Vers nulle part / Vers partout » et dans le texte écho, elle dit « J'écris sans savoir où je vais ».
Comment comprenez-vous ces propos ?
Dans un paragraphe argumenté, expliquez comment s'exprime la créativité d'Andrée Chédid.

....

....

....

....

....

....

....

Andrée Chédid, *Rythmes*, 2003

4

EXTRAIT

La source des mots

Je débutais
Au fond des lagunes[1]
De la parole
Immergé dans ses remous
Et dans la source des mots

De ce temps-là
J'englobais toutes les langues

Je regorgeais de sons
Je jouais l'impossible
Sur mon clavier

Mais bientôt je naquis
Au monde des limites

Bientôt vos appels
Décryptèrent mon maquis

Bientôt vos voix
M'établirent en lieu
Et en frontières
Bientôt vos gestes
Tracèrent des règles
Dans ces marais d'infini.

Section 2, « La source des mots ».

1. Étendue d'eau.

Jason deCaires Taylor, *Reclamation*, 2012.

Questions

Itinéraire 1

◆ **LECTURE**

1 Le contenu du poème renvoie-t-il à une réalité que vous avez vécue ? Justifiez votre réponse.

....

....

....

◆ **LANGUE**

2 Selon vous, qui parle à qui ? Surlignez les marques d'énonciation.

....

Itinéraire 2

◆ **LECTURE**

3 Comment comprenez-vous le vers « Je regorgeais de sons » (v. 8) ?

....

....

4 De quelle manière les mots s'imposent-ils à Andrée Chédid ?

....

....

5 Le choix des mots contribue-t-il à la musicalité du poème ? Justifiez votre réponse en vous appuyant sur une analyse du poème.

....

....

....

◆ **ÉCRITURE**

6 Échangez avec vos camarades sur le processus créatif d'Andrée Chédid. Rédigez ensuite quelques lignes où vous montrerez comment se manifeste sa créativité.

....

....

....

....

5 EXTRAIT

Je m'écris

J'interprète ma page de vie
J'en use comme une plaque de cuivre
Je la grène de plaisirs
Je la crible d'années
Je la saisis en verte saison
Je la racle de nuits d'hiver

Je la ronge en creux d'angoisses
Je m'y taille espace libre
Je l'attaque en matière noire
Je progresse d'épreuves en épreuves
Je la creuse de vaines morsures
Je la burine d'émotions

Je l'entame
Pour nier le temps
Pour durer.

Section 2, « La source des mots ».

6 TEXTE ÉCHO

Martine Laval et Andrée Chédid, *Télérama*, entretien, 2000

Andrée Chédid. Je serre, je visse, je ratisse. Je traque le bon mot. Je le mets à sa place. Il faut qu'il sonne juste à mon oreille. [...] En poésie, ce sont des blocs qui arrivent. Et dans cette espèce de magma, on fouille, on triture, on rature. C'est amusant ! [...] Passer par le cristal de la langue française m'oblige à la rigueur. Mes feuillets sont couverts de corrections de toutes les couleurs. Ensuite, je saisis les textes sur un ordinateur. [...] Je navigue sans cesse dans les dictionnaires, mieux qu'un voyage, ils offrent la liberté [...] d'aller d'un mot à l'autre, d'une émotion à l'autre, d'un monde à l'autre.

Questions

Itinéraire 1

◆ LECTURE

1 Quel passage de l'entretien pouvez-vous associer au poème ? Justifiez votre choix.

....

....

2 Associez au poème « Je m'écris » une image qui vous semble représentative et justifiez votre choix.

Itinéraire 2

◆ LANGUE

3 Surlignez les verbes d'action dans les deux textes. Que vous apprennent-ils sur le travail d'Andrée Chédid ?

....

....

◆ LECTURE

4 À quel métier pouvez-vous comparer le travail du poète ? Encadrez les mots qui justifient votre réponse.

....

5 Que pouvez-vous dire de la manière dont Andrée Chédid travaille le texte ?

....

....

....

6 Quelles sont pour Andrée Chédid les finalités de la poésie ?

....

....

....

◆ ÉCRITURE

7 En quoi le travail créatif n'est-il pas seulement une simple pulsion ? Justifiez votre réponse.

....

....

....

....

....

....

....

Andrée Chédid, *Rythmes*, 2003

7

EXTRAIT

Épreuves du langage

I

D'où vient le son
Qui nous ébranle
Où va le sens
Qui se dérobe
D'où vient le mot
Qui libère
Où va le chant
Qui nous entraîne
D'où surgit la parole
Qui comble le vide
Quel est le signe
Qui fauche le temps ?

II

Quel alphabet
Prend en compte
Nos clartés comme nos ombres
Quel langage
Raboté par nos riens
Ameute le souffle
Quel désir
Devient cadences
Images métamorphoses
Quel cri
Se ramifie
Pour reverdir ailleurs
Quel poème
Fructifie[1]
Pour se dire autrement ?

III

Issu de notre chair
Tissé de siècles
Et d'océans
Quel verbe
Criblera nos murs
Sondera nos puits
Modèlera nos saisons ?

Avec quels mots
Saisir les miettes
Du mystère
Qui nous enchâsse[2]
Ou de l'énigme
Qui nous surprend ?

IV

Que veut la poésie
Qui dit
Sans vraiment dire
Qui dévoie la parole
Et multiplie l'horizon

Que cherche-t-elle
Devant les grilles
De l'indicible[3]
Dont nous sommes
Fleur et racine
Mais jamais ne posséderons ?

V

Ainsi chemine
Le langage
De terre en terre
De voix en voix

Ainsi nous devance
Le poème
Plus tenace que la soif
Plus affranchi que le vent !

Section 2, « La source des mots ».

1. Qui donne des résultats avantageux.
2. Qui nous emprisonne.
3. Ce qui ne peut se dire.

Nicolas de Staël,
***Ciel à Honfleur*, 1952.**
Grimpel-Hanover, Zürick.

Questions

Itinéraire 1

◆ **ORAL**

1 Spontanément à la lecture du poème, dites quelle réponse vous donneriez à la question : qu'est-ce que la poésie ? Justifiez votre réponse et confrontez-la aux propositions de vos camarades.

◆ **LECTURE**

2 Relevez les mots qui font référence au langage. Que vous apprennent-ils ?

....

....

....

Itinéraire 2

◆ **LECTURE**

3 Quels sont les thèmes abordés dans la poésie d'Andrée Chédid ?

....

....

....

....

....

4 Peut-on dire que la poésie est un éternel questionnement ? Justifiez votre réponse en prenant appui sur le poème.

....

....

....

....

....

◆ **ÉCRITURE**

5 Qu'est-ce que la poésie pour Andrée Chédid ? Formulez une définition en vous appuyant sur des passages du poème.

....

....

....

....

....

....

....

Andrée Chédid, *Rythmes*, 2003

Écoutez le poème.
liennathan.fr/r5r2q1

8 L'Autre

« Je est un autre », Arthur R.

À force de m'écrire
Je me découvre un peu
Je recherche l'Autre

J'aperçois au loin
La femme que j'ai été
Je discerne ses gestes
Je glisse sur ses défauts
Je pénètre à l'intérieur
D'une conscience évanouie
J'explore son regard
Comme ses nuits

Je dépiste et dénude un ciel
Sans réponse et sans voix
Je parcours d'autres domaines
J'invente mon langage
Et m'évade en Poésie
Retombée sur ma Terre
J'y répète à voix basse
Inventions et souvenirs
À force de m'écrire
Je me découvre un peu
Et je retrouve l'Autre.

Poème inédit commandé
par *Le Printemps des Poètes* 2008.

René Magritte, *Le Faux Miroir*, 1929. Museum of Modern Art, New York.

9 TEXTE ÉCHO
Jean-Pierre Siméon
Rythmes, préface, 2017

[...] dans les remous de la vie, tout va et vient, se fait et se défait, s'efface pour renaître, se change aussi bien en son contraire, il n'est qu'une loi en tout être et en toute chose, le multiple :

Je suis multiple
Je ne suis personne
Je suis d'ailleurs
Je suis d'ici

Rythmes *est donc le nom aussi de cette altérité dynamique qui interdit que nous soyons définitivement l'un* ou *l'autre mais oblige que nous soyons, alternativement voire simultanément, l'un et l'autre :*

Mon semblable
Mon autre
Là où tu es
Je suis

Questions

Itinéraire 1

◆ LECTURE

1 Effectuez des recherches sur le tableau de Magritte. D'après vous, que cherche-t-il à exprimer ?

....

....

2 **VERS L'ÉPREUVE**
Quels liens pouvez-vous établir entre le tableau de Magritte et les textes 8 et 9 ?
Justifiez votre réponse.

....

....

....

Itinéraire 2

◆ LECTURE

3 Selon vous, quel passage de la préface peut illustrer le poème ? Justifiez votre réponse en relevant des éléments précis du poème.

....

....

4 Quelle question préoccupe Andrée Chédid ?

....

5 En quoi l'Autre a-t-il une place centrale dans la poésie d'Andrée Chédid ?

....

....

Dans mon carnet personnel...

VERS LE BAC

Dans cette séquence, vous avez lu et étudié des poèmes de *Rythmes* d'Andrée Chedid et vous avez pu mener une réflexion autour de son travail poétique. Dans votre carnet personnel, vous allez maintenant, en vous appuyant sur vos lectures, identifier le processus créatif d'Andrée Chédid.

LECTURE

1. Que retenez-vous, après la lecture des poèmes d'Andrée Chédid, de la manière dont elle travaille ?

....

....

....

2. Quel poème aimeriez-vous retenir ? Pourquoi ?

....

....

3. Qu'est-ce qui semble être le plus difficile dans la création poétique ?

....

....

....

RECHERCHE ET ORAL

4. Recherchez une peinture qui illustre l'un des poèmes étudiés.
Notez ici les références de l'œuvre et du poème. Expliquez à vos camarades les liens qui existent entre les œuvres que vous avez choisies et les poèmes.

....

....

....

5. Dans le cadre de la journée de la poésie, présentez aux autres classes de votre établissement la démarche poétique d'Andrée Chédid.
Vous lirez quelques poèmes de *Rythmes* ou de votre composition pour illustrer vos propos.

MISE EN PERSPECTIVE

6. Connaissez-vous d'autres poésies qui expliquent le processus créatif du poète ?
Constituez une petite anthologie de ces textes.

....

....

....

....

....

....

....

SYNTHÈSE

VERS L'ÉPREUVE

Répondez à la problématique de la séquence :
Peut-on dire que le processus créatif d'Andrée Chédid se situe entre spontanéité et travail minutieux sur les mots ?
Vous rédigerez une réponse argumentée en faisant appel aux connaissances acquises dans cette séquence.
Vous enrichirez votre réponse en vous appuyant sur vos lectures personnelles et votre culture.

ÉCRIRE...

La première fois où...

▶ Dans cet atelier d'écriture, vous allez composer un poème qui raconte votre première expérience d'écriture poétique. Ensuite, vous rédigerez quelques lignes dans lesquelles vous expliquerez quel a été votre processus créatif.

Jean-Paul Sartre, *Les Mots*, 1964

À peine eus-je commencé d'écrire, je posai ma plume pour jubiler. L'imposture était la même mais j'ai dit que je tenais les mots pour la quintessence des choses. Rien ne me troublait plus que de voir mes pattes de mouche échanger peu à peu leur luisance de feux follets contre la terne consistance de la matière : c'était la réalisation de l'imaginaire. Pris au piège de la nomination, un lion, un capitaine du second Empire, un Bédouin s'introduisaient dans la salle à manger ; ils y demeuraient à jamais captifs, incorporés par les signes ; je crus avoir ancré mes rêves dans le monde par les grattements d'un bec d'acier. Je me fis donner un cahier, une bouteille d'encre violette, j'inscrivis sur la couverture : « Cahier de romans. »

AVANT DE COMMENCER

- Vous avez certainement déjà eu l'occasion, dans votre scolarité ou pour vous-même, d'écrire des poèmes ou des chansons. Souvenez-vous alors de ce que vous avez éprouvé. Avez-vous ressenti du plaisir ou au contraire de l'ennui ? Les mots vous sont-ils venus facilement ou cela vous a-t-il semblé difficile ?
- Souvenez-vous aussi de la manière dont vous avez travaillé votre texte. Comment vous y êtes-vous pris ?
- Vous reconnaissez-vous dans les propos de Sartre ? Pourquoi ?

À VOUS D'ÉCRIRE

- **Composez un poème dans lequel vous raconterez votre première expérience d'écriture poétique. Tous vos vers commenceront par « La première fois où ». Ensuite, vous rédigerez quelques lignes où vous expliquerez votre processus créatif.**

ÉTAPE 1 Se lancer

- Sur une feuille de brouillon, notez les thèmes, les idées, les images, les mots, qui vous viennent à l'esprit en commençant vos vers par « La première fois où ».

ÉTAPE 2 Créer

- Organisez vos notes afin de définir une progression dans votre poème.
- Remplacez certains mots par d'autres de sens plus précis, et/ou changez certains termes pour enrichir un champ lexical ou construire des images.
- Faites tous les changements jusqu'à ce que vous soyez satisfait.
- Relisez votre poème et corrigez votre orthographe si besoin.

> **▶ CONSEIL**
> Vous pouvez lire votre poème à voix haute et vous enregistrer. Vous vous rendrez ainsi compte de la musicalité de votre texte. Opérez les changements nécessaires si besoin.

ÉTAPE 3 Rédiger le poème

- Rédigez ensuite le texte qui expliquera la méthode que vous avez suivie et explicitera le sens de votre poème. Vous pouvez commencer votre texte par : « Dans ce poème, j'ai commencé par... puis... J'ai voulu expliquer… »

Je découvre un poème

Andrée Chedid, *Où la vie advient*, 1991

Ce qui est plus que le mot
mais que le mot délivre
Ce qui est périssable
mais qui renaît devant.

Ce qui sombre à foison
mais sans cesse se bâtit

Ce qui nous passe toujours
mais dont nous sommes semence

Ce qui a nom de vie
mais que les jours écartent

Ce qui est évidence
Mais qui reste en suspens

LES OUTILS POUR ÉCRIRE

J'utilise des verbes...

- Pour exprimer le processus créatif du poète, vous pouvez utiliser :
- le champ lexical de la sculpture : *sculpter ; affiner ; ciseler ; définir ; englober ; regorger...*
- ou de la peinture : *peindre ; brosser ; colorer...*
- ou encore de la flânerie : *rêver ; imaginer ; arpenter ; déambuler ; suivre ; poursuivre...*
- Vous pouvez créer des liens entre votre démarche poétique et le **thème** de votre poème :
- la **nature**
- la **ville** et la modernité
- ou encore l'**enfance**
- l'**amour**
- Vous emploierez un lexique adapté au langage poétique : *mots ; paroles ; expression ; langues ; rimes ; sons.*

Je rédige mon poème

▶ Composez un poème dans lequel vous raconterez votre expérience poétique.

....

....

....

....

....

....

....

....

....

....

J'explique ma démarche

....

....

....

....

....

....

....

....

....

....

....

DE L'ATELIER À L'ÉPREUVE

- Afin d'enrichir votre carnet personnel, intégrez-y votre poème et expliquez comment vous avez mobilisé vos connaissances sur le travail d'Andrée Chédid.

VERS L'ÉPREUVE

- Entraînez-vous à présenter oralement votre poème et la démarche de création qui lui est associée.

JE FAIS LE POINT

Créer et inventer : l'invention de l'imaginaire

Sur mes connaissances

Dans cet objet d'étude, vous avez découvert et étudié des poèmes qui vous ont fait mieux comprendre la démarche créative des poètes.

Où les poètes puisent-ils leur inspiration ?

....

....

....

....

....

....

Les poètes inventent-ils à partir de rien ? Justifiez votre réponse.

....

....

....

....

....

....

....

À quoi un brouillon sert-il ?

....

....

....

....

....

....

Sur mes compétences

CAPACITÉ ◆ **PARLER**

Parmi les objectifs que vous vous êtes fixés, quels sont…
Ceux que vous avez atteints.

....

....

....

....

Ceux sur lesquels vous avez le plus progressé.

....

....

....

....

CAPACITÉ ◆ **LIRE**

Parmi les objectifs que vous vous êtes fixés, quels sont…
Ceux que vous avez atteints.

....

....

....

....

Ceux sur lesquels vous avez le plus progressé.

....

....

....

....

CAPACITÉ ◆ **ÉCRIRE**

Parmi les objectifs que vous vous êtes fixés, quels sont…
Ceux que vous avez atteints.

....

....

....

....

Ceux sur lesquels vous avez le plus progressé.

....

....

....

....

MÉTHODE BAC

Comment étudier un texte poétique ?

Marceline Desbordes-Valmore, *Élégie*, (extrait) 1860

J'étais à toi peut-être avant de t'avoir vu.
Ma vie, en se formant, fut promise à la tienne ;
Ton nom m'en avertit par un trouble imprévu,
Ton âme s'y cachait pour éveiller la mienne.
Je l'entendis un jour, et je perdis la voix ;
Je l'écoutai longtemps, j'oubliai de répondre.
Mon être avec le tien venait de se confondre,
Je crus qu'on m'appelait pour la première fois.

Savais-tu ce prodige ? Eh bien, sans te connaître,
J'ai deviné par lui mon amant et mon maître,
Et je le reconnus dans tes premiers accents,
Quand tu vins éclairer mes beaux jours languissants.
Ta voix me fit pâlir, et mes yeux se baissèrent ;
Dans un regard muet nos âmes s'embrassèrent ;
Au fond de ce regard ton nom se révéla,
Et sans le demander, j'avais dit : « Le voilà ! »

Repères

Le vocabulaire de la poésie

- Les formes fixes : le sonnet, le pantoum, l'ode, le rondeau, la ballade.
- Les strophes : le distique, le tercet, le quatrain, le quintile, le sizain, le huitain, le dizain…
- Les vers : l'hexasyllabe, l'octosyllabe, l'hendécasyllabe, l'alexandrin…
- Les rimes : croisées, suivies ou embrassées.
- La césure : coupe placée dans un vers entre deux groupes rythmiques.

DÉMARCHE

Étudier un texte poétique

1 Le premier contact avec le texte
- Qu'est-ce qui vous étonne ?
- Qu'est-ce qui vous semble difficile ?
- Que suscite en vous le poème ? Des émotions ? Des souvenirs ?
- Quelles images associez-vous au poème ?

2 Le sujet du poème
- De quoi parle le poème ?
- Quelle est sa progression ?
- Quel lien y a-t-il entre le poème et son titre ?

3 La forme poétique
- S'agit-il d'une forme fixe ? d'une forme libre ?
- Comment la musicalité du poème se traduit-elle ? Quelles rimes ? Quelles allitérations ? Quelles assonances ?
- Quel est le rythme du poème ? (Étudiez les vers : césures, rejets, contre-rejets, enjambements.)

4 La mise en œuvre du sujet du poème
- Quels types d'images sont au service du texte (comparaisons, métaphores, métonymies, allégories, personnifications) ?
- Quelles sont les figures de style utilisées ?
- Quels sont les champs lexicaux dominants ?

5 L'énonciation
- Qui parle dans le poème ?
- Le poète s'implique-t-il ?
- Y a-t-il des adresses au lecteur ?

Vers le commentaire

- **Rédigez au brouillon un texte dans lequel vous expliquerez votre interprétation du poème.**

▶ **CONSEILS**
- En **introduction**, vous direz quelle est le but de la poétesse.
- Dans le **développement**, vous rédigerez plusieurs paragraphes en veillant à associer le sens du poème et sa forme. Pour chaque figure de style citée, vous expliquerez l'effet qu'elle produit sur le lecteur.
- Vous montrerez comment Marceline-Desbordes Valmore cherche à atteindre son but.

CO-INTERVENTION

Rédiger une note d'intention

Vous êtes sollicités pour réaliser des affiches publicitaires sur des produits du terroir. Rédigez une note d'intention dans laquelle vous expliquerez votre souhait d'intégrer de la poésie dans vos affiches.

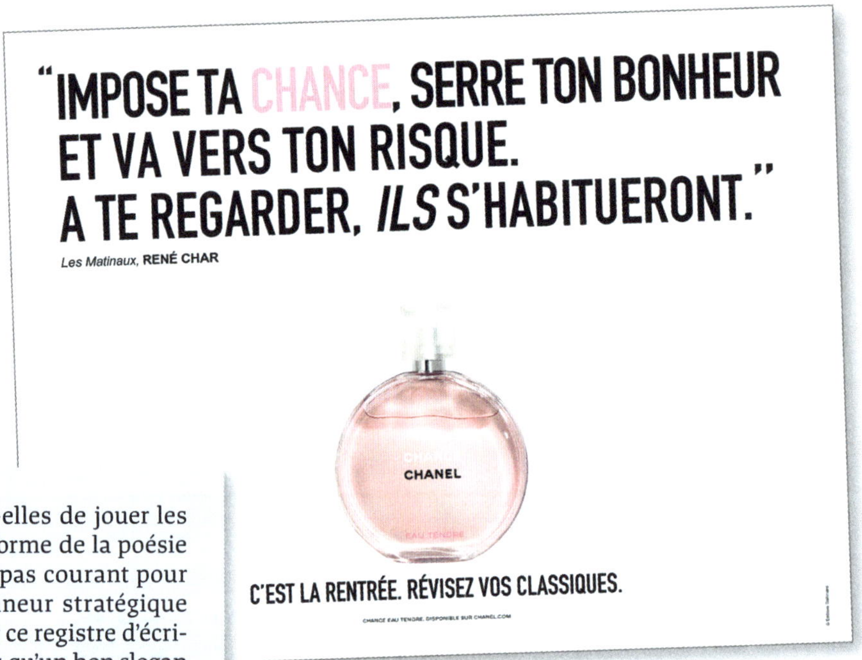

DÉCOUVRIR UN ARTICLE

Pourquoi les marques se piquent-elles de jouer les Verlaine ? « Qu'une marque utilise la forme de la poésie n'est pas exceptionnel, mais ce n'est pas courant pour autant, pondère Adrien Torres, planneur stratégique [...]. Les marques ont toujours joué sur ce registre d'écriture. » Roland Barthes n'estimait-il pas qu'un bon slogan s'analysait avec les mêmes critères qu'un poème ? Dans les deux cas, il s'agit de « faire monde » et de « dépasser la signification de la première phrase », selon le sémiologue. Par le jeu de la métaphore, la technique littéraire consiste à créer de l'imaginaire. Pub et poésie, même combat ? « Ce qui est nouveau, c'est l'utilisation même de la poésie en tant que poème. Un registre que nous proposons de plus en plus », continue Adrien Torres.

Stratégies n°1921, 19 octobre 2017

Repères

La note d'intention

- Il s'agit d'un court écrit dans lequel vous expliquez ce que vous voulez faire et la manière dont vous allez vous y prendre. Elle reflète donc un cheminement créatif : c'est l'occasion de justifier vos choix et de défendre votre projet.

ANALYSER LE TEXTE ET L'IMAGE

1. Quelle est la tendance actuelle en matière de poésie dans la publicité ?

....

....

2. Pourquoi l'usage de la poésie dans la publicité est-elle efficace ?

....

....

3. Recherchez sur Internet des affiches publicitaires exploitant la poésie puis complétez le tableau suivant.

Comment la poésie est-elle exploitée dans les affiches ?	En quoi la poésie sert-elle le produit ?
....	....
....	....
....	....
....	....

Infos +

LES MÉTIERS DU COMMERCE

- **Un secteur en expansion** avec le développement du e-commerce et des nouveaux modes de consommation.
- **Trois millions** de personnes travaillent dans le commerce soit 20% des salariés du secteur marchand.
- Le chiffre d'affaires du secteur dépasse les **1 300 milliards d'euros**.

POUR MENER À BIEN VOTRE PROJET

Regroupez-vous par équipe. Chacune réalisera une affiche sur un produit différent.

Le **chef de projet** coordonne le travail de l'équipe.

Les **enquêteurs** se renseignent sur le produit et ses atouts.

Le **graphiste** définit et crée la ligne graphique.

Les **rédacteurs** se documentent sur la manière d'intégrer de la poésie dans une affiche publicitaire et rédigent la note d'intention.

ACTIVITÉS

1 Réaliser un brainstorming

a. Analysez l'objet de votre communication : quel est le point fort du produit ? Que voulez-vous mettre en avant ? Quelles images pouvez-vous associer à ce produit ?

b. Réfléchissez à la structure de votre affiche : que doit-elle contenir ? Où et sous quelle forme la poésie apparaîtra-t-elle ?

c. Identifiez les outils de la poésie à votre disposition : quelles formes poétiques pouvez-vous utiliser ? Quels procédés stylistiques pouvez-vous mobiliser ?

2 Rédiger la note d'intention

a. Commencez par un premier paragraphe d'accroche : décrivez en quelques lignes votre affiche promotionnelle et le produit qu'elle met en avant.

b. Dans un second paragraphe, expliquez quel est le point fort du produit que vous voulez présenter et comment la poésie peut vous y aider.

c. Terminez en expliquant la ligne graphique qui mettra en valeur le produit.

▶ CONSEIL
« Ce que l'on conçoit bien s'énonce clairement », disait Boileau. Votre note doit donc être synthétique, structurée et percutante.

Vincent Van Gogh,
***Le Jardin du poète*, 1888.**
Coll. privée.

LIRE ET SUIVRE UN PERSONNAGE : **ITINÉRAIRES ROMANESQUES**

OBJET D'ÉTUDE 2

Découverte

Game of Thrones
L'itinéraire de Jon Snow

1 George R. R. Martin, ***Game of Thrones***, 1996

À Winterfell, fief de son père Ned Stark, Jon Snow rencontre pour la première fois le nain Tyrion Lannister.

« Quant à toi, tu es le bâtard de Ned, n'est-ce pas ? »
Brusquement glacé jusqu'aux moelles, Jon se mordit les lèvres sans répondre.
« Navré, je t'ai fâché, mais les nains sont dispensés de tact. Des générations de bouffons qui cabriolent en livrée bigarrée m'ont valu le droit de m'accoutrer à la diable et de proférer toutes les horreurs qui me traversent la cervelle. » Un large sourire l'illumina. « Tu n'en es pas moins le bâtard.
– Lord Eddard Stark est en effet mon père », admit-il sèchement.
Avec effronterie, l'autre le dévisagea. « Oui, dit-il, et ça se voit. Tu tiens du nord plus que tes frères.
– Demi-frères, rectifia Jon qui, secrètement ravi de l'observation, préférait n'en rien montrer.
– Laisse-moi te donner un conseil, reprit Tyrion. N'oublie jamais ce que tu es, car le monde ne l'oubliera pas. Puise là ta force, ou tu t'en repentiras comme d'une faiblesse. Fais-t'en une armure, et nul ne pourra l'utiliser pour te blesser. »

Tome 1

Repères

Le récit initiatique

- Il s'agit d'une histoire dans laquelle on suit l'évolution d'un personnage dans sa compréhension du monde et de lui-même.

2 D. Abraham, T. Patterson, ***Le Trône de fer***, vol. 3, 2013

1 D'après le texte, Jon Snow est-il à sa place à Winterfell ? Pourquoi ?

....

2 En quoi le séjour de Jon Snow à Chateaunoir a-t-il contribué à l'aider à se forger une identité ?

....

3 David Benioff et D.B. Weiss, ***Game of Thrones***, série TV, 2011-2019

1 ◆ Jon Snow prête serment de fidélité à la Garde de Nuit.

Saison 1, 2011

2 ◆ Conduit par les Sauvageons au-delà du Mur, il part rallier Mance Rayder à sa cause.

Saison 3, 2013

3 ◆ Devenu Lord Commandant de la Garde de Nuit, Jon Snow s'allie aux Sauvageons pour partir combattre les Marcheurs Blancs.

Saison 5, 2015

4 ◆ Avec l'armée des Sauvageons et celle de Robb Stark, Jon Snow combat les troupes de Ramsay Bolton pour reconquérir Winterfell et le Nord.

Saison 6, 2016

5 ◆ Devenu roi du Nord, Jon Snow et Daenerys Targaryen cherchent à convaincre Cersei Lannister de la menace des Marcheurs Blancs.

Saison 8, 2019

6 ◆ Jon Snow et Daenerys Targaryen à l'aube d'une nouvelle bataille contre les Marcheurs Blancs.

Saison 8, 2019

3 Peut-on dire que Jon Snow fait l'unanimité ? Pourquoi ?

....

4 Quelles qualités a-t-il su développer ?

....

5 En quoi son rôle est-il essentiel dans l'univers de *Game of Thrones* ?

....

ACTIVITÉ

Rédigez la biographie du personnage de Jon Snow. Vous raconterez son itinéraire, de sa naissance à son départ chez les Sauvageons. Vous expliquerez en quoi son parcours est initiatique.

GROUPEMENT DE TEXTES

Le personnage : un héros en constante évolution

1 Stendhal

Le Rouge et le Noir, 1830

Écoutez le texte. liennathan.fr/l376jt

STENDHAL (1783-1842)
Henri Bayle, dit Stendhal, est l'auteur, entre autres, du *Rouge et le Noir* (1830), *La Chartreuse de Parme* (1839) et *Lucien Leuwen* (écrit en 1834 et publié en 1894), trois romans d'apprentissage.

Julien prenait haleine un instant à l'ombre de ces grandes roches, et puis se remettait à monter. Bientôt par un étroit sentier à peine marqué et qui sert seulement aux gardiens des chèvres, il se trouva debout sur un roc immense et bien sûr d'être séparé de tous les hommes. Cette position physique le fit sourire, elle lui peignait la position qu'il brûlait d'atteindre au moral. L'air pur de ces montagnes élevées communiqua la sérénité et même la joie à son âme. Le maire de Verrières était bien toujours, à ses yeux, le représentant de tous les riches et de tous les insolents de la terre ; mais Julien[1] sentait que la haine qui venait de l'agiter, malgré la violence de ses mouvements, n'avait rien de personnel. S'il eût cessé de voir M. de Rênal, en huit jours il l'eût oublié, lui, son château, ses chiens, ses enfants et toute sa famille. « Je l'ai forcé, je ne sais comment, à faire le plus grand sacrifice. Quoi ! plus de cinquante écus par an ! un instant auparavant je m'étais tiré du plus grand danger. Voilà deux victoires en un jour ; la seconde est sans mérite, il faudrait en deviner le comment. Mais à demain les pénibles recherches. »

Julien, debout sur son grand rocher, regardait le ciel, embrasé par un soleil d'août. Les cigales chantaient dans le champ au-dessous du rocher : quand elles se taisaient tout était silence autour de lui. Il voyait à ses pieds vingt lieues de pays. Quelque épervier parti des grandes roches au-dessus de sa tête était aperçu par lui, de temps à autre, décrivant en silence ses cercles immenses. L'œil de Julien suivait machinalement l'oiseau de proie. Ses mouvements tranquilles et puissants le frappaient, il enviait cette force, il enviait cet isolement.

C'était la destinée de Napoléon, serait-ce un jour la sienne ?

1. Julien s'occupe de l'instruction des enfants de monsieur de Rênal.

Carl Spitzweg, *Paysage de haute montagne*, 1871.
Museum Kunstpalace, Düsseldorf.

Repères

Le roman d'apprentissage

- On y suit l'évolution du personnage principal de sa jeunesse à l'âge adulte. Le héros fait l'expérience de la société, rencontre d'autres personnages et avance d'illusions en déceptions. Progressivement, il se forge une conception de la vie.

ACTIVITÉS

Découvrir

1 Renseignez-vous sur la période historique 1815-1848. Quel rôle tient la bourgeoisie ?

....

2 **VERS L'ÉPREUVE** Présentez le corpus de documents.
Quels sont les points communs et les différences ?

....

....

3 Renseignez-vous sur la situation sociale de Julien Sorel et de la famille de Rênal ?
Résumez les informations dans un court paragraphe.

....

....

....

Lire et écrire

4 Quels sont les traits de caractère de Julien Sorel ?

....

5 Surlignez les verbes qui montrent la progression du parcours de Julien Sorel dans la montagne. Que pouvez-vous en déduire ?

....

6 Quel lien y a-t-il entre l'endroit où se trouve Julien Sorel et ce qu'il ressent ?

....

7 À quoi se compare-t-il à la fin de l'extrait ?

....

8 Selon vous, quelle direction va prendre la vie de Julien Sorel ?

....

9 Effectuez une recherche sur l'histoire du *Rouge et le Noir*.
Ce que vous avez imaginé question 8 se confirme-t-il ?

....

10 En quoi peut-on parler ici de roman d'apprentissage ?

....

Rechercher

Le personnage romantique

11 **a.** Renseignez-vous sur le personnage romantique et ce qui le caractérise.
b. Dans un tableau, notez les titres de romans et le nom des auteurs que vous avez trouvés (colonne 1). Puis indiquez le nom des personnages (colonne 2), un ou deux adjectifs qui les qualifient (colonne 3) et la quête qu'ils poursuivent (colonne 4).

Écoutez le texte.
liennathan.fr/i1s6p2

2 Honoré de Balzac

Le Père Goriot, 1835

HONORÉ DE BALZAC (1799-1850)
Balzac a rassemblé sous le titre *Comédie humaine* plus de quatre-vingt-dix romans. Avec cette œuvre colossale, il entreprend de décrire la société de son époque, d'être le « conteur des drames intimes ». Il a créé des milliers de personnages dont certains reviennent d'un roman à l'autre comme Eugène de Rastignac, héros du *Père Goriot*.

Eugène de Rastignac monte à Paris pour étudier le droit et travailler. Il vit dans une pension misérable jusqu'au jour où il rencontre sa cousine, madame de Beauséant. Elle l'introduit alors dans la haute société et son luxe.

Il vit le monde comme il est : les lois et la morale impuissantes chez les riches, et vit dans la fortune l'*ultima ratio mundi*[1]. « Vautrin[2] a raison, la fortune est la vertu ! » se dit-il.

Arrivé rue Neuve-Sainte-Geneviève, il monta rapidement chez lui, descendit pour donner dix francs au cocher, et vint dans cette salle à manger nauséabonde où il aperçut, comme des animaux à un râtelier, les dix-huit convives en train de se repaître. Le spectacle de ces misères et l'aspect de cette salle lui furent horribles. La transition était trop brusque, le contraste trop complet, pour ne pas développer outre mesure chez lui le sentiment de l'ambition. D'un côté, les fraîches et charmantes images de la nature sociale la plus élégante, des figures jeunes, vives, encadrées par des merveilles de l'art et du luxe, des têtes passionnées pleines de poésie ; de l'autre, de sinistres tableaux bordés de fange[3], et des faces où les passions n'avaient laissé que leurs cordes et leur mécanisme. Les enseignements que la colère d'une femme abandonnée avait arrachés à madame de Beauséant, ses offres captieuses[4] revinrent en sa mémoire, et la misère les commente. Rastignac résolut d'ouvrir deux tranchées parallèles pour arriver à la fortune, de s'appuyer sur la science et sur l'amour, d'être un savant docteur et un homme à la mode. Il était encore bien enfant !

1. En latin : « Le plus grand argument du monde ».
2. Vautrin fait figure de tentateur. Il est craint et on veut lui plaire.
3. Boue épaisse. Au sens figuré : état de souillure lié à une basse condition sociale.
4. Fallacieuses, insidieuses.

Questions

Itinéraire 1

◆ LECTURE

1. Quels sont les deux mondes qui s'opposent dans cet extrait ?

....

2. Quel sentiment cette opposition suscite-t-elle chez Rastignac ?

....

3. Rastignac prend une décision : surlignez la phrase qui le montre.

◆ ORAL

4. Interrogez-vous sur la dernière phrase : qui la prononce ? À qui s'adresse-t-elle ? Quelle tonalité apporte-t-elle à l'ensemble de l'extrait ?

5. Lisez le texte à voix haute et enregistrez-vous. Le ton de votre lecture traduira la personnalité du personnage.

Itinéraire 2

◆ LECTURE

6. De quelle manière progressent les sentiments de Rastignac ? Notez les différentes étapes.

....

....

7. Rastignac va-t-il tenir sa résolution ? Soulignez la phrase qui peut vous aider à répondre.

◆ ÉCRITURE

8. Écrivez la dernière scène du roman au brouillon. Vous veillerez à rester cohérent avec la fin de l'extrait : « Il était encore bien enfant ! »

▶ CONSEIL
Avant de vous lancer dans l'écriture de votre scène, notez les événements auxquels le personnage a été confronté et qui l'ont conduit à ce dernier moment de l'histoire.

3 Victor Hugo
Les Misérables, 1862

Écoutez le texte.
liennathan.fr/ueb301

Jean Valjean a volé une pièce de quarante sous à un ramoneur, ce qui en fait un récidiviste recherché par l'officier de police Javert. Or, alors qu'il se cache sous l'identité de monsieur Madeleine, un notable hors de tout soupçon, il apprend qu'un vagabond va être jugé car il est accusé à sa place. Il hésite à se livrer.

Il envisagea avec un immense désespoir tout ce qu'il faudrait quitter, tout ce qu'il faudrait reprendre. Il faudrait donc dire adieu à cette existence si bonne, si pure, si radieuse, à ce respect de tous, à l'honneur, à la liberté ! Il n'irait plus se promener dans les champs, il n'entendrait plus chanter les oiseaux au mois de mai, il ne ferait plus l'aumône aux petits enfants ! Il ne sentirait plus la douceur des regards de reconnaissance et d'amour fixés sur lui ! Il quitterait cette maison qu'il avait bâtie, cette petite chambre ! Tout lui paraissait charmant à cette heure. Il ne lirait plus dans ces livres, il n'écrirait plus sur cette petite table de bois blanc ! Sa vieille portière, la seule servante qu'il eût, ne lui monterait plus son café le matin. Grand Dieu ! au lieu de cela, la chiourme[1], le carcan[2], la veste rouge, la chaîne au pied, la fatigue, le cachot, le lit de camp, toutes ces horreurs connues ! À son âge, après avoir été ce qu'il était ! Si encore il était jeune ! Mais, vieux, être tutoyé par le premier venu, être fouillé par le garde-chiourme[3], recevoir le coup de bâton de l'argousin[4]! avoir les pieds nus dans des souliers ferrés ! tendre matin et soir sa jambe au marteau du rondier[5] qui visite la manille ! subir la curiosité des étrangers auxquels on dirait : *Celui-là, c'est le fameux Jean Valjean, qui a été maire à Montreuil-sur-mer !*

Livre VII, chap. 3.

VICTOR HUGO (1802-1885)
Chef de file du mouvement romantique, Hugo est une figure centrale du XIXe siècle. Homme de théâtre, poète, romancier, il est aussi engagé dans les luttes sociales.
Avec *Les Misérables*, il décrit la vie de pauvres gens en s'attachant plus particulièrement à l'itinéraire du bagnard Jean Valjean.

1. L'ensemble des forçats d'un bagne ou des rameurs d'une galère.
2. Collier métallique par lequel on attachait un condamné pour l'exposer à l'humiliation publique.
3. Surveillant des forçats ou des galériens.
4. Officier des galères.
5. Personne chargée d'effectuer des rondes de surveillance.

Questions

Itinéraire 1

◆ ORAL

1 Par deux, lisez à haute voix cet extrait en veillant à nuancer votre intonation.

◆ LECTURE

2 Qu'est-ce qui rend Jean Valjean profondément humain ? Pourquoi nous touche-t-il ?

....

....

....

....

....

....

◆ ÉCRITURE

3 Par deux, écrivez au brouillon les didascalies qui permettraient de jouer cette scène.

Itinéraire 2

◆ LANGUE

4 Quel effet provoque l'utilisation du conditionnel ? À quelle hypothèse fait-il référence ?

....

....

....

....

◆ LECTURE

5 Surlignez d'une couleur « tout ce qu'il faudrait quitter » et d'une autre couleur « tout ce qu'il faudrait reprendre ». Associez une couleur à monsieur Madeleine et l'autre à Jean Valjean.

6 Dans la deuxième partie (l. 11 à 19), comment Hugo montre-t-il que la vie sera plus difficile pour Jean Valjean ? Vous appuierez votre réponse sur le lexique et sur la construction des phrases. Rédigez votre commentaire au brouillon.

Le personnage : instigateur de la révolte sociale

ÉMILE ZOLA (1840-1902)
Chef de fil du naturalisme, il développe ses idées sur le roman dans le cycle des *Rougon-Macquart*.

4 Émile Zola
Germinal, 1885

À Montsou, ville minière du nord de la France, Étienne Lantier appelle les mineurs à se battre pour obtenir des droits.

Il fut terrible, jamais il n'avait parlé si violemment. D'un bras, il maintenait le vieux Bonnemort, il l'étalait comme un drapeau de misère et de deuil, criant vengeance. En phrases rapides, il remontait au premier Maheu, il montrait toute cette famille usée à la mine, mangée par la Compagnie, plus affamée après cent ans de travail ; et, devant elle, il mettait ensuite les ventres de la Régie, qui suaient l'argent, toute la bande des actionnaires entretenus comme des filles depuis un siècle, à ne rien faire, à jouir de leur corps. N'était-ce pas effroyable : un peuple d'hommes crevant au fond de père en fils, pour qu'on paie des pots-de-vin à des ministres, pour que des générations de grands seigneurs et de bourgeois donnent des fêtes ou s'engraissent au coin de leur feu ! Il avait étudié les maladies des mineurs, il les faisait défiler toutes, avec des détails effrayants : l'anémie[1], les scrofules[2], la bronchite noire, l'asthme qui étouffe, les rhumatismes qui paralysent. Ces misérables, on les jetait en pâture aux machines, on les parquait ainsi que du bétail dans les corons[3], les grandes Compagnies les absorbaient peu à peu, réglementant l'esclavage, menaçant d'enrégimenter[4] tous les travailleurs d'une nation, des millions de bras, pour la fortune d'un millier de paresseux. Mais le mineur n'était plus l'ignorant, la brute écrasée dans les entrailles du sol. Une armée poussait des profondeurs des fosses, une moisson de citoyens dont la semence germait et ferait éclater la terre, un jour de grand soleil. Et l'on saurait alors si, après quarante années de service, on oserait offrir cent cinquante francs de pension à un vieillard de soixante ans, crachant de la houille, les jambes enflées par l'eau des tailles. Oui ! le travail demanderait des comptes au capital, à ce dieu impersonnel, inconnu de l'ouvrier, accroupi quelque part, dans le mystère de son tabernacle[5], d'où il suçait la vie des meurt-de-faim qui le nourrissaient ! On irait là-bas, on finirait bien par lui voir sa face aux clartés des incendies, on le noierait sous le sang, ce pourceau[6] immonde, cette idole[7] monstrueuse, gorgée de chair humaine !

Partie IV, chap. 7.

1. Maladie du sang.
2. Infection de la peau.
3. Cités ouvrières.
4. Faire entrer dans un groupe qui inspire une discipline.
5. Meuble.
6. Cochon, porc.
7. Ce que l'on adore.

Écoutez le texte.
liennathan.fr/2n4l7t

Jules Adler, *La Grève au Creusot*, 1899. Musée des Beaux-arts, Pau.

Repères

Les *Rougon-Macquart*

• Le cycle des *Rougon-Macquart* décrit l'histoire de deux familles sous le Second Empire : les Rougon, issus de la petite bourgeoisie, et les Macquart, plus proches de la terre. Cette fresque sociale et psychologique sert les idées naturalistes de Zola : l'observation minutieuse et scientifique du milieu social, le mécanisme des passions, le poids de l'hérédité.

Questions

Itinéraire 1

◆ ORAL

1. Le discours d'Étienne Lantier peut-il trouver un écho aujourd'hui ? Débattez de cette question.

◆ ÉCRITURE

2. Pour chacun de ses romans, Zola note méthodiquement des informations dans ses carnets préparatoires. Imaginez ce qu'il pourrait consigner à propos d'Étienne Lantier.

Arbre généalogique des Rougon-Macquart.

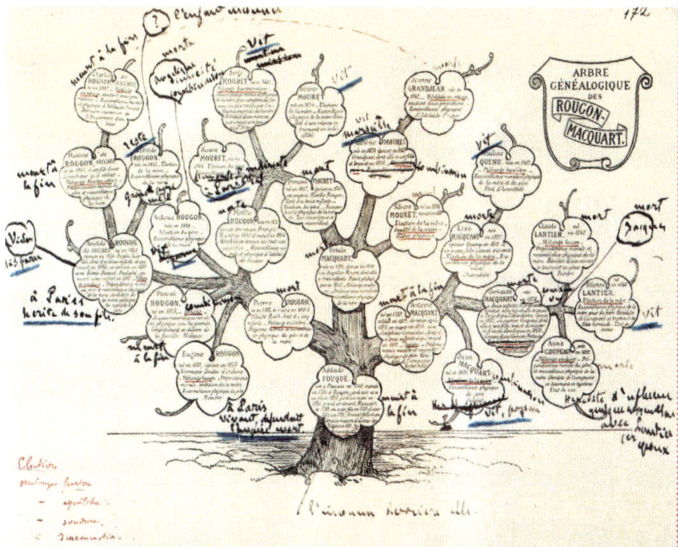

Itinéraire 2

◆ LECTURE

3. Comment cet extrait donne-t-il le sentiment d'entendre le discours du personnage ? Appuyez-vous sur les types de phrases, l'usage des pronoms personnels, le rythme et la manière dont les paroles sont rapportées.

4. Quel est, selon vous, le rôle d'Étienne Lantier dans la grève ?

5. À partir de la citation « Mais le mineur n'était plus ignorant » (l. 17), expliquez en quoi l'évolution d'Étienne Lantier symbolise la révolte et l'espoir.

◆ ORAL

6. Étienne Lantier dit avoir étudié les maladies des mineurs. Quel parallèle peut-on établir avec la démarche naturaliste de Zola ?

Écoutez le texte.
liennathan.fr/h885kt

5 Guy de Maupassant

***Bel Ami,* 1885**

GUY DE MAUPASSANT (1850-1893)
Journaliste et écrivain, Maupassant a publié des nouvelles et des romans réalistes mais aussi fantastiques. Il s'applique à peindre les défauts humains.

Georges Duroy, jeune journaliste, est invité par monsieur Forestier pour être présenté au directeur du journal.

Il montait lentement les marches, le cœur battant, l'esprit anxieux, harcelé surtout par la crainte d'être ridicule ; et, soudain, il aperçut en face de lui un monsieur en grande toilette qui le regardait. Ils se trouvaient si près l'un de l'autre que Duroy fit un mouvement en arrière, puis il demeura stupéfait : c'était lui-même, reflété par une haute glace en pied qui formait sur le palier du premier une longue perspective de galerie. Un élan de joie le fit tressaillir, tant il se jugea mieux qu'il n'aurait cru. N'ayant chez lui que son petit miroir à barbe, il n'avait pu se contempler entièrement, et comme il n'y voyait que fort mal les diverses parties de sa toilette improvisée, il s'exagérait les imperfections, s'affolait à l'idée d'être grotesque.

Mais voilà qu'en s'apercevant brusquement dans la glace, il ne s'était pas même reconnu ; il s'était pris pour un autre, pour un homme du monde, qu'il avait trouvé fort bien, fort chic, au premier coup d'œil.

Et maintenant, en se regardant avec soin, il reconnaissait que, vraiment, l'ensemble était satisfaisant.

Alors il s'étudia comme font les acteurs pour apprendre leurs rôles. Il se sourit, se tendit la main, fit des gestes, exprima des sentiments : l'étonnement, le plaisir, l'approbation ; et il chercha les degrés du sourire et les intentions de l'œil pour se montrer galant auprès des dames, leur faire comprendre qu'on les admire et qu'on les désire.

Une porte s'ouvrit dans l'escalier. Il eut peur d'être surpris et il se mit à monter fort vite et avec la crainte d'avoir été vu, minaudant ainsi, par quelque invité de son ami.

En arrivant au second étage, il aperçut une autre glace et il ralentit sa marche pour se regarder passer. Sa tournure lui parut vraiment élégante. Il marchait bien. Et une confiance immodérée en lui-même emplit son âme. Certes, il réussirait avec cette figure-là et son désir d'arriver, et la résolution qu'il se connaissait et l'indépendance de son esprit. Il avait envie de courir, de sauter en gravissant le dernier étage. Il s'arrêta devant la troisième glace, frisa sa moustache d'un mouvement qui lui était familier, ôta son chapeau pour rajuster sa chevelure, et murmura à mi-voix, comme il faisait souvent : « Voilà une excellente invention. » Puis, tendant la main vers le timbre, il sonna.

Repères

Le réalisme

- Le réalisme s'impose en réaction au romantisme : les artistes cherchent à représenter le plus fidèlement possible la réalité. Ils décrivent, analysent et expliquent les rouages de la société. Contrairement aux romantiques, les personnages de leurs romans sont issus de la bourgeoisie ou du peuple. Ils mènent des vies simples.

Questions

Itinéraire 1

◆ ÉCRITURE

1. Un personnage de votre invention surprend Duroy dans l'escalier. Il raconte ce qu'il a vu à un autre invité. Rédigez votre récit au brouillon.

Itinéraire 2

◆ LECTURE

2. Quelle est la réaction de Duroy lorsqu'il se découvre dans le miroir ? Soulignez ce qui attire son attention et notez le sentiment qu'il éprouve.

3. Quel parallèle pouvez-vous établir entre la progression de Duroy dans les escaliers et les sentiments qu'il éprouve au fil de son ascension ? Est-il le même au début et à la fin de l'extrait ?

4. Quelles hypothèses pouvez-vous émettre sur l'évolution de Duroy dans la suite du roman ?

Dans mon carnet personnel...

VERS LE BAC

Dans cette séquence, vous avez lu et découvert différents personnages du XIXe siècle. Dans votre carnet personnel, vous allez maintenant garder une trace de votre lecture pour identifier leurs caractéristiques et mieux comprendre leurs itinéraires romanesques.

LECTURE

1 Comment caractériseriez-vous les personnages rencontrés dans ce groupement ?

....

....

2 Quel rapport entretiennent-ils avec la société ?

....

....

3 Quel personnage vous a le plus marqué par son itinéraire ? Pourquoi ?

....

....

4 À partir des textes lus et de vos lectures personnelles, quelles étapes franchissent les personnages dans les romans du XIXe siècle ?

....

....

....

RECHERCHE ET ÉCRITURE

5 Recherchez sur Internet une peinture qui illustre l'un des textes étudiés et justifiez votre réponse.

....

....

....

ORAL

6 L'itinéraire d'un personnage peut permettre de voir le monde tel qu'il est. Êtes-vous d'accord avec cette affirmation ? Débattez en classe.

MISE EN PERSPECTIVE

7 De quels autres textes ou films pourriez-vous rapprocher les différents extraits étudiés ?

....

....

....

....

....

....

SYNTHÈSE

VERS L'ÉPREUVE

Répondez à la problématique de la séquence :
En quoi l'itinéraire romanesque des personnages reflète-t-il la société du XIXe siècle ?
Vous rédigerez une réponse argumentée en faisant appel aux connaissances acquises au cours de cette séquence. Vous enrichirez votre réponse en vous appuyant sur vos lectures personnelles et votre culture.

ÉCRIRE SUR...

Un personnage et son itinéraire

▶ Dans cet atelier d'écriture, vous allez imaginer l'itinéraire d'un personnage dans la société du XIXe siècle.

Gustave Caillebotte, *L'Homme au balcon*, 1880. Coll. privée.

AVANT DE COMMENCER

Intéressez-vous au personnage du tableau et au lieu où il se trouve.

- Qui est l'homme représenté ? Quel âge a-t-il ? Quel est son métier ?
- D'après vous, dans quelle ville habite-t-il ? Dans quel type d'habitation ?
- Que pouvez-vous dire de son milieu social ?
- Comment qualifieriez-vous son attitude ?

À VOUS D'ÉCRIRE

- **Le personnage se tourne vers le peintre et fait le récit de son parcours depuis son arrivée à Paris. Racontez son histoire.**

ÉTAPE 1 Imaginer l'itinéraire du personnage

- Listez les étapes, les rencontres, les choix qui ont permis au personnage d'arriver à sa position sociale.
- Comment ce personnage était-il dans sa jeunesse : avide de réussite ? Ambitieux ? Revanchard ?
- Comment a-t-il progressé dans sa carrière ?
- À quel moment de son existence en est-il ?

ÉTAPE 2 Réfléchir à sa position dans la société

- Quel est le mode de vie de sa classe sociale ? Listez les principaux aspects.
- Que lui inspire sa situation ? En est-il satisfait ? Regrette-t-il ses choix ? A-t-il été confronté à un dilemme ? Quels obstacles ou échecs a-t-il rencontrés ? Comment les a-t-il surmontés ?
- Que pense-t-il de ce qui se passe dans la rue ?

ÉTAPE 3 Rédiger le récit

- Vous rédigerez le récit du personnage à la troisième personne en insistant sur ce qui lui a permis d'atteindre sa situation sociale.
- Relisez-vous et enrichissez votre travail s'il vous semble insuffisamment précis.
- Relisez-vous à nouveau et corrigez vos fautes.

▶ **CONSEIL**
Aidez-vous de la rubrique Les outils pour écrire pour améliorer votre texte.

Je rédige mon récit

▶ Le personnage se troune vers le peintre et fait le récit de son parcours depuis son arrivée à Paris.

LES OUTILS POUR ÉCRIRE

Structurer le récit

• Utilisez des **indicateurs de temps** pour montrer les différentes étapes de l'itinéraire du personnage : *dans son enfance ; lors de sa jeunesse ; dès son plus jeune âge ; aujourd'hui ; désormais ; à l'âge mûr…*

Décrire le personnage et son milieu

• **Son physique** montre qu'il est en adéquation avec son milieu social : *la coupe de son costume ; la matière noble du tissu ; la barbe bien taillée ; la prestance ; l'élégance…*
• **Son milieu social** : *luxe, richesse, opulence…*

Présenter son passé et son présent

• **Son enfance** : *heureuse ; malheureuse ; pauvre ; difficile ; frustrante ; facile…*
• **Ses motivations** : *il voulait gouverner le monde ; il dominait la ville ; son regard puissant… ; être l'homme le plus craint ; un personnage émérite…*
• **Ses émotions** : *mélancolie ; fierté ; défiance ; regret ; hésitation ; volonté…*
• **Ses difficultés ou ses échecs** : il est *contrarié ; lassé ; désespéré ; abattu ; ne sachant quelle direction prendre ; méfiant ; craintif…*
• **Ses victoires** : *joie ; bonheur ; allégresse ; insouciance ; il avait pris de la hauteur ; confiant…*

DE L'ATELIER À L'ÉPREUVE

• Afin d'enrichir votre carnet personnel, vous pouvez y insérer votre texte ainsi que l'image proposée dans cet atelier.

VERS L'ÉPREUVE

• Vous expliquerez comment la lecture des textes de la séquence et l'activité d'écriture vous ont permis de mieux comprendre la construction de l'itinéraire d'un personnage dans un roman du XIXe siècle. Entraînez-vous à présenter oralement votre texte et votre point de vue.

RENCONTRE DES ARTS

Découvrir et participer à un spectacle de marionnettes

Le festival mondial des théâtres de marionnettes a été fondé en 1961 à Charleville-Mézières. Il se déroule tous les deux ans et réunit environ 150 000 spectateurs. La ville abrite également, depuis 1981, l'Institut international de la marionnette et, depuis 1987, l'École nationale supérieure des arts de la marionnette.

DÉCOUVRONS CE FESTIVAL PAS À PAS

Pourquoi ce festival ?

Fondé en 1961, ce festival contribue à la **promotion de l'art de la marionnette** et fait découvrir son évolution. Il propose un large choix d'activités alliant le théâtre, le cirque, la danse, les arts plastiques et numériques avec les marionnettes.

Qu'y trouve-t-on ?

• Le festival propose des **ateliers** pour s'initier au monde des marionnettes et rencontrer des professionnels. C'est l'occasion pour eux de partager leurs choix artistiques et leur passion. Des dizaines de spectacles, mis en œuvre par plus d'une centaine de compagnies françaises ou étrangères comme Minusmal ou Atsaras, ont lieu aussi bien dans des salles de spectacle que dans la rue. Par ailleurs, plusieurs expositions autour des marionnettes sont organisées.

1 Marionnette à tige.

2 Un spectacle de rue à Charleville-Mézières.

3 Une compagnie à l'œuvre.

4 Marionnette à fils.

ACTIVITÉS

Créez en marionnette l'un des personnages de la séquence. Mettez-la ensuite en scène dans un court spectacle. Votre marionnette racontera, dans un monologue, son parcours.

Quel lien avec l'objet d'étude ?

La marionnette représente un personnage dont on découvre l'itinéraire dans le spectacle. Elle présente les caractéristiques du personnage : un pauvre sera symbolisé par une marionnette simple (réalisée avec des chaussettes, par exemple) tandis qu'un riche sera vêtu de manière sophistiquée. Les procédés de mise en scène et le répertoire utilisé donnent une dimension littéraire au spectacle. Au XVIIIe siècle, les spectacles de marionnettes étaient un moyen pour les écrivains de faire connaître leurs œuvres.

Consultez le site.
liennathan.fr/hba123

Stefan Zweig, *Ivresse de la métamorphose*, 1982

Nous sommes en 1926, en Autriche. Dans ce paysage ravagé par la guerre de 14-18, une jeune employée des Postes, Christine, mène une vie misérable aux côtés de sa mère souffrante. Un jour, elle reçoit un télégramme...

Un Extrait

Un ressort en elle doit être rompu, et vaguement les hommes, eux aussi, le ressentent : aucun ne la courtise vraiment, bien que son profil blond et délicat lui confère à côté des visages ronds et rouges comme des pommes des filles du village, quelque chose d'aristocratique. Mais ces filles de l'après-guerre de dix-sept, dix-huit ans n'attendent pas calmement, patiemment, qu'un garçon les désire, les choisisse, elles exigent leur désir comme un droit, l'exigent avec une telle ardeur, comme si elles voulaient vivre non seulement leur propre jeunesse mais encore celle de centaines de milliers de morts et de disparus.

Une citation

« Et, pour la première fois, à ce moment, un être, objet d'une révélation bienheureuse qui l'ébranle dans ses profondeurs, commence à entrevoir de quelle étoffe mystérieusement délicate et malléable notre âme est constituée, puisqu'un seul événement suffit pour l'agrandir à l'infini et lui faire englober dans son espace minuscule un univers entier. »

À propos de ...

L'auteur

Stefan Zweig (1881-1942), homme de théâtre et journaliste, est surtout connu pour ses nouvelles et ses romans. On retient parmi ses livres, *La Confusion des sentiments* (1927) et *Le Joueur d'échecs* (1943). La plupart de ses œuvres ont été adaptées au cinéma.

L'œuvre

Ivresse de la métamorphose a été publié en 1982, bien après la mort de Zweig. Le roman a été conçu en rassemblant différents manuscrits de Stefan Zweig. Un premier manuscrit a été rédigé en 1930-1931 et correspond à la première partie du livre, un second manuscrit écrit en 1938-1939 se rapporte à la seconde partie.

Adaptation au cinéma

Ivresse de la métamorphose a été adapté au cinéma en 1951 par Wilfried Frass. Elisabeth Höbarth joue le rôle de Christine.

Quatrième de couverture (extrait)

Dernière œuvre de Stefan Zweig, non publiée de son vivant, ce véritable testament romanesque nous transporte dans l'Autriche de l'entre-deux-guerres, déjà convoitée par l'Allemagne nazie. Christine, modeste employée des Postes, a vu mourir son père et son frère. L'invitation impromptue d'une riche tante d'Amérique achève de la révolter contre la médiocrité de sa vie, sentiment qu'elle partage bientôt avec Ferdinand, ancien combattant mutilé, devenu chômeur.

Le Livre de poche.

Pour entrer dans l'œuvre…

Dans cette séquence…

Vous vous interrogerez sur le parcours de Christine et vous vous demanderez **en quoi il est une révolte face à une existence médiocre**.

1 D'après la couverture et le titre de l'œuvre, de quoi parle le roman de Zweig ?

2 À la lecture de l'extrait, quel sentiment habite l'héroïne ?

3
a. Selon vous, en quoi consiste la « métamorphose » dans ce roman ? Justifiez votre réponse à partir des deux images du film.
b. Cette métamorphose va-t-elle changer la vie de Christine ?

Stephan Zweig, *Ivresse de la métamorphose*, 1982

1 EXTRAIT L'ennui

Écoutez le texte. liennathan.fr/w32ur7

Le silence repose comme une poussière d'or sur les objets ; seuls entre les fenêtres, les violons grêles des mouches et le violoncelle brun d'un bourdon, orchestre lilliputien[1], exécutent une musique d'été. La seule chose toujours en mouvement dans la pièce fraîche est la pendule de bois murale placée entre les fenêtres. À chaque seconde elle avale d'une petite gorgée sonore une goutte de temps, mais ce bruit léger, monotone, endort plus qu'il ne réveille. La postière reste ainsi assise dans une sorte d'engourdissement vigilant et délicieux au milieu de son petit univers somnolent. Elle avait bien eu l'intention de prendre un travail de couture, l'aiguille et les ciseaux sont là, tout prêts, mais la broderie est tombée chiffonnée sur le sol sans qu'elle ait la volonté ou la force de la ramasser. Alanguie[2], presque sans souffle, elle s'appuie au dossier, et, les yeux fermés, se laisse parcourir par le sentiment rare et délicieux d'une oisiveté[3] bien gagnée.

Et soudain : Tac ! Elle sursaute. Et de nouveau ce battement dur, métallique, impérieux : tac ! tac ! tac ! L'appareil morse frappe impatiemment, le mécanisme ronronne : un télégramme – visiteur peu fréquent à Klein-Reifling[4] – exige d'être reçu avec respect. D'un bond la postière s'arrache à sa torpeur, se précipite au bureau et enclenche la bande. Mais à peine a-t-elle déchiffré les premiers mots du texte qui se déroule que le sang lui monte aux tempes. Car, pour la première fois depuis qu'elle est en service ici, elle voit son propre nom sur un télégramme. Elle lit une fois, deux fois la dépêche sans en comprendre le sens. Comment ? Quoi ? Qui lui télégraphie de Pontresina[5] ? « Christine Hoflehner, Klein-Reifling, Autriche. Bienvenue, t'attendons à tout moment, à ton jour, annonce seulement avant arrivée par télégramme, affectueusement, Claire-Anthony. »

1. Très petit.
2. Avachie, nonchalante.
3. Désœuvrement.
4. Village autrichien.
5. Commune suisse.

Questions

Itinéraire 1

◆ LECTURE

1. Donnez un titre à chacun des paragraphes et expliquez votre choix.

Paragraphe 1 : ……………………

Paragraphe 2 : ……………………

Itinéraire 2

◆ LECTURE

2. Comment peut-on qualifier l'atmosphère qui règne dans le lieu où vit Christine ?

3. Selon vous, la description illustre-t-elle l'état d'esprit de Christine ? Justifiez votre réponse.

4. L'arrivée du télégramme bouleverse-t-elle la routine du personnage ? Surlignez les éléments du texte qui justifient votre réponse.

◆ ÉCRITURE

5. Imaginez la réponse de Christine au télégramme de Claire-Anthony. Vous rédigerez votre texte au brouillon.

▶ CONSEIL
Votre message sera structuré comme celui de Claire-Anthony : Christine justifiera sa réponse en livrant ses états d'âme.

2

EXTRAIT

La découverte d'un monde

La riche tante de Christine l'invite à venir passer des vacances dans un hôtel de luxe des Alpes suisses. L'héroïne découvre ce milieu privilégié.

Florence Henri,
***Autoportrait (aux cadres)*, 1938.**
Centre Georges Pompidou, Paris.

Quelle splendeur magnifique, incroyable ! Dans la perspective exaltante de pouvoir contempler, utiliser, posséder tout cela un jour, huit jours, quinze jours, séduite, elle s'approche timidement des objets inconnus, prend en main, curieuse, chacun l'un après l'autre, et se perd de ravissement en ravissement, quand soudain, comme si elle avait mis le pied sur un serpent, elle recule brusquement et tomberait presque, car, ayant ouvert machinalement la grande armoire murale, voilà que, de la porte intérieure rabattue démasquant un miroir, jaillit comme un diable d'une boîte un personnage grandeur nature, et dans la glace – ô stupeur – elle se voit, elle-même dans sa réalité cruelle, la seule chose inconvenante dans cette pièce où tout concourt à la distinction. Elle ressent le choc jusqu'à ses genoux, se découvrant à l'improviste avec son manteau de voyage jaune clair froissé et le chapeau de paille déformé sur son visage bouleversé. « Usurpatrice[1], sors d'ici ! Ne souille pas cette demeure ! Retourne là-bas où tu appartiens », semble lui dire le miroir. Vraiment, comment puis-je – pense-t-elle désemparée – avoir la prétention de vouloir loger dans cette pièce, dans ce monde ?

1. Imposteur.

Écoutez le texte.
liennathan.fr/a0hz10

Questions

Itinéraire 1

◆ ORAL

1 Quelle(s) émotion(s) éprouve Christine ? Échangez et défendez votre point de vue.

◆ ÉCRITURE

2 Christine écrit à sa sœur et son beau-frère pour leur raconter son arrivée dans sa chambre d'hôtel. Imaginez sa lettre et rédigez-la sur une feuille de brouillon.

Itinéraire 2

◆ LECTURE

3 Comment Christine perçoit-elle l'hôtel ?

4 Selon vous, que symbolise le miroir ?

5 D'après vous, en quoi la photographie de Florence Henri peut-elle illustrer l'extrait du roman ?

6 Expliquez le sens de la phrase : « Usurpatrice, sors d'ici ! » (l. 18).

Stephan Zweig, *Ivresse de la métamorphose*, 1982

3

EXTRAIT

La métamorphose de Christine

Écoutez le texte.
liennathan.fr/1e27em

La force mystérieuse de la métamorphose agit dans un nom ; comme un anneau au doigt, il semble de prime abord pur hasard, sans conséquence, mais avant que l'on ait conscience de sa puissance magique il se développe en vous, sous votre peau, et s'unit, sceau du destin, à l'existence spirituelle d'un être. Dans les premiers jours, entendre le nouveau nom de von Boolen procure à Christine une excitation secrète. (Ah ! vous ne me connaissez pas, si vous saviez !) Elle le porte étourdiment comme un masque au carnaval. Mais bientôt elle oublie l'imposture involontaire, se trompe elle-même et devient celle qu'elle devrait seulement paraître. Ce qui lui était d'abord une gêne, être considérée comme une riche et noble étrangère, lui procure déjà après une journée un plaisir piquant, et lui semble le deuxième puis le troisième jour comme allant de soi. Quand un des hommes lui demande son prénom, Christine (à la maison, c'est Christel) ne lui paraît pas assez ronflant pour le titre emprunté ; audacieuse, elle répond « Christiane », et maintenant à toutes les tables, pour tout l'hôtel, elle est Christiane von Boolen. C'est ainsi qu'on la présente, qu'elle se laisse nommer ; sans effort, elle s'installe dans ce nom comme dans la chambre aux couleurs raffinées, aux meubles étincelants, comme dans le luxe et la vie facile de l'hôtel, comme dans ce monde où être riche va de soi, dans une ivresse tentatrice née de cent éléments divers. Si quelqu'un la connaissant l'appelait soudain Mademoiselle Hoflehner, elle sursauterait comme une somnambule et tomberait du haut de son rêve, tant le nom nouveau fait corps avec elle, tant elle est intensément convaincue d'être une autre, cette autre-là.

Maia Flore, *Maia och Flore*, 2011.

Mais n'est-elle pas vraiment devenue une autre en ces quelques jours ? L'air vif des Alpes n'a-t-il pas augmenté la pression dans ses veines, et la nourriture plus abondante, plus riche, n'a-t-elle pas déjà modifié, fortifié la composition de son sang ? Indéniablement, Christiane von Boolen a changé d'apparence, plus jeune, plus fraîche que sa cendrillon de sœur, l'auxiliaire des postes Hoflehner, elle lui ressemble à peine. Le soleil de la montagne a donné à sa peau pâle, un peu cendrée, d'une personne toujours enfermée la couleur bronzée d'une Indienne, les muscles du cou sont plus fermes, une nouvelle démarche est née avec les nouveaux vêtements, plus souples aux articulations, plus détendue et sensuelle aux hanches, affirmant à chaque pas sa personnalité. Les sorties répétées dans la nature ont revivifié son corps de façon étonnante, la danse l'a assouplie, et cette vigueur redécouverte, ce capital de jeunesse insoupçonné demandent à se manifester sans cesse, car son cœur bat plus chaud dans sa poitrine, elle sent toujours en elle une effervescence stimulante, une aspiration, une tension, des courants électriques jusque dans l'extrémité des doigts, une joie étrange, nouvelle, puissante.

Questions

Itinéraire 1

◆ ORAL

1 Que pensez-vous de l'attitude de Christine ? Selon vous, fait-elle le bon choix ?

....

◆ ÉCRITURE

2 Christine écrit une lettre à sa sœur dans laquelle elle lui raconte sa vie dans les Alpes et ce qu'elle ressent. Rédigez la lettre au brouillon.

Itinéraire 2

◆ LECTURE

3 Surlignez les adjectifs utilisés pour décrire Christine. Est-elle toujours physiquement la même ?

....

4 La description physique de Christine confirme-t-elle son évolution psychologique ?

....

....

5 En quoi l'environnement dans lequel vit Christine contribue-t-il à sa métamorphose ?

....

....

6 Pour Christine, que symbolise le changement de prénom ?

....

7 En quoi peut-on parler d'« ivresse de la métamorphose » pour le personnage de Christine ? Justifiez votre réponse en analysant les différents procédés d'écriture.

....

....

....

◆ ORAL

8 Sélectionnez un passage qui symbolise la métamorphose de Christine et commentez-le.

◆ ÉCRITURE

9 Rédigez un paragraphe dans lequel vous expliquerez de quelle manière se manifeste la métamorphose de Christine. Vous l'analyserez d'un point de vue physique, moral, social et identitaire.
Notez dans le tableau suivant vos impressions de lecture.

Ce que je pensais du texte	Ce que j'en pense maintenant
....	....
....	....
....	....

▶ CONSEIL
Vous pourrez commencer votre texte par :
Lorsque j'ai découvert le texte, je pensais que......
Maintenant, ce que je retiens, c'est...............

4

EXTRAIT

La fin d'un rêve

L'imposture de Christine a été découverte. Son oncle et sa tante la renvoient.

Comme un animal blessé qui avance encore chancelant, ne se maintenant que par le mouvement, avant que, ses membres le trahissant, il s'écroule, elle se traîne, s'appuyant des mains au mur jusqu'à sa chambre, là elle tombe dans un fauteuil rigide, glacée, inerte. Elle ne comprend pas ce qui s'est passé. Dans son cerveau paralysé, elle ne sent que la douleur d'un coup reçu par-derrière sans savoir qui l'a porté. Quelque chose est advenu la concernant, dirigé contre elle. On la chasse, et elle ne sait pas pourquoi.

Désespérément elle tente de réfléchir, mais sa pensée reste engourdie. Dans sa tête tout est flou, bloqué, rien ne répond. Et, de même, un monde rigide l'entoure, car plus épouvantable qu'un cercueil noir, humide, c'est un cercueil de verre, inondé de lumière, éclatant de luxe, au confort outrageant, et silencieux, effroyablement silencieux, alors qu'en elle un cri monte qui exige une réponse : « Qu'ai-je fait ? Pourquoi me chassent-ils ? » Ce face-à-face est insupportable, cette pression confuse comme si l'immense bâtiment avec ses quatre cents personnes, ses pierres, ses traverses et son toit gigantesque pesait sur sa poitrine, et là, cette lumière blanche vénéneuse, le lit aux couvertures fleuries invitant au sommeil, les meubles à un repos serein, le miroir à un regard comblé ; elle a l'impression qu'elle va mourir de froid si elle reste assise ici, souffrante, dans ce fauteuil, ou bien elle va briser les vitres d'une crise de rage folle, ou crier, hurler, pleurer à réveiller l'hôtel.

Écoutez le texte.
liennathan.fr/i5lg49

Questions

Itinéraire 1

◆ **LECTURE**

1 Quel passage précis du texte aimeriez-vous retenir ? Pourquoi ?

....

....

....

....

....

Itinéraire 2

◆ **LECTURE**

2 Surlignez les raisons qui montrent que Christine ne comprend pas son renvoi.

3 Expliquez avec vos propres mots la métaphore du cercueil noir puis en verre (l. 10-11).

....

....

....

....

....

4 Le décor contribue-t-il à minimiser ou à accentuer les sentiments de Christine ?

....

....

....

....

....

5 EXTRAIT La rancœur

Une discussion houleuse autour de la guerre et de la politique s'engage entre Christine, sa sœur Nelly, son beau-frère et un ami, Ferdinand.

Écoutez le texte.
liennathan.fr/fcy107

À cet instant Nelly bondit. Elle a enfin l'occasion de laisser exploser sa colère. « De quoi te mêles-tu ? Qu'est-ce que tu y entends ? Comme si tu avais eu quelque chose à voir avec la guerre ! » D'un coup, la pièce est chargée d'éléctricité. Christine aussi est heureuse de pouvoir donner libre cours à son irritation. « Absolument pas, absolument pas ! Si ce n'est qu'elle nous a ruinés, si ce n'est que nous avions un frère, tu l'as peut-être oublié, oublié aussi la fin misérable de notre père et tout le reste... tout le reste. » « Mais toi tu n'as manqué de rien, tu as une bonne situation, tu devrais être contente. » « Ainsi je devrais être contente, peut-être même remercier le sort de m'avoir placée dans ce trou de bouseux ? Il ne semble pas t'avoir plu particulièrement puisque tu venais voir maman qu'aux fêtes carillonnées[1]. Tout ce que M. Farrner a dit est vrai. On nous a volé des années et rien donné en échange, pas un moment de repos, de joie, pas de vacances, de détente. » « Tiens ! pas de vacances ! Et elle revient de Suisse, des hôtels les plus chics, et elle se plaint. » « Je ne me suis jamais plainte, c'est toi que j'ai entendue te plaindre durant toute la guerre. Quant à la Suisse... Justement, ce que j'ai vu là-bas me donne le droit de parler. Je sais seulement maintenant ce... ce qu'on nous a pris... comment on a saboté notre vie... ce que j'ai... »

Edward Munch, *Les Bohémiens* (1925-1926). Musée d'Oslo.

1. Une des grandes fêtes de l'Église catholique.

Questions

Itinéraire 1

◆ ORAL

1 À deux, mettez en voix cet extrait. Quels choix d'interprétation avez-vous faits ? Pourquoi ?

Itinéraire 2

◆ LECTURE

2 Christine arrive-t-elle à dépasser ses désillusions ? Pourquoi ?

....

....

....

....

....

....

◆ ÉCRITURE

3 Poursuivez les propos de Christine (l. 18 à 22). Vous écrirez la suite du texte sur une feuille de brouillon et noterez ici vos idées.

....

....

....

....

LES OUTILS POUR ÉCRIRE

Pour améliorer votre texte vous pouvez :
- **évoquer** la richesse des tenues vestimentaires, le luxe du mobilier, la qualité de la nourriture.
- **utiliser** des termes mélioratifs : *magnifique, merveilleux, extraordinaire, sublime, incroyable, somptueux, doré, extravagant, opulent.*
- **exprimer** les sentiments éprouvés par Christine : *j'ai été choquée par, je n'accepte pas l'idée que, ce qui me répugne le plus c'est…*

Stephan Zweig, *Ivresse de la métamorphose*, 1982

6

EXTRAIT

Une solution au malheur ?

Écoutez le texte.
liennathan.fr/9kda76

Christine et Ferdinand, devenus amants, mènent une vie de misère. Ils projettent de commettre un vol.

La voix de Christine marque sa surprise. « Ainsi, tu crois… tu crois que ça ne réussira pas… »

« Je ne sais pas. Je sais seulement que c'est difficile. L'autre solution était plus facile. On échoue presque toujours quand on se rebelle contre sa propre loi – je ne pense pas aux arcanes[1] de la justice, ni à la législation de l'État ou à la police, de ceux-là on viendrait à bout. Mais chacun a sa propre loi, l'un est entraîné vers le haut, l'autre vers le bas, et celui qui doit monter montera, et celui qui doit tomber tombera. Rien ne m'a réussi jusqu'à présent, et à toi non plus, peut-être, probablement même, sommes-nous voués à l'échec. Si tu m'interroges franchement, je te dirai que je ne crois pas être né pour être un jour parfaitement heureux, cela ne correspondrait pas à mon tempérament ; je serai satisfait de l'être un mois, une année, deux ans. Si nous tentons l'aventure, je ne me représente pas une fin idyllique avec cheveux blancs et foyer douillet à la campagne, je pense seulement à quelques semaines, à quelques mois, à quelques années de gagnées sur la balle de révolver qui nous attendait. »

Elle le regarde tranquillement. « Je te remercie, Ferdinand, de ta sincérité. Si tu avais exposé tout cela avec enthousiasme, je me serais méfiée de toi. Je ne crois pas non plus à une réussite. À chaque fois que j'ai voulu progresser, j'ai été rejetée en arrière. Il est probable que notre action sera vaine, et qu'elle est insensée. Mais ne rien entreprendre et continuer à vivre serait encore plus insensé. Je ne vois rien de mieux. Donc, tu peux compter sur moi. »

1. Fonctionnement.

Questions

Itinéraire 1

◆ LECTURE

1. Associez un adjectif à chacun des personnages et justifiez votre choix.

Christine : ……………………………………………

……………………………………………………

Ferdinand : ……………………………………………

……………………………………………………

Itinéraire 2

◆ LECTURE

2. Comment Christine en vient-elle à décider de son destin ?

……………………………………………………

……………………………………………………

3. Peut-on parler, au sujet de Christine, d'un personnage résigné ? Justifiez votre réponse en vous appuyant sur le texte.

……………………………………………………

……………………………………………………

……………………………………………………

4. En quoi le raisonnement de Ferdinand fait-il écho aux pensées de Christine ?

……………………………………………………

……………………………………………………

……………………………………………………

◆ ÉCRITURE

5. « À chaque fois que j'ai voulu progresser, j'ai été rejetée en arrière. » (l. 18-19). Commentez, au brouillon, cette affirmation de Christine en vous fondant sur son itinéraire dans le roman.

Dans mon carnet personnel...

VERS LE BAC

Dans cette séquence, vous avez lu et étudié différents extraits d'*Ivresse de la métamorphose* de Stefan Zweig et vous avez pu suivre l'évolution du personnage de Christine.
Dans votre carnet personnel, vous allez maintenant garder une trace de votre lecture en reconstituant l'itinéraire romanesque de Christine et son évolution psychologique.

LECTURE

1 Quelle est la situation de Christine au début et à la fin du roman ?

....

2 Quels éléments caractérisent la métamorphose de Christine ?

....

3 Selon vous, quel passage illustre le mieux sa métamorphose ?
Précisez le numéro de l'extrait et les lignes concernées.

....

4 À l'issue de la lecture, comment comprenez-vous le titre du roman : *Ivresse de la métamorphose* ?

....

....

RECHERCHE ET ÉCRITURE

5 Recherchez deux images qui illustrent le personnage de Christine au début du roman et au moment de sa métamorphose. Rédigez ensuite au brouillon son portrait moral et physique lors de ces deux moments. Votre texte fera une dizaine de lignes.
Notez dans le tableau ce qui vous vous semble important de préciser dans les deux portraits.

Portrait au début du roman	Portrait à la fin du roman
....	....
....	....
....	....
....	....

ORAL

6 Ferdinand dit dans l'extrait 6, [...] je ne crois pas être né pour être un jour parfaitement heureux » (l. 10-11).
Débattez autour de cette remarque.

MISE EN PERSPECTIVE

7 De quels autres textes ou œuvres pourriez-vous rapprocher le roman *Ivresse de la métamorphose* ? Justifiez votre réponse.

....

....

....

....

....

SYNTHÈSE

VERS L'ÉPREUVE

Répondez à la problématique de séquence : **En quoi le parcours du personnage de Christine est-il une révolte face à une existence médiocre ?**
Vous rédigerez une réponse argumentée en faisant appel aux connaissances acquises au cours de cette séquence. Vous enrichirez votre réponse en vous appuyant sur vos lectures personnelles et votre culture.

ÉCRIRE SUR...

Un personnage et ses désillusions

▶ Dans cet atelier d'écriture, vous allez construire l'itinéraire romanesque de la femme de la photographie.

Dorothea Lange, *Migrant Mother*, 1936.

AVANT DE COMMENCER

Renseignez-vous sur la photographie de Dorothea Lange.
- Qui est pris en photographie ?
- Où et quand cette photographie a-t-elle été prise ?
- Quel est le contexte économique de l'époque ?

À VOUS D'ÉCRIRE

- **Au cours d'un voyage avec la photographe Dorothea Lange, vous rencontrez la jeune femme de la photographie. Elle vous confie son histoire.**

ÉTAPE 1 Définir le cadre de l'histoire
- Situez votre personnage dans l'époque : date, lieu...

ÉTAPE 2 Définir l'itinéraire du personnage
- Demandez-vous quel est **le parcours de la jeune femme** : d'où vient-elle ? Comment s'est-elle retrouvée dans ce lieu ? Quelle a été sa vie ? Comment en est-elle arrivée à cette situation ?
- Interrogez-vous sur **son état psychologique** : quel est son état avant de se retrouver dans cette situation ? Au moment de la photographie ? Comment a-t-il évolué ? Qu'espère-t-elle ?
- Organisez le **plan** de votre histoire et les **étapes** de son itinéraire.

ÉTAPE 3 Raconter
- Vous raconterez à la troisième personne les confidences la jeune femme. Vous insisterez plus particulièrement sur son évolution psychologique.
- Relisez-vous et enrichissez votre travail s'il vous semble insuffisamment précis.
- Relisez à nouveau votre texte et corrigez vos fautes.

▶ CONSEIL
Aidez-vous de la rubrique Les outils pour écrire pour améliorer votre texte.

Je rédige mon récit

▶ Au cours d'un voyage avec la photographe Dorothea Lange, vous rencontrez la jeune femme de la photographie. Elle vous confie son histoire.

DE L'ATELIER À L'ÉPREUVE

• Afin d'enrichir votre carnet personnel, vous pouvez y insérer le texte de cet atelier.

VERS L'ÉPREUVE

• Vous expliquerez dans un paragraphe argumenté, quelle démarche vous avez mise en œuvre pour retranscrire le parcours de votre personnage. Vous justifierez vos choix.

LES OUTILS POUR ÉCRIRE

Le personnage

• La jeune femme peut éprouver
- des doutes : *Elle ne sait pas si elle a bien fait ; elle encore des doutes sur… ; il lui semble que ; elle ne sait pas / plus)…*
- des craintes : *elle a peur que ; elle est angoissée à l'idée que…*
Mais aussi
- des espoirs : *peut-être que… ; elle est sûre / certaine ; elle reste positive ; elle se projette…*

• Elle peut éprouver des **sentiments différents**.
Elle peut être : *lucide ; consciente ; courageuse ; tenace ; volontaire…*
Ou au contraire : *inquiète ; fragile ; angoissée ; désemparée ; désespérée…*

L'action

• Les gestes et les attitudes de votre personnage témoignent également de son histoire.
Vous pouvez compléter votre portrait par :
- des déplacements : *elle peut se lever ; sortir de la tente ; saisir un objet ; marcher au bord de la route, faire les cent pas ; tourner en rond ; courir vers un groupe de personnes…*
- des discours différents : vous pouvez faire dialoguer les personnages ou utiliser le discours indirect.

La description

• Votre personnage évolue dans un cadre qui sera différent entre le début et la fin de son histoire. Ce décor devra être en accord avec l'état psychologique de votre personnage.
Le décor était : *riche ; luxueux ; bourgeois ; agréable* **ou au contraire** *modeste ; simple ; convivial ; rassurant…*
Maintenant il est : *pauvre ; misérable ; sale ; temporaire ; inadapté ; inquiétant ; précaire…*

Enrichir son texte

• Utilisez des adjectifs et des propositions pour étoffer votre récit.
Exemple :
Phrase de base ▶ *C'était un salon bourgeois, lumineux.*
Phrase enrichie ▶ *Le salon était spacieux, éclairé par de larges fenêtres comme on en voyait dans les appartements bourgeois du centre-ville.*

Un personnage renouvelé

1 Nathalie Sarraute
L'Ère du soupçon, 1956

Écoutez le texte.
liennathan.fr/i68b4d

NATHALIE SARRAUTE (1900-1999)
Avec la publication de *L'Ère du soupçon* en 1956, Nathalie Sarraute devient une figure majeure du **nouveau roman**.

Aujourd'hui, un flot toujours grossissant nous inonde d'œuvres littéraires qui prétendent encore être des romans et où un être sans contours, indéfinissable, insaisissable et invisible, un « je » anonyme qui est tout et qui n'est rien et qui n'est le plus souvent qu'un reflet de l'auteur lui-même, a usurpé le rôle du héros principal et occupe la place d'honneur. Les personnages qui l'entourent, privés d'existence propre, ne sont plus que des visions, rêves, cauchemars, illusions, reflets, modalités ou dépendances de ce « je » tout-puissant.

Et l'on pourrait se rassurer en songeant que ce procédé est l'effet d'un égocentrisme propre à l'adolescence, d'une timidité, d'une inexpérience de débutant, si cette maladie juvénile n'avait frappé précisément les œuvres les plus importantes de notre temps (depuis *À la recherche du temps perdu* et *Paludes* jusqu'au *Miracle de la rose*, en passant par *Les cahiers de Malte, Laurids Brigge*, *Le voyage au bout de la nuit* et *La Nausée*), celles où leurs auteurs ont montré d'emblée tant de maîtrise et une si grande puissance d'attaque.

Ce que révèle, en effet, cette évolution actuelle du personnage de roman est tout à l'opposé d'une régression[1] à un stade infantile. Elle témoigne, à la fois chez l'auteur et chez le lecteur d'un état d'esprit singulièrement sophistiqué. Non seulement, ils se méfient du personnage de roman, mais à travers lui, ils se méfient l'un de l'autre. Il était le terrain d'entente, la base solide d'où ils pouvaient d'un commun effort s'élancer vers des recherches et des découvertes nouvelles. Il est devenu le lieu de leur méfiance réciproque, le terrain dévasté où ils s'affrontent. Quand on examine sa situation actuelle, on est tenté de se dire qu'elle illustre à merveille le mot de Stendhal : « le génie du soupçon est venu au monde ». Nous sommes entrés dans l'ère du soupçon.

Et tout d'abord le lecteur, aujourd'hui, se méfie de ce que lui propose l'imagination de l'auteur.

1. Retour en arrière.

2 Alain Robbe-Grillet
Pour un nouveau roman, 1963

Écoutez le texte.
liennathan.fr/21my8e

ALAIN ROBBE-GRILLET (1922-2008)
Il a été considéré, avec Nathalie Sarraute, comme le chef de file du **nouveau roman**.

Nous en a-t-on assez parlé du « personnage » ! [...] Cinquante années de maladie, le constat de son décès enregistré à maintes reprises par les plus sérieux essayistes[1], rien n'a encore réussi à le faire tomber du piédestal[2] où l'avait placé le XIXe siècle. [...]. Un personnage tout le monde sait ce que le mot signifie. Ce n'est pas un *il* quelconque, anonyme et translucide, simple sujet de l'action exprimée par le verbe. Un personnage doit avoir un nom propre, double si possible : nom de famille et prénom. Il doit avoir des parents, une hérédité. Il doit avoir une profession. S'il a des biens, cela n'en vaudra que mieux. Enfin il doit posséder un « caractère », un visage qui le reflète, un passé qui a modelé celui-ci et celui-là. Son caractère dicte ses actions, le fait réagir de façon déterminée à chaque événement. [...] Aucune des grandes œuvres contemporaines ne correspond [...] sur ce point aux normes de la critique. Combien se rappelle le nom du narrateur dans *La Nausée* ou dans *L'Étranger* ? Y a-t-il là des types humains ?

1. Auteurs d'essais.
2. Support isolé, élevé.

ACTIVITÉS

Découvrir

1 Selon Robbe-Grillet, qu'est-ce qui caractérise un personnage ?

....

2 Cette norme est-elle encore respectée au XXe siècle ?

....

3 Quelle est l'évolution du personnage romanesque que Sarraute souhaite mettre en évidence ?

....

4 Pourquoi peut-on dire que la frontière entre roman et autobiographie est de plus en plus floue ?

....

....

5 Comment Sarraute justifie-t-elle le titre de son essai ?

....

Lire et écrire

6 Sarraute affirme dans *L'Ère du soupçon* que : « Le personnage n'est plus aujourd'hui que l'ombre de lui-même. » Partagez-vous son point de vue ?
Appuyez votre réponse sur des exemples de personnages littéraires, télévisuels ou cinématographiques que vous connaissez.

....

....

....

Rechercher

7 Quelle est l'étymologie du mot « personnage » ?

....

....

....

....

....

Repères

Le nouveau Roman

• Le **nouveau roman** repousse les conventions du roman traditionnel du XIXe siècle et se caractérise par le rejet du personnage, le refus d'une construction linéaire et ordonnée du récit au profit d'une narration mêlant souvenirs et retours sur le présent de l'histoire. Les auteurs revendiquent les expériences littéraires comme le monologue intérieur ou les longues descriptions.

Écoutez le texte.
liennathan.fr/wg9g34

3 Marcel Proust
Du côté de chez Swann, 1913

MARCEL PROUST (1871-1922)
Il publie en 1913 *Du côté de chez Swann*, premier des sept tomes d'une œuvre immense, *À la recherche du temps perdu*. Celle-ci retrace l'histoire d'un narrateur dont le prénom est identique à celui de l'auteur.

Longtemps je me suis couché de bonne heure. Parfois, à peine ma bougie éteinte, mes yeux se fermaient si vite que je n'avais pas le temps de me dire : « je m'endors ». Et, une demi heure après, la pensée qu'il était temps de chercher le sommeil m'éveillait ; je voulais poser le volume[1] que je croyais avoir encore dans les mains et souffler ma lumière ; je n'avais pas cessé en dormant de faire des réflexions sur ce que je venais de lire, mais ces réflexions avaient pris un tour un peu particulier ; il me semblait que j'étais moi-même ce dont parlait l'ouvrage : une église, un quatuor, la rivalité de François Ier et de Charles Quint. Cette croyance survivait pendant quelques secondes à mon réveil ; elle ne choquait pas ma raison mais pesait comme des écailles sur mes yeux et les empêchait de se rendre compte que le bougeoir n'était plus allumé. Puis elle commençait à me devenir inintelligible, comme après la métempsycose[2] les pensées d'une existence antérieure ; le sujet du livre se détachait de moi, j'étais libre de m'y appliquer ou non ; aussitôt je recouvrais la vue et j'étais bien étonné de trouver autour de moi une obscurité, douce et reposante pour mes yeux, mais peut-être plus encore pour mon esprit, à qui elle apparaissait comme une chose sans cause, incompréhensible, comme une chose vraiment obscure.

1. Le livre.
2. Réincarnation d'une âme de manière successive dans plusieurs autres corps.

Questions

Itinéraire 1

◆ LECTURE

1. Surlignez les indices temporels qui indiquent les différents états de conscience du narrateur.
2. Le sommeil du narrateur est-il calme ou troublé ? Appuyez-vous sur la question 1 pour répondre.

....

Itinéraire 2

◆ LANGUE

3. Quels sont les temps dominants de l'extrait ? Quelles valeurs ont-ils ?

....
....
....

◆ LECTURE

4. Quel rôle joue la lecture au moment du coucher ?

....
....

5. Qu'apporte le choix d'un récit à la première personne ?

....
....
....

◆ ÉCRITURE

6. D'après vous, quel itinéraire romanesque va suivre le personnage du roman ?

....
....
....
....

7. En quoi l'approche de Proust renouvelle-t-elle le statut du personnage de roman par rapport au XIXe siècle ? Répondez dans un paragraphe argumenté.

....
....
....
....
....

4 Albert Camus
L'Étranger, 1942

Écoutez le texte.
liennathan.fr/32yeh9

Aujourd'hui, maman est morte. Ou peut-être hier, je ne sais pas. J'ai reçu un télégramme de l'asile : « Mère décédée. Enterrement demain. Sentiments distingués. » Cela ne veut rien dire. C'était peut-être hier. L'asile de vieillards est à Marengo, à quatre-vingts kilomètres d'Alger. Je prendrai l'autobus à deux heures et j'arriverai dans l'après-midi. Ainsi, je pourrai veiller et je rentrerai demain soir. J'ai demandé deux jours de congé à mon patron et il ne pouvait pas me les refuser avec une excuse pareille. Mais il n'avait pas l'air content. Je lui ai même dit : « Ce n'est pas de ma faute. » Il n'a pas répondu. J'ai pensé alors que je n'aurais pas dû lui dire cela. En somme, je n'avais pas à m'excuser. C'était plutôt à lui de me présenter ses condoléances. Mais il le fera sans doute après-demain, quand il me verra en deuil. Pour le moment, c'est un peu comme si maman n'était pas morte. Après l'enterrement, au contraire, ce sera une affaire classée et tout aura revêtu une allure plus officielle.

J'ai pris l'autobus à deux heures. Il faisait très chaud. J'ai mangé au restaurant, chez Céleste, comme d'habitude. Ils avaient tous beaucoup de peine pour moi et Céleste m'a dit : « On n'a qu'une mère. » Quand je suis parti, ils m'ont accompagné à la porte. J'étais un peu étourdi parce qu'il a fallu que je monte chez Emmanuel pour lui emprunter une cravate noire et un brassard. Il a perdu son oncle, il y a quelques mois. J'ai couru pour ne pas manquer le départ. Cette hâte, cette course, c'est à cause de tout cela sans doute, ajouté aux cahots, à l'odeur d'essence, à la réverbération de la route et du ciel, que je me suis assoupi. J'ai dormi pendant presque tout le trajet. Et quand je me suis réveillé, j'étais tassé contre un militaire qui m'a souri et qui m'a demandé si je venais de loin. J'ai dit « oui » pour n'avoir plus à parler.

ALBERT CAMUS (1913-1960)
Il s'interroge sur la condition humaine. La révolte apparaîtra à Camus comme le seul moyen de faire face à l'absurdité de l'existence.

Repères

L'anti-héros

- Suite aux évènements dramatiques du XXe siècle, Camus ou encore Sartre expriment dans leurs écrits une vision désabusée du monde et en montrent l'absurdité. Leurs héros s'inscrivent hors des codes traditionnels des héros du XIXe siècle. Ils incarnent cette absurdité de l'existence et manifestent leur impuissance à agir ou ressentir.

Questions

Itinéraire 1

◆ ORAL

1. Mettez en voix le texte de Camus et justifiez vos choix.

2. Réagiriez-vous de la même manière que le narrateur dans cette situation ? Pourquoi ?

....

....

Itinéraire 2

◆ LECTURE

3. Le personnage éprouve-t-il de l'attachement pour sa mère ? Appuyez-vous sur le lexique pour justifier votre réponse.

....

....

....

4. D'après vous, a-t-il pris pleinement conscience de cette nouvelle ?

....

....

5. En quoi ce début de roman présente-t-il un personnage renouvelé ?

....

....

◆ ÉCRITURE

6. Ce texte présente un compte rendu assez factuel des événements. Transformez-le en journal intime. Vous rédigerez votre texte sur une feuille de brouillon.

▶ CONSEIL
Votre récit sera écrit à la première personne et exprimera ce que le narrateur ressent ou ne ressent pas. Vous vous efforcerez d'analyser ses sentiments.

Quand les choses prennent le dessus

Écoutez le texte.
liennathan.fr/3o8cu0

5 Georges Perec
Les Choses, 1965

GEORGES PEREC (1936-1982)
Avec l'écriture des *Choses*, Perec s'est rendu compte que ses héros reflétaient sa vie et celle de ses amis.

Jérôme et Sylvie, un jeune couple, s'installent.

L'œil, d'abord, glisserait sur la moquette grise d'un long corridor, haut et étroit. Les murs seraient des placards de bois clair, dont les ferrures de cuivre luiraient. Trois gravures, représentant Thunderbird, vainqueur à Epsom[1], l'autre un navire à aubes, le *Ville-de-Montereau*, la troisième une locomotive de Stephenson, mèneraient à une tenture de cuir, retenue par de gros anneaux de bois noir veiné, et qu'un simple geste suffirait à faire glisser. La moquette, alors, laisserait place à un parquet presque jaune, que trois tapis aux couleurs éteintes recouvriraient partiellement.

Ce serait une salle de séjour, longue de sept mètres environ, large de trois. À gauche, dans une sorte d'alcôve, un gros divan de cuir noir fatigué serait flanqué de deux bibliothèques en merisier pâle où des livres s'entasseraient pêle-mêle. Au-dessus du divan, un portulan[2] occuperait toute la longueur du panneau. Au-delà d'une petite table basse, sous un tapis de prière en soie, accroché au mur par trois clous de cuivre à grosses têtes, et qui ferait pendant à la tenture de cuir, un autre divan, perpendiculaire au premier, recouvert de velours brun clair, conduirait à un petit meuble haut sur pieds, laqué de rouge sombre, garni de trois étagères qui supporteraient des bibelots : des agates[3] et des œufs de pierre, des boîtes à priser, des bonbonnières, des cendriers de jade, une coquille de nacre, une montre de gousset en argent, un verre taillé, une pyramide de cristal, une miniature dans un cadre ovale. Puis loin, après une porte capitonnée, des rayonnages superposés, faisant le coin, contiendrait des coffres et des disques, à côté d'un électrophone[4] fermé dont on n'apercevrait que quatre boutons d'acier guilloché, et que surmonterait une gravure représentant le *Grand Défilé de la fête du Carrousel*.

1. Référence au vainqueur d'une course hippique.
2. Une carte marine datant du Moyen Âge.
3. Pierres précieuses.
4. Instrument de musique.

Questions

Itinéraire 1

◆ LECTURE

1. Vous êtes-vous déjà retrouvé(e) dans un intérieur similaire à celui décrit ici ? Pourquoi ?

....

....

2. Seriez-vous à l'aise dans un endroit décoré de cette manière ? Pourquoi ?

....

Itinéraire 2

◆ LANGUE

3. Quel est le mode verbal employé dans cet extrait ? Dans quel but, selon vous ?

....

....

◆ LECTURE

4. Comment pouvez-vous caractériser cet intérieur ? Répondez en surlignant des éléments précis du texte.

5. Que pouvez-vous en déduire sur les personnages et leurs aspirations ?

....

....

6. Quel lien pouvez-vous établir entre cet extrait, le titre du roman et sa date de parution ?

....

◆ ÉCRITURE

7. Pourquoi peut-on parler ici d'effacement du personnage ?

....

....

....

VERS LE BAC

Dans mon carnet personnel...

Dans cette séquence, vous avez lu et étudié différents extraits autour de la notion de personnage et vous avez pu vous interroger sur le renouvellement de cette notion au XXe siècle. Dans votre carnet personnel, vous allez maintenant garder une trace de vos lectures pour mieux caractériser la remise en cause du personnage romanesque.

LECTURE

1 Retrouve-t-on les caractéristiques classiques d'un personnage dans les textes étudiés ?

....

....

2 Choisissez l'un des extraits de la séquence et donnez-lui un titre. Justifiez votre choix.

....

3 Réalisez un dossier de trois ou quatre éléments (textes et images) illustrant cette séquence et justifiez vos choix.

RECHERCHE ET ÉCRITURE

4 Recherchez l'image d'un personnage de film ou de série télévisée dont l'itinéraire ne corresponde pas aux canons du personnage définis au XIXe siècle. Rédigez un paragraphe argumenté le démontrant.

....

....

....

....

....

ORAL

5 « Un personnage tout le monde sait ce que le mot signifie. Ce n'est pas un *il* quelconque, anonyme et translucide, simple sujet de l'action exprimée par le verbe. Un personnage doit avoir un nom propre, double si possible : nom de famille et prénom. Il doit avoir des parents, une hérédité. Il doit avoir une profession. » Discutez de cette citation de Robbe-Grillet extraite de *Pour un nouveau roman* (► p. 84, l. 4 à 8).

MISE EN PERSPECTIVE

6 Connaissez-vous d'autres textes ou œuvres du XXe siècle proposant une approche renouvelée du personnage romanesque ? Donnez des exemples.

....

....

....

....

....

....

SYNTHÈSE

VERS L'ÉPREUVE

Répondez à la problématique de séquence : **Comment, au XXe siècle, le personnage est-il remis en cause ?**

Vous rédigerez une réponse argumentée en faisant appel aux connaissances acquises au cours de cette séquence. Vous enrichirez votre réponse en vous appuyant sur vos lectures personnelles et votre culture.

ÉCRIRE SUR...

L'homme et la guerre

▶ Dans cet atelier d'écriture, vous allez imaginer un dialogue qui tentera de modifier la perception que nous avons d'un héros.

Otto Dix, *La Guerre*, 1929-1932.
New Masters Gallery, Dresden State Art Collections.

AVANT DE COMMENCER

Renseignez-vous sur le triptyque d'Otto Dix *La Guerre*.

- Quel est l'événement représenté ?
- À quel moment de cet événement renvoie chaque panneau du triptyque ?
- Selon vous, les hommes représentés sont-ils des héros ?

À VOUS D'ÉCRIRE

- **Vous imaginerez le dialogue, lors d'une permission, entre le personnage présent au centre du triptyque et son jeune fils. Ce dernier le perçoit comme un héros, le père lui explique sa perception de la guerre.**

ÉTAPE 1 Définir le contexte

- Effectuez des recherches sur la vie des soldats pendant la Première Guerre mondiale afin de définir le cadre de votre récit.

ÉTAPE 2 Définir les caractéristiques du personnage

- Interrogez-vous sur ce que devrait être un **héros de guerre**.
- Demandez-vous ce qui fait de votre personnage un **anti-héros** : quels sont ses sentiments au sujet de la guerre ? Quels actes a-t-il commis ? Pourquoi les a-t-il commis ? Est-il prêt à se battre à nouveau ? Est-il fier d'avoir combattu ? Est-il courageux ou lâche ?

ÉTAPE 3 Rédiger le dialogue

- Vous rédigerez votre dialogue en veillant à bien attribuer à chacun de vos personnages le ton et le vocabulaire appropriés. Vous pouvez accompagner le dialogue de descriptions ou de scènes d'action.
- Vous veillerez à bien respecter les marques du dialogue.
- Relisez-vous et enrichissez votre texte s'il vous semble insuffisamment pertinent.
- Corrigez l'expression écrite.

Je découvre un texte

Louis-Ferdinand Céline, *Voyage au bout de la nuit*, 1932

Blessé, Ferdinand Bardamu est terrifié à l'idée de retourner au front. Il fait la connaissance de Lola qui est attirée par son héroïsme. Bardamu lui fait part de son ressenti.

– Oh ! Vous êtes donc tout à fait lâche, Ferdinand ! Vous êtes répugnant comme un rat...

– Oui, tout à fait lâche, Lola, je refuse la guerre et tout ce qu'il y a dedans. Je ne la déplore pas moi. Je ne pleurniche pas dessus moi... Je la refuse tout net, avec tous les hommes qu'elle contient, je ne veux rien avoir à faire avec eux, avec elle. Seraient-ils neuf cent quatre-vingt-quinze millions et moi tout seul, c'est eux qui ont tort, Lola, et c'est moi qui ai raison, parce que je suis le seul à savoir ce que je veux : je ne veux plus mourir.

– Mais c'est impossible de refuser la guerre, Ferdinand ! Il n'y a que des fous et les lâches qui refusent la guerre quand leur Patrie est en danger...

– Alors vivent les fous et les lâches ! Ou plutôt survivent les fous et les lâches ! Vous souvenez-vous d'un seul nom par exemple, Lola, d'un de ces soldats tués pendant la guerre de Cent Ans[1] ?... Avez-vous jamais cherché à en connaître un seul de ces noms ?... Non, n'est-ce pas ? Vous n'avez jamais cherché ? Ils vous sont aussi anonymes, indifférents et plus inconnus que le dernier atome de ce presse-papiers devant nous, que votre crotte du matin... Voyez donc bien qu'ils sont morts pour rien, Lola ! Pour absolument rien du tout, ces crétins ! Je vous l'affirme ! La preuve est faite ! Il n'y a que la vie qui compte. Dans dix mille ans d'ici, je vous fais le pari que cette guerre, si remarquable qu'elle nous paraisse à présent, sera complètement oubliée... À peine si une douzaine d'érudits[2] se chamailleront encore par-ci, par-là, à son occasion et à propos des dates des principales hécatombes[3] dont elle fut illustrée... C'est tout ce que les hommes ont réussi jusqu'ici à trouver de mémorable au sujet les uns des autres à quelques siècles, à quelques années et même à quelques heures de distance... Je ne crois pas à l'avenir, Lola...

1. Conflit du Moyen Âge opposant les royaumes de France et d'Angleterre entre 1337 et 1453. 2. Personnes cultivées. 3. Massacres de grande importance.

DE L'ATELIER À L'ÉPREUVE

• Afin d'enrichir votre carnet personnel, vous pouvez y insérer votre texte et expliquer en quoi le personnage créé est un anti-héros comme l'est Bardamu dans le texte de Céline.

VERS L'ÉPREUVE

• Entraînez-vous à présenter de manière autonome votre travail à l'oral.

Je rédige mon dialogue

▶ Vous imaginez le dialogue entre le personnage central du tableau et son jeune fils.

....

....

....

....

....

....

....

....

....

....

LES OUTILS POUR ÉCRIRE

Le personnage

Il peut exprimer :

- **des doutes** ou des **certitudes** au sujet de son engagement : *peut-être ; certainement ; sans aucun doute ; il est certain que ; il est probable que ; sûr ; sûrement...*
- **de la colère** : utilisez le point d'exclamation (!) pour traduire ce sentiment et insistez sur le lexique : *mécontentement ; agressivité ; atrabilaire ; ombrageux ; colérique ; agressif ; irritabilité ; enragé ; ressentiment...*
- **des hésitations et des interrogations** : utilisez les points de suspension (...) ou d'interrogation (?) et insistez sur le lexique : *doute ; indécision ; flottement ; indétermination ; perplexe ; réticent ; avoir des scrupules...*

Il peut éprouver des sentiments à l'idée de retourner sur le front : *l'excitation ; la peur ; la crainte ; la lassitude ; l'angoisse...*

Ce que le personnage a vécu

- **Décrire les conditions de vie** dans les tranchées : *abominables ; affreuses ; terrifiantes ; difficiles ; insupportables.*
- **Décrire la survie** dans le *no man's land* entre les tranchées : *bombardements ; obus ; cadavres ; explosions ; barbelés...*
- **Insister sur le ressenti** au moment de la sortie de la tranchée : *la peur au ventre ; l'envie de vomir ; la peur de mourir ; le sens du sacrifice ; la rage ; le désir de vengeance ; l'amour de la patrie ; l'incompréhension...*

JE FAIS LE POINT

Lire et suivre un personnage : itinéraires romanesques

Sur mes connaissances

Dans cet objet d'étude, vous avez découvert et suivi l'histoire de différents personnages.

Comment se construit un personnage au fil du récit ?

....

....

....

....

....

Quelles sont les motivations des personnages ?

....

....

....

....

....

....

La place du personnage est-elle la même au XIXe et au XXe siècle ? Pourquoi ?

....

....

....

....

....

Sur mes compétences

CAPACITÉ ◆ **PARLER**

Parmi les objectifs que vous vous êtes fixés, quels sont …
Ceux que vous avez atteints.

....

....

....

....

Ceux sur lesquels vous avez le plus progressé.

....

....

....

....

CAPACITÉ ◆ **LIRE**

Parmi les objectifs que vous vous êtes fixés, quels sont …
Ceux que vous avez atteints.

....

....

....

....

Ceux sur lesquels vous avez le plus progressé.

....

....

....

....

CAPACITÉ ◆ **ÉCRIRE**

Parmi les objectifs que vous vous êtes fixés, quels sont …
Ceux que vous avez atteints.

....

....

....

....

Ceux sur lesquels vous avez le plus progressé.

....

....

....

....

MÉTHODE BAC

Comment rendre compte de l'itinéraire d'un personnage ?

Guy de Maupassant, *Pierre et Jean*, 1887

▶ EXTRAIT 1

Pierre et Jean sont les enfants de monsieur Roland.

À la sortie du collège, l'aîné, Pierre, de cinq ans plus âgé que Jean, s'étant senti successivement de la vocation pour des professions variées, en avait essayé, l'une après l'autre, une demi-douzaine, et, vite dégoûté de chacune, se lançait aussitôt dans de nouvelles espérances.

En dernier lieu la médecine l'avait tenté, et il s'était mis au travail avec tant d'ardeur qu'il venait d'être reçu docteur après d'assez courtes études et des dispenses de temps obtenues du ministre[1]. Il était exalté, intelligent, changeant et tenace, plein d'utopies et d'idées philosophiques.

Jean, aussi blond que son frère était noir, aussi calme que son frère était emporté, aussi doux que son frère était rancunier, avait fait tranquillement son droit et venait d'obtenir son diplôme de licencié en même temps que Pierre obtenait celui de docteur.

1. La durée des études de médecine était alors de cinq ans.

▶ EXTRAIT 2

Léon Maréchal, un ami de la famille Roland, est décédé. Le notaire parle du contenu du testament.

Le notaire reprit gravement :

– M. Maréchal est décédé !

L'homme et la femme eurent ensemble ce petit mouvement de surprise triste, feint ou vrai, mais toujours prompt, dont on accueille ces nouvelles.

M. Lecanu continua :

– Mon confrère de Paris vient de me communiquer la principale disposition de son testament par laquelle il institue votre fils Jean, M. Jean Roland, son légataire universel.

DÉMARCHE

Suivre un personnage

1. **Quel est le but du personnage ?**
   - Pourquoi veut-il atteindre ce but ?
   - Comment s'y prend-il ?
   - Y parvient-il ?

2. **Quel est son rapport avec les autres personnages ?**
   - Quels personnages l'aident dans sa quête ?
   - Quels sont ses opposants ?

3. **Quelles sont les étapes de son évolution ?**

4. **Quelle place occupe-t-il dans le roman ?**
   - À quels moments intervient-il ?
   - Sur quelle durée ?
   - Combien de pages lui sont consacrées ?

Suivre l'itinéraire d'un personnage

- **Reconstituez l'itinéraire de Pierre dans le roman de Maupassant.**

▶ **CONSEILS**
- Formulez, à l'aide des extraits, des hypothèses sur l'évolution de Pierre.
- Prenez appui sur des passages précis du roman *Pierre et Jean*.
- Concluez : vos hypothèses se sont-elles vérifiées ?
- Vous pouvez effectuer des recherches sur Internet ou au CDI sur le roman.

CO-INTERVENTION

Raconter l'itinéraire d'un ouvrier

Une ancienne friche a été transformée en musée à la mémoire du passé industriel de votre région. Le responsable d'une association de valorisation du patrimoine souhaite que vous accueilliez les visiteurs en leur racontant l'itinéraire d'un ancien ouvrier.

Aurélie Fillipetti,
***Les Derniers Jours de la classe ouvrière*, 2003**

Parti communiste français, fédération de Moselle, CGT des mines de fer de Lorraine, Amicale franco-italienne, Fédération nationale des anciens combattants d'Algérie, Fédération des enfants de déportés, beaucoup de tricolores, du bleu, un peu de vert, beaucoup de rouge. Gilbert Mattioli, Salvatore Belluci, François Ferrari, portent le cercueil avec Armand Giovanelli, René de Matteis, Angelo Paracchini. Jean Corradi prononce le discours au nom des camarades de la section CGT des mines de fer. Angel, tous les combats pour les mines et la sidérurgie, travaillé au fond dès l'âge de quatorze ans, comme apprenti, puis foreur, enfin délégué mineur. Fêté ensemble sa médaille des trente ans de mine. Raymond Gati pour le Parti communiste. Conseiller général de Moselle de 79 à 84, maire d'Audun à partir de 1984, toujours milité à la CGT et au parti communiste. Même sa maladie, cancer du poumon, 1984, pas ôté trop l'envie de se battre pour ses camarades.

Le jardin des traces à Uckange

Consultez le site Internet.
liennathan.fr/1hj66z

ANALYSER LE TEXTE

1. Comment pouvez-vous qualifier le style d'écriture d'Aurélie Fillipetti ? Justifiez.

....

....

2. Pourquoi l'auteure a-t-elle choisi d'écrire ainsi ?

....

....

3. Sur quel aspect de la vie de son père, ancien mineur, l'auteure insiste-t-elle ? Justifiez votre réponse en soulignant des passages de l'extrait.

....

....

4. Ce récit est-il efficace ? Pourquoi ?

....

....

Infos +

LES MÉTIERS D'ACCUEIL

- **Un secteur porteur** car les entreprises externalisent les fonctions d'accueil.
- **13 000 hôtesses d'accueil** en entreprise en France en 2019.
- Des **milliers de travailleurs** lors des événements plus ponctuels.
- **Trois branches :** l'accueil physique en entreprise, l'événementiel, l'accueil téléphonique.

POUR MENER À BIEN VOTRE PROJET

Réunissez-vous par groupes de cinq. Chaque équipe préparera une intervention orale présentant l'itinéraire d'un ouvrier.

Le **chef de projet** coordonne l'action du groupe.

- Les **enquêteurs** recherchent des informations sur l'itinéraire de l'ouvrier.
- Le **rédacteur** prépare par écrit la trame de l'intervention orale.
- Le **graphiste** réalise un court fascicule pour illustrer les propos de l'orateur.
- Le **narrateur** s'entraîne à prendre la parole en public en s'aidant de la trame préparée.

ACTIVITÉS

1 Choisir l'angle du sujet

Identifiez ce que vous voulez mettre en avant dans l'itinéraire de l'ouvrier (sa vie à l'usine, son quotidien familial ou encore son engagement dans les luttes sociales).

2 Rendre le récit vivant

a. Quel registre de langue allez-vous utiliser pour rendre compte de la personnalité de l'ouvrier ?

b. Quel lexique allez-vous employer ?

c. Quels procédés pourriez-vous mobiliser pour décrire sa vie ?

3 Préparer l'oral

a. Réalisez une carte mentale pour organiser vos idées (► p. 194).

b. Rédigez votre intervention en structurant vos propos en plusieurs paragraphes.

4 Oraliser votre écrit

Entraînez-vous à dire ce que vous avez écrit en utilisant le ton approprié.

Mon carnet

En classe de Terminale, vous abordez un seul objet d'étude

« Vivre aujourd'hui : l'humanité, le monde, les sciences et les techniques »

- L'objectif de cet objet d'étude est de connaître le monde dans lequel vous évoluez en tant qu'adultes et citoyens.
- Cet objet d'étude va vous apporter des connaissances qui seront enrichies grâce au programme limitatif renouvelé tous les deux ans.

« VIVRE AUJOURD'HUI : **L'HUMANITÉ, LE MONDE, LES SCIENCES ET LES TECHNIQUES** »

JE DÉFINIS LES MOTS CLÉS DE L'OBJET D'ÉTUDE

1. Quels mots pouvez-vous associer au thème : « Vivre aujourd'hui » ?

....

....

....

2. Quelle définition pouvez-vous donner aux mots suivants ?

L'humanité : ....

Le monde : ....

Les sciences : ....

Les techniques : ....

JE METS EN RELATION LES DIFFÉRENTS MOTS CLÉS DE L'OBJET D'ÉTUDE

3. Quelles questions soulèvent la relation de ces mots entre eux ?

Vivre aujourd'hui : l'humanité : ....

Vivre aujourd'hui : le monde : ....

Vivre aujourd'hui : les sciences : ....

Vivre aujourd'hui : les techniques : ....

JE M'INTERROGE SUR LES DOCUMENTS

4. D'après vous, quels types de supports vous permettront de développer vos connaissances sur cet objet d'étude ?

....

....

....

....

de bord

MON PLANNING DE LECTURE

Les lectures de mon cahier	À lire pour le	Lu
....	....	☐
....	....	☐
....	....	☐
....	....	☐
....	....	☐

Mes lectures personnelles	À lire pour le	Lu
....	....	☐
....	....	☐
....	....	☐
....	....	☐
....	....	☐

PERSPECTIVE BAC

Quels sont vos objectifs dans le cadre de cet objet d'étude ?

CAPACITÉ | **PARLER** ....
....
....

CAPACITÉ | **LIRE** ....
....
....

CAPACITÉ | **ÉCRIRE** ....
....
....

MES OBJECTIFS PERSONNELS

Qu'espérez-vous travailler ou découvrir dans cet objet d'étude ?

....
....
....
....
....
....
....
....
....
....

Dominique Appia,
***Le Temps des gares*, 1978.**
Coll. privée.

VIVRE AUJOURD'HUI : **L'HUMANITÉ, LE MONDE, LES SCIENCES ET LES TECHNIQUES**

OBJET D'ÉTUDE

SÉQUENCE 1

Comment l'émerveillement de l'homme face à la nature l'amène-t-il à réfléchir à sa propre condition ?

SÉQUENCE 2

Les techniques prédictives peuvent-elles conduire à un monde totalitaire ?

SÉQUENCE 3

La diffusion du savoir permet-elle à l'individu de s'émanciper ?

SÉQUENCE 4

En quoi le roman de Maylis de Kerangal pose-t-il des questions éthiques ?

CHEF-D'ŒUVRE

L'homme face à la nature

1 Caspar David Friedrich
Voyageur au-dessus de la mer de nuages, 1818

Huile sur toile, 94,4 x 74,8 cm, Kunsthalle de Hambourg.

ACTIVITÉS

Découvrir

1. Comment pouvez-vous qualifier le paysage représenté ?

....

2. D'après vous, quel rôle joue le brouillard ?

....

3. De quoi le personnage est-il en train de faire l'expérience en se confrontant à ce décor naturel ?

....

Lire et écrire

4. Rédigez le monologue intérieur du personnage alors qu'il contemple la nature.

....

....

....

....

....

> **CONSEIL**
> • Vous rédigez votre monologue à la première personne en veillant à mêler les réflexions personnelles du personnage et les éléments du paysage.
> • Vous utiliserez le lexique des émotions et des sentiments.

Rechercher

5. Qu'est-ce que la théorie du « paysage-état d'âme » ?

....

....

....

Mise en perspective

6. Trouvez une image (photographie ou tableau) d'un paysage qui traduise votre état psychologique. Notez les références à côté de l'œuvre choisie, puis expliquez les raisons de votre choix.

....

....

....

....

....

2 Henry David Thoreau

Walden ou la vie dans les bois, 1854

HENRY DAVID THOREAU (1817-1862)
Dans son œuvre majeure, *Walden ou la vie dans les bois*, Thoreau réfléchit sur la nature, la vie à l'écart de la société et l'économie. Il écrit son texte lors d'une retraite dans une cabane construite au bord d'un lac.

Soir délicieux, où le corps entier n'est plus qu'un sens, et par tous les pores absorbe le délice. Je vais et viens avec une étrange liberté dans la Nature, devenu partie d'elle-même. Tandis que je me promène le long de la rive pierreuse de l'étang, en manches de chemise malgré la fraîcheur, le ciel nuageux et le vent, et que je ne vois rien de spécial pour m'attirer, tous les éléments me sont étonnamment homogènes. Les grenouilles géantes donnent de la trompe en avant-coureurs de la nuit, et le chant du whip-poor-will[1] s'en vient de l'autre côté de l'eau sur l'aile frissonnante de la brise. La sympathie avec les feuilles agitées de l'aune[2] et du peuplier me fait presque perdre la respiration ; toutefois, comme le lac, ma sérénité se ride sans se troubler. Ces petites vagues que le vent du soir soulève sont aussi étrangères à la tempête que la surface polie comme un miroir. Bien que maintenant la nuit soit close, le vent souffle encore et mugit dans le bois, les vagues encore brisent, et quelques créatures invitent de leurs notes au sommeil. Le repos jamais n'est complet. Les animaux très sauvages ne reposent pas, mais les voici en quête de leur proie ; voici le renard, le skunks[3], le lapin rôder sans crainte par les champs et les bois. Ce sont les veilleurs de la Nature, – chaînons qui relient les jours de la vie animée.

Lorsque je rentre dans ma maison je m'aperçois que des visiteurs sont venus, qui ont laissé leurs cartes – un bouquet de fleurs, une guirlande de verdure persistante, un nom au crayon sur une feuille de noyer jaunie ou sur un copeau de bois.

Chap. « Solitude ». Traduit par Louis Fabulet, 1922.

1. L'engoulevent bois-pourri, nommé en anglais *wip poor-will*, est un oiseau, symbole de l'Amérique rurale.
2. Un arbre.
3. Petit mammifère produisant un liquide malodorant en cas de danger.

Écoutez le texte.
liennathan.fr/o7p40u

Goro Miyazaki, *Contes de Terremer*, 2006.

3

TEXTE ÉCHO

Alexandre Lacroix

Devant la beauté de la nature, prologue, 2018

Même en dehors des vacances, nous recherchons la beauté naturelle avec une avidité douloureuse. J'en ai eu, récemment, une confirmation inattendue.

J'étais en Haute-Savoie et j'animais un atelier d'écriture auprès d'un public de dirigeants d'entreprise. La vingtaine de *top managers* réunis étaient pour l'essentiel des ingénieurs, gouvernant des boîtes spécialisées dans des machines-outils de pointe ; ce n'était pas vraiment le genre *doux rêveurs*. Ils n'avaient pas du tout un look de poètes maudits. Lorsque l'un d'eux a lu son texte, il a dévoilé une facette de sa personnalité que rien ne laissait prévoir. Il avouait son truc pour lutter contre le stress. Manifestement surmené, cet homme de cinquante-cinq ans en costard-cravate nous a parlé d'un rituel qui l'aidait à tenir : chaque jour, il garait sa voiture devant un arbre. Il sortait pour regarder l'arbre en silence pendant environ deux minutes. Pas plus. Après quoi, il reprenait le volant et se remettait son énorme paquet de soucis et d'emmerdements sur le dos. Ces deux minutes étaient le meilleur moment de sa journée.

Quoi qu'on pense de la conclusion qu'il devrait en tirer – il est temps de te reposer un peu, mec, de desserrer le couvercle de la Cocotte-minute, sinon tu vas exploser ! –, il y a là un fait anthropologique[1] majeur : la contemplation de ce que nous trouvons beau dans le monde naturel suspend momentanément nos préoccupations et nos conflits intérieurs. C'est aussi ce que dit un personnage de Jim Harrison, dans *Dalva*[2], à l'héroïne adolescente : « J'ai commencé à me promener à ton âge, tout simplement parce que la nature semblait absorber le poison qui était en moi. »

ALEXANDRE LACROIX (né en 1975)
Écrivain, philosophe et journaliste, Alexandre Lacroix est aussi le directeur de rédaction de *Philosophie Magazine*.

1. Relatif à l'être humain.
2. Roman américain de Jim Harrison publié en 1987 dressant le portrait de la nation indienne.

Questions

Itinéraire 1

◆ LECTURE VERS LE BAC

1. Présentez le corpus de textes en insistant sur ce qui fait son unité et ses différences.

◆ ORAL

2. Vous reconnaissez-vous dans l'une des deux situations racontées dans les textes ? Pourquoi ?

Itinéraire 2

◆ LECTURE

3. Qu'est-ce qui rend si particulière la nature décrite dans le texte 2 ?

4. D'après le texte d'Alexandre Lacroix, qu'apporte à l'homme moderne l'observation de la nature ?

5. Comment Miyazaki représente-t-il la nature pour provoquer un émerveillement ?

◆ ÉCRITURE

6. Développez sous la forme d'un monologue intérieur ce que ressent le personnage du texte 2. Vous écrirez votre texte sur une feuille de brouillon.

4 Jean Giono

Un roi sans divertissement, 1947

JEAN GIONO (1895-1970)
Son œuvre est marquée par un fort « humanisme naturel » et une révolte violente face au XXe siècle.
Dans ses premiers romans, la nature est le personnage principal.

Écoutez le texte.
liennathan.fr/12jzv7

Le hêtre de la scierie n'avait pas encore, certes, l'ampleur que nous lui voyons. Mais sa jeunesse (enfin, tout au moins par rapport avec maintenant) ou plus exactement son adolescence était d'une carrure et d'une étoffe qui le mettaient à cent coudées au-dessus de tous les autres arbres, même de tous les autres arbres réunis. Son feuillage était d'un dru[1], d'une épaisseur, d'une densité de pierre, et sa charpente (dont on ne pouvait rien voir, tant elle était couverte et recouverte de rameaux plus opaques les uns que les autres) devait être d'une force et d'une beauté rares pour porter avec tant d'élégance tant de poids accumulé. Il était surtout (à cette époque) pétri d'oiseaux et de mouches ; il contenait autant d'oiseaux et de mouches que de feuilles. Il était constamment charrué[2] et bouleversé de corneilles, de corbeaux et d'essaims ; il éclaboussait à chaque instant des vols de rossignols et de mésanges ; il fumait de bergeronnettes et d'abeilles ; il soufflait des faucons et des taons ; il jonglait avec des balles multicolores de pinsons, de roitelets, de rouges-gorges, de pluviers et de guêpes. C'était autour de lui une ronde sans fin d'oiseaux, de papillons et de mouches dans lesquels le soleil avait l'air de se décomposer en arcs-en-ciel comme à travers des jaillissements d'embruns. Et, à l'automne, avec ses longs poils cramoisis, ses mille bras entrelacés de serpents verts, ses cent mille mains de feuillages d'or jouant avec des pompons de plumes, des lanières d'oiseaux, des poussières de cristal, il n'était pas vraiment un arbre. Les forêts, assises sur les gradins des montagnes, finissaient par le regarder en silence. Il crépitait comme un brasier ; il dansait comme seuls savent danser les êtres surnaturels, en multipliant son corps autour de son immobilité ; il ondulait autour de lui-même dans un entortillement d'écharpes, si frémissant, si mordoré[3], si inlassablement repétri par l'ivresse de son corps qu'on ne pouvait plus savoir s'il était enraciné par l'encramponnement[4] de prodigieuses racines ou par la vitesse miraculeuse de la pointe de toupie sur laquelle reposent les dieux. Les forêts, assises sur les gradins de l'amphithéâtre des montagnes, dans leur grande toilette sacerdotale[5] n'osaient plus bouger. Cette virtuosité de beauté hypnotisait comme l'œil des serpents ou le sang des oies sauvages sur la neige. Et, tout le long des routes qui montaient ou descendaient vers elle, s'alignait la procession[6] des érables ensanglantés comme des bouchers.

1. Feuillage serré et vigoureux.
2. Qui a été labouré.
3. Aux reflets dorés.
4. Fait d'être fixé par des crampons.
5. Ayant revêtu tous les ornements propres au culte religieux.
6. Cortège religieux (sens propre), alignement (sens figuré).

Gustav Klimt, *Forêt de hêtres*, 1902. Staatliche Kunstsamlungen Dresden, Dresden.

Questions

Itinéraire 1

◆ **LECTURE**

1. Donnez un titre à cet extrait et justifiez votre choix.

....

....

2. Quelles associations d'idées ce texte a-t-il suscité en vous ?

....

....

Itinéraire 2

◆ **LECTURE**

3. Quelle est la particularité de l'arbre ? Soulignez les éléments du texte qui le montrent.

....

4. Cet arbre peut-il être qualifié d'hors du commun ? Justifiez votre réponse.

....

....

....

5. À qui l'arbre peut-il être associé ? Pourquoi ?

....

....

....

◆ **ÉCRITURE**

6. Dans un court paragraphe, résumez ce que vous avez compris du texte après en avoir discuté avec vos camarades.
Avant de vous lancer, répondez aux questions suivantes :

a. Votre compréhension du texte a-t-elle évolué entre le début et la fin de la discussion ?

....

b. Vos premières impressions de lecture étaient-elles justes ?

....

c. Qu'aimeriez-vous retenir du texte ?

....

VERS LE BAC

7. Montrez dans un paragraphe argumenté que la description poétique de l'arbre et de la forêt sert une réflexion sur la nature humaine et l'existence.

....

....

....

....

....

Parler de son attachement à la nature

5 Marc Jeanson et Charlotte Fauve
***Botaniste,* 2019**

Bansky, *Cameraman et Fleur*, 2010. Park City, Utah.

Marc Jeanson, botaniste, et Charlotte Fauve, ingénieure et journaliste, se sont associés pour rédiger ce texte sur l'amour des plantes.

Je ne suis pas un homme du XVIIIe siècle. J'appartiens au siècle de la vitesse et des avions, je quitte Paris à six heures du matin par 5°C pour arriver à Jakarta après quelques heures de vol et un plateau-repas. Je ne sais rien du passage des Tropiques, du lent glissement vers la moiteur, des courants-marins qui s'inversent dans une gerbe[1] d'écume et de poissons volants. Les forêts tropicales se trouvent à ma porte, mais je les traverse les mains liées. Hier, on cueillait comme on respirait, aujourd'hui les accords internationaux barrent l'accès à la biodiversité : avant la forêt des arbres, il y a désormais celle des autorisations, des permis de collecte, des accords de transfert. Tout est soumis à formalités, mon terrain est l'administratif, le bureaucratique plus que le sentier : je nage dans la paperasse, je m'enlise dans les méandres du *World Wild Web*, plongé dans la contemplation d'un écran. Ce qu'il reste du botaniste dans tout ça ? Peut-être cette inclinaison irrépressible, cet attrait pour le végétal qui au cours de ma journée de travail finit par me faire lever les yeux, ou plutôt les baisser, vers ce petit jardin qui déborde sur ma fenêtre, vers ce *Rhipsalis*[2] qui étire ses tiges jusque sous mes pieds. Dehors, mes yeux traînent en permanence, sur la pousse que j'aperçois embusquée sous la roue d'un scooter, sur cette rosette qui m'interpelle, à la sortie du métro. Voilà un séneçon du Cap[3], béat de contentement dans sa craquelure de trottoir. Voilà un jaune *Paulownia*[4], parti les trois feuilles en avant à la conquête de la ville. Ils s'insinuent d'eux-mêmes dans l'espace qui ne leur a pas été offert, heureux comme des rois, monarques de ce grand règne végétal qui me fascine depuis toujours.

1. Éclaboussure.
2. Plante de la famille des cactus.
3. Plante originaire d'Afrique du Sud.
4. Arbre originaire de Chine et de Corée.

Questions

Itinéraire 1

◆ LECTURE

1. Que ressentez-vous en regardant l'œuvre de Bansky ? Pourquoi ?

....

....

2. Partagez-vous l'opinion du botaniste ? Pourquoi ?

....

....

....

Itinéraire 2

◆ LECTURE

3. D'après le texte et l'image, peut-on parler d'une fascination pour la nature ? Justifiez votre réponse.

....

....

....

◆ ORAL

4. Est-il facile aujourd'hui d'accéder à la nature ? Justifiez votre réponse.

Dans mon carnet personnel...

VERS LE BAC

Dans cette séquence, vous avez lu et étudié différents extraits concernant le rapport de l'homme à la nature. Dans votre carnet personnel, vous allez maintenant garder une trace de votre lecture en réfléchissant à la beauté de la nature et à la manière dont celle-ci conduit l'homme à s'interroger sur sa condition.

LECTURE

1 Peut-on encore s'émerveiller face à la nature ? Expliquez pourquoi.

....

....

2 Apprécier la beauté de la nature peut-il être source de réflexion sur sa propre condition ? Justifiez votre point de vue en prenant appui sur les textes du groupement.

....

....

....

3 Quel texte ou illustration aimeriez-vous retenir de ce groupement ? Pourquoi ?

....

....

MISE EN PERSPECTIVE

4 Connaissez-vous d'autres œuvres littéraires, cinématographiques ou picturales sur le même sujet ? Dans un court paragraphe, présentez-les et expliquez leur lien avec la problématique étudiée.

....

....

....

....

ORAL

5 Présentez une peinture à vos camarades et montrez comment la beauté de la nature est mise en évidence.

ÉCRITURE VERS LE BAC

6 **a.** Documentez-vous sur l'histoire racontée par Emmanuel Lepage, dans sa bande dessinée, *Un printemps à Tchernobyl*.
b. Vous montrerez la prise de conscience progressive du héros devant les désastres écologiques provoqués par l'homme.

....

....

....

....

....

....

....

SYNTHÈSE

Répondez à la problématique de la séquence :
Comment l'émerveillement de l'homme face à la nature l'amène-t-il à réfléchir à sa propre condition ?

....

....

....

....

....

....

....

DÉBATTRE SUR…

La préservation de la nature

▶ Dans cet atelier, vous débattrez sur la question « Faut-il réduire les libertés humaines pour préserver la nature et sa beauté ? »

Bernard Werber, *Paradis sur mesure*, « Et l'on pendra tous les pollueurs », 2008

Le pendu tirait une langue bleue.

Il était entouré des autres condamnés habituels, accrochés aux branches. Pratiquement un pendu à chaque arbre. Parfois deux. Et tous portaient autour du cou la pancarte de l'infamie sur laquelle était inscrit le plus obscène de tous les mots :

« POLLUEUR »

D'habitude, je n'y prêtais plus attention. Il faut dire que ce genre de fruits sinistres décoraient les arbres de la plupart des parcs de la ville. Et de toutes les villes du monde.

Mais c'est peut-être ici, sur Central Park, en plein cœur de New York, qu'ils étaient les plus visibles. Parce qu'il pouvait sembler choquant que les joggeurs se livrent à leurs exercices matinaux sans même leur prêter attention.

Ainsi, il existe encore des gens assez fous pour continuer à polluer en pleine époque moderne, pensai-je.

Les condamnés étaient pour la plupart des jeunes.

Pauvres inconscients, combien de temps leur faudra-t-il pour comprendre ?

J'essayais d'analyser ce qui les poussait à accomplir ces actes irréparables. Je m'en doutais un peu. Soit ils avaient voulu faire les malins en fumant une cigarette, soit ils avaient sorti du garage la vieille Porsche à moteur à explosion de Papy pour épater leurs petites amies, soit ils avaient voulu crâner et jouer les rebelles en faisant pétarader une antique tondeuse à gazon à essence.

Et ils s'étaient fait repérer.

Je ne les plaignais pas.

La consigne était simple : « On ne peut plus polluer ».

Et nul n'est censé ignorer la loi.

AVANT DE COMMENCER

- Souhaiteriez-vous vivre dans le monde décrit par le narrateur ?
- Êtes-vous d'accord avec les propos du narrateur lorsqu'il dit : « Et ils s'étaient fait repérer. Je ne les plaignais pas. La consigne était simple : " On ne peut plus polluer ". Et nul n'est censé ignorer la loi. » (l. 34-38).

À VOUS DE DÉBATTRE SUR

- **Faut-il réduire les libertés humaines pour préserver la nature et sa beauté ?**

ÉTAPE 1 Se répartir les rôles

- Répartissez-vous en deux groupes : l'un cherchera des arguments pour répondre favorablement à la question posée tandis que l'autre groupe défendra la thèse inverse.
- Désignez un **rapporteur** pour prendre des notes et rédiger le compte rendu.
- Désignez un **médiateur** pour distribuer la parole et répartir les temps de parole.

ÉTAPE 2 Mobiliser des connaissances

Posez-vous les questions suivantes :
- Pourquoi peut-on parler d'urgence environnementale ?
- Quelles solutions aujourd'hui sont mises en œuvre ? Sont-elles suffisantes ?
- Quelles solutions sont suggérées par la littérature et les arts ?

ÉTAPE 3 Mettre en œuvre le débat

- Débattez en veillant à ce que chaque groupe respecte le temps de parole de l'autre.
- Pour convaincre, vous pouvez organiser vos interventions en prenant comme modèle le discours de Jacques Chirac (▶ p. 109).
- Vous pouvez contre-argumenter à partir des propositions du groupe adverse.

Je découvre un texte

« Notre maison brûle et nous regardons ailleurs »

Discours de Jacques Chirac lors du sommet sur la Terre de Johannesbourg, 2002

Monsieur le Président, Mesdames, Messieurs,

Notre maison brûle et nous regardons ailleurs. La nature, mutilée, surexploitée, ne parvient plus à se reconstituer et nous refusons de l'admettre. L'humanité souffre. Elle souffre de mal-développement, au Nord comme au Sud, et nous sommes indifférents. La terre et l'humanité sont en péril et nous en sommes tous responsables.

Il est temps, je crois, d'ouvrir les yeux. Sur tous les continents, les signaux d'alerte s'allument. L'Europe est frappée par des catastrophes naturelles et des crises sanitaires. L'économie américaine, souvent boulimique en ressources naturelles, paraît atteinte d'une crise de confiance dans ses modes de régulation. L'Amérique latine est à nouveau secouée par la crise financière et donc sociale. En Asie, la multiplication des pollutions, dont témoigne le nuage brun, s'étend et menace d'empoisonnement un continent tout entier. L'Afrique est accablée par les conflits, le SIDA, la désertification, la famine. Certains pays insulaires sont menacés de disparition par le réchauffement climatique.

Nous ne pourrons pas dire que nous ne savions pas ! Prenons garde que le XXIe siècle ne devienne pas, pour les générations futures, celui d'un crime de l'humanité contre la vie.

Notre responsabilité collective est engagée. Responsabilité première des pays développés. Première par l'histoire, première par la puissance, première par le niveau de leurs consommations. Si l'humanité entière se comportait comme les pays du Nord, il faudrait deux planètes supplémentaires pour faire face à nos besoins.

Responsabilité des pays en développement aussi. Nier les contraintes à long terme au nom de l'urgence n'a pas de sens. Ces pays doivent admettre qu'il n'est d'autre solution pour eux que d'inventer un mode de croissance moins polluant.

DE L'ATELIER À L'ÉPREUVE

• À partir des arguments énoncés dans le débat, rédigez un texte argumentatif. Après avoir pesé le pour et le contre, vous formulerez votre avis en répondant à la question : « Faut-il réduire les libertés humaines pour préserver la nature et sa beauté ? ». Vous vous appuyerez sur les textes du corpus ainsi que sur vos lectures personnelles et votre culture artistique et cinématographique.

LES OUTILS POUR ARGUMENTER

La prise de parole orale

- **Pour donner de la force à vos propos**, vous pouvez utiliser des anaphores, des images, des hyperboles…
- **Pour exprimer votre ressenti**, utilisez des modalisateurs du **doute** : (*peut-être ; éventuellement ; je crois…*) ou au contraire de la **certitude** : (*sans aucun doute ; sûrement ; sans nul doute ; incontestablement ; c'est évident…*
- Vous pouvez **interpeller vos interlocuteurs** en employant des questions rhétoriques ou les pronoms personnels *vous, nous.*

Les stratégies d'argumentation

- **Variez les types d'arguments :** par les faits, par la cause ou la conséquence, d'autorité (citez des scientifiques par exemple).
- **Débutez par exemple avec un argument** posant les faits et terminez votre démonstration par l'argument qui a le plus de poids.
- N'hésitez pas à **rebondir sur les arguments de vos opposants** pour ensuite contre-argumenter. Vous pourrez utiliser la formation suivante : « *Certes, vous… cependant nous pouvons affirmer que…* ».

Je note les arguments

▶ Pour : ……………………………………

……………………………………

▶ Contre : ……………………………………

……………………………………

Philip K. Dick, *Minority Report*, 1956

L'histoire se déroule dans une société où des mutants sont doués du don de précognition. Ils sont trois et arrivent à avoir des visions similaires. Cependant, parfois, l'un d'eux est en désaccord avec les autres : c'est le « rapport minoritaire ». Bientôt, le chef de la police va recevoir une information surprenante de la part de ces trois mutants…

Pierre Barthelemy, *Le Monde*, 2013

C'est une anecdote que les responsables de la police de Los Angeles, le célèbre LAPD, aiment à raconter. Il y a quelques années, alors qu'un ouragan filait vers la Floride, le numéro un mondial de la grande distribution, Walmart, décida d'envoyer dans les supermarchés de cet État des stocks supplémentaires... de Pop-Tarts à la fraise. Quel rapport avec l'ouragan ? Les programmes d'analyse de Walmart avaient détecté qu'en cas de catastrophe naturelle, les clients achetaient davantage de ces gâteaux fourrés.

À PROPOS DE …

L'auteur

Philip K. Dick (1928-1982) publie *Minority Report* en 1956. Il faudra attendre 1975 pour que son livre soit traduit en France. Son apport à la science-fiction est notable et nombreuses sont ses œuvres qui ont été adaptées au cinéma : *Blade Runner* (1982), *Total Recall* (1990) ou encore *Minority Report* (2002).

ADAPTATION AU CINÉMA
Steven Spielberg adapte *Minority Report* en 2002.

Les précogs en train d'avoir une vision.

POUR ENTRER DANS L'ŒUVRE...

Dans cette séquence...
Vous vous interrogerez sur la problématique suivante : **Les techniques prédictives peuvent-elles conduire à un monde totalitaire ?**

1 D'après la couverture, que pouvez-vous imaginer de l'histoire ?

2 En prenant appui sur l'anecdote racontée dans *Le Monde*, demandez-vous à quoi peuvent servir les trois personnages de la première de couverture.

3 D'après les images, vos hypothèses se confirment-elles ? Justifiez votre réponse.

Philip K. Dick, *Minority Report*, 1956

Écoutez le texte 1.
liennathan.fr/w7k5m6

1 EXTRAIT
Une police prédictive

– Je ne sais que ce qui est à la disposition du public, répondit Witwer. Avec l'aide de vos mutants précogs[1], vous avez audacieusement et efficacement aboli le système punitif post-crime fondé sur l'emprisonnement et l'amende. Comme nous le savons tous, la perspective du châtiment n'a jamais été très dissuasive ; quant aux victimes, une fois mortes elles n'en retiraient guère de réconfort. »

Ils étaient arrivés devant l'ascenseur. Tandis que la cabine les emportait à toute allure dans les profondeurs du bâtiment, Anderton reprit : « L'inconvénient fondamental, du point de vue juridique, inhérent à la méthodologie de Précrime ne vous a probablement pas échappé non plus. Nous arrêtons des individus qui n'ont nullement enfreint la loi.

– Mais s'y apprêtent, affirma Witwer avec conviction.

– Justement, non, par bonheur... puisque nous les arrêtons avant qu'ils puissent commettre un quelconque acte de violence. Donc, l'acte criminel proprement dit ne relève strictement que de la métaphysique[2]. C'est nous qui proclamons ces gens coupables. Eux se prétendent éternellement innocents. Et en un sens, ils sont innocents. »

1. Mot formé à partir de précognition.
2. Réflexion abstraite.

2 TEXTE ÉCHO
La Presse
Prévoir les crimes avant qu'ils ne soient commis, 2012

Le principe est simple : les criminels ont des comportements que l'on peut modéliser et, grâce à un logiciel semblable à celui utilisé par les grandes surfaces et les sites Internet pour cibler les tendances d'achat des clients, la police peut déterminer où le prochain crime pourrait avoir lieu, et parfois l'empêcher. [...] À Memphis, les autorités assurent que la criminalité a baissé de 30% et les crimes violents de 15% depuis que la police utilise un programme d'analyse prédictive mis au point par IBM.

Questions

Itinéraire 1

◆ LANGUE

1. Analysez la construction des mots « Précrime » et « précogs » : qu'est-ce que cela vous apprend sur le modèle judiciaire mis en place ?

....

....

....

◆ ÉCRITURE

2. Vous habitez dans une ville qui va adopter prochainement le système « Précrime ». Vous adressez une lettre au maire dans laquelle vous donnez votre point de vue.

◆ LECTURE VERS LE BAC

3. Présentez le corpus de textes en insistant sur ce qui fait son unité et ses différences.

....

....

....

....

Itinéraire 2

◆ LECTURE

4. Dans le texte 2, soulignez les plus-values du système judiciaire prédictif.

5. Réalisez un spot télévisé qui résume ce que vous avez compris du dispositif « Précrime ».

3

EXTRAIT

Un système sans faille ?

– Vraiment, vous ne toucheriez pas à un cheveu de Kaplan ? Pour la première fois dans l'Histoire, Précrime se serait trompé ? Un innocent serait donc condamné par les cartes perforées ? Mais alors, peut-être qu'il y a eu d'autres innocents pris au piège avant vous ?

– C'est très possible, en effet, dit Anderton d'un ton morne.

– Peut-être est-ce tout le système qui révèle ainsi sa faille. Admettons que vous n'ayez pas eu l'intention de commettre un meurtre. Dans ce cas, les autres n'en auraient pas commis non plus, si cela se trouve. C'est pour ça que vous avez dit à Kaplan que vous vouliez rester libre d'agir ? Vous espériez démontrer la faillibilité du système ? Si vous voulez en parler, moi, j'ai l'esprit ouvert. »

Un autre se pencha pour demander : « Entre nous, c'est vrai cette histoire de complot ? Vous êtes réellement victime d'un coup monté ? »

Anderton soupira. Maintenant, il n'en était plus très certain lui-même. Peut-être était-il prisonnier d'une boucle temporelle close dépourvue de signification, sans mobile ni commencement ni fin. Il était presque tenté de se croire victime d'un fantasme névrotique, né de la lassitude et de l'insécurité grandissante.

Anderton analyse les visions des précogs.

Écoutez le texte. liennathan.fr/8bw3v3

Questions

Itinéraire 1

◆ ORAL

1 Quel sentiment pouvez-vous associer au personnage d'Anderton ? Pourquoi ?

Itinéraire 2

◆ LECTURE

2 Quelle explication Anderton donne-t-il à l'information fournie par « Précrime » ?

....

....

3 Pourquoi n'envisage-t-il pas une autre explication ?

....

....

4 Qu'est-ce qui rend terrifiante la probabilité d'une erreur d'un système fondé sur la prédiction ?

....

....

....

....

◆ LECTURE VERS LE BAC

5 Pensez-vous que l'on puisse arrêter une personne simplement sur la base de visions dont la véracité ne peut-être confirmée ? Listez vos arguments et rédigez votre texte au brouillon.

....

....

....

....

Philip K. Dick, *Minority Report*, 1956

Écoutez le texte.
liennathan.fr/px6l40

4

EXTRAIT

L'accomplissement du meurtre

« Oui, beaucoup d'hommes et de femmes ont été arrêtés et emprisonnés par la faute de Précrime, cette organisation qui se prétend prophylactique[1], poursuivit Kaplan, dont la voix gagnait peu à peu en chaleur et en force. Accusés, non pas de crimes qu'ils avaient commis, mais de crimes *qu'ils allaient commettre*. On nous affirme que, laissés en liberté, ces gens se seraient tôt ou tard rendus coupables d'actes criminels.

« Mais il ne peut pas y avoir de réelle connaissance du futur. Dès qu'une information précognitive est livrée, *elle s'annule d'elle-même*. L'affirmation selon laquelle cet homme commettra un crime dans l'avenir est un paradoxe. Le simple fait de posséder cette donnée la fausse. Dans tous les cas, sans exception, le rapport des trois précogs a toujours invalidé les données qu'ils avaient eux-mêmes fournies. Si personne n'avait été arrêté, les crimes prédits n'auraient pas été commis *non plus*. »

Steven Spielberg, *Minority Report*, 2002.
Tom Cruise dans le rôle de John Anderton.

Anderton écoutait distraitement, mais la foule, elle, prêtait un intérêt passionné au discours de Kaplan, qui livrait à présent un résumé du rapport minoritaire. Il expliquait ce que c'était, comment il pouvait exister.

Anderton sortit son arme de sa poche et la posa sur ses genoux. Déjà Kaplan mettait de côté le rapport minoritaire, c'est-à-dire les données précog de « Jerry ». De ses doigts osseux, il chercha d'abord le résumé du rapport « Donna », puis celui du rapport « Mike ».

« Voici le rapport majoritaire original, expliqua-t-il. L'affirmation, par les deux premiers précogs, selon laquelle Anderton allait commettre un meurtre. Et maintenant, voici le matériau automatiquement invalidé. Je vais vous le lire. » Il ramassa prestement ses lunettes sans monture, les chaussa et entama lentement sa lecture.

Une étrange expression se peignit sur ses traits. Il s'interrompit, balbutia, puis se tut brusquement. Les papiers lui échappèrent des mains. Telle une bête traquée, il fit volte-face, rentra la tête dans les épaules, puis s'éloigna précipitamment de la tribune.

Son visage crispé passa durant une fraction de seconde devant Anderton, qui s'était levé à son tour. Le préfet braqua son arme, fit rapidement quelques pas en avant et tira. Emberlificoté[2] dans les pieds des gens assis sur l'estrade, Kaplan poussa un unique cri aigu – un cri de terreur. Comme un oiseau abattu en plein vol, il tomba de l'estrade en battant des bras. Anderton s'approcha de la rambarde, mais tout était déjà fini.

Kaplan était mort, ainsi que le rapport majoritaire l'avait prédit.

1. Qui prévient de la maladie.
2. Empêtré.

Questions

Itinéraire 1

◆ ÉCRITURE

1. Kaplan est mort : réalisez la Une du journal au lendemain de cet événement.
Votre Une comportera un titre, une accroche, un éditorial et une image.
Vous composerez votre Une à l'aide d'un logiciel adapté ou sous powerpoint.
Notez ci-après les principales idées de votre éditorial.

....

....

....

....

....

....

....

....

....

▶ **CONSEIL**
Dans votre éditorial, affirmez clairement votre opinion en développant au moins trois arguments. Vous donnerez un titre qui reflète votre thèse.

Itinéraire 2

◆ LECTURE

2. Qu'est-ce que le rapport minoritaire ?

....

....

....

3. Prédire est-ce connaître l'avenir ? Justifiez en prenant appui sur l'œuvre étudiée.

....

....

....

....

....

....

◆ ÉCRITURE VERS LE BAC

4. La technologie permet-elle d'échapper à son destin ? Pourquoi ?
Discutez sur cette question dans un court paragraphe argumenté.

....

....

....

....

....

....

Philip K. Dick, *Minority Report*, 1956

Écoutez le texte.
liennathan.fr/2q8fe4

5 EXTRAIT
Épilogue

« Les trois rapports étaient consécutifs, expliqua-t-il. Le premier était celui de « Donna ». Dans ce sillon temporel-là, Kaplan m'avisait du complot militaire et je l'assassinais promptement. « Jerry », phasé légèrement en avant de « Donna », s'est servi de son rapport à elle et a intégré le fait que j'en avais pris connaissance. Dans le deuxième sillon, tout ce que je voulais, c'était garder mon poste, sans tuer Kaplan. Je ne m'intéressais qu'à ma place, à mon propre sort.

– Et « Mike » était le troisième rapport ? Venu après le rapport minoritaire ? » Witwer se reprit : « Je veux dire qu'il s'est présenté en dernier ?

– « Mike » était le dernier des trois, en effet. Au vu du premier rapport, j'avais décidé de ne pas tuer Kaplan. D'où le deuxième rapport. Mais, informé par ce *deuxième* rapport, je changeais d'avis. Le deuxième rapport, la deuxième situation, représentaient les circonstances que Kaplan désirait créer. L'intérêt de la police était de recréer la situation numéro un. Et c'était à la police que je pensais alors. J'avais compris le projet de Kaplan. Le troisième rapport invalidait le deuxième de la même façon que le second invalidait le premier. Nous étions revenus au point de départ. »

Lisa revint, le souffle court. « Partons. Nous en avons fini ici. » Souple et agile, elle grimpa dans le camion et s'installa entre son mari et le chauffeur.

« Les rapports étaient tous différents, conclut Anderton. Tous uniques. Mais deux d'entre eux étaient d'accord sur un point : si je restais en liberté, *je tuais Kaplan*. C'est ce qui a créé l'illusion d'un rapport majoritaire. Car ce n'était que cela – une illusion. « Donna » et « Mike » avaient prévu le même événement, mais dans deux sillons temporels complètement distincts et se produisant dans deux situations différentes. « Donna » et « Jerry », le « rapport minoritaire » et la moitié du « rapport majoritaire », se sont trompés. Seul « Mike » disait vrai... puisque aucun rapport ultérieur ne venait invalider le sien. Et voilà. »

Steven Spielberg, *Minority Report*, 2002.
Le policier John Anderton (Tom Cruise) traque de futurs criminels et se retrouve lui-même accusé d'un probable meurtre.

Questions

Itinéraire 1

◆ ÉCRITURE

1. Le maire de Washington demande à Witwer s'il faut poursuivre le projet « Précrime ». Imaginez la réponse de Witwer. Vous rédigerez votre texte au brouillon.

Itinéraire 2

◆ LECTURE

2. Dans le cadre de l'affaire Anderton, y-a-t-il eu un rapport majoritaire ? Justifiez votre réponse en prenant appui sur le texte.

3. Quel « précog » avait raison ? Pourquoi ?

4. Quelle limite du système « Précrime » est ici mise en évidence ?

Dans mon carnet personnel...

VERS LE BAC

Dans cette séquence, vous avez lu et étudié différents extraits de *Minority Report* de Philip K. Dick et vous avez pu vous interroger sur les questions soulevées par la mise en place d'une police prédictive. Dans votre carnet personnel, vous allez maintenant garder une trace de votre lecture pour mieux cerner les enjeux liés à ce thème.

LECTURE

1 Le système « Précrime » est-il fiable ? Pourquoi ?

....

2 En quoi le destin d'Anderton illustre-t-il le questionnement soulevé par la police prédictive ?

....

....

3 Recopiez le passage qui, selon vous, illustre le mieux ce questionnement.

....

....

....

4 À l'issue de cette lecture, pensez-vous que dans le système « Précrime », le rapport minoritaire est le meilleur moyen de se prémunir d'une erreur judiciaire ? Justifiez.

....

....

....

....

RECHERCHE ET ÉCRITURE

5 Recherchez une image illustrant l'idée de police prédictive. Rédigez ensuite un paragraphe argumenté justifiant votre choix.

....

....

....

....

ORAL

6 Pour les « Métiers de la sécurité » tels qu'agent de sécurité ou convoyeur de fonds, les outils de prédiction de la délinquance sont-ils un atout supplémentaire ? Débattez de cette question en classe.

MISE EN PERSPECTIVE

7 Quels autres films ou œuvres pouvez-vous rapprocher de *Minority Report* ?

....

....

....

SYNTHÈSE

Répondez à la problématique : **Les techniques prédictives peuvent-elles conduire à un monde totalitaire ?**

....

....

....

....

....

....

ÉCRIRE SUR...

Les villes intelligentes

▶ Dans cet atelier d'écriture, vous allez argumenter sur l'intérêt des algorithmes.

Institut Paris Région Ile-de-France,
La police prédictive, enjeux soulevés par l'usage des algorithmes prédictifs en matière de sécurité publique, 2019

Contrôler toute une ville à partir d'une salle de commandement, suivre des individus depuis un mur d'écrans, utiliser l'intelligence artificielle pour cibler les situations ou les comportements jugés « anormaux », ou pour orienter les patrouilles vers les territoires où de futurs délis se produiront : telles sont les promesses véhiculées par la police prédictive, et plus largement, portées par l'ensemble du mouvement *smart city* qui intègre des enjeux liés à la tranquilité et sécurité publiques. [...] Son objectif principal est d'anticiper les faits avant qu'ils ne se produisent réellement, en utilisant notamment des données ouvertes et celles produites par les services de sécurité. [...] Cette volonté prédictive prend une autre ampleur sous l'ère des *big data*[1] qui promettent des réponses plus exhaustives[2] et efficaces. En France, les travaux de la philosophe Antoinette Rouvroy soulignent les enjeux posés par l'enregistrement systématique de données, la multiplication des traces digitales dans notre société, concourant à « une transformation des rationalités, stratégies et tactiques de gouvernement ». Elle parle ainsi de « gouvernementalité algorithmique ».

1. Traitement des données.
2. Qui traitent complètement le sujet.

AVANT DE COMMENCER

- Effectuez des recherches sur la *Smart city*. De quoi s'agit-il ? Quel est son but ? Comment peut-elle y parvenir ? Quelles sont les critiques formulées à son encontre ?
- D'après le texte, quel progrès technique rend les systèmes de prédiction plus performants ?
- Quel sens donnez-vous à l'expression « gouvernementalité algorithmique » ?

À VOUS D'ÉCRIRE

- **Selon vous, les algorithmes prédictifs sont-ils la solution idéale pour améliorer la vie de la population ? Vous rédigerez un texte argumenté en vous appuyant sur les textes de la séquence et vos connaissances.**

ÉTAPE 1 Choisir une stratégie argumentative

Posez-vous les questions suivantes :
- Votre avis est-il ferme ou nuancé ?
- Souhaitez-vous d'abord peser le « pour » puis le « contre » avant de formuler un avis personnel ?
- Envisagez-vous de commencer par définir ce qu'est la « gouvernementalité algorithmique » pour ensuite en présenter les causes et les conséquences ?
- Voulez-vous analyser le phénomène algorithmique pour ensuite réfléchir sur les problèmes qu'il pose ?

▶ CONSEIL
Vous pouvez résumer une œuvre, prendre en note quelques citations, reformuler les propos d'un personnage.

ÉTAPE 2 Organiser son argumentation

- Listez vos arguments.
- Illustrez chacun d'eux en vous appuyant sur vos connaissances littéraires, artistiques ou cinématographiques.

ÉTAPE 3 Rédiger le texte

- Rédigez votre texte argumentatif en veillant à bien utiliser les liens logiques pour soutenir votre raisonnement.
- Relisez-vous et enrichissez votre travail s'il vous semble insuffisamment précis.
- Relisez une seconde fois votre texte et corrigez vos fautes.

Je découvre un texte

Olivier Parent, *Ce que « Minority Report » nous dit sur demain,* Futurhebdo

En son temps, le film avait aussi marqué les esprits avec le « pistage » commercial auquel les individus étaient soumis. Si aujourd'hui, chacun d'entre nous est suivi au travers de ses navigations Internet, de son téléphone ou de sa carte de crédit, dans *Minority Report*, c'est le corps humain qui est le moyen du pistage, l'iris de l'œil, pour être plus précis. [...] Dès aujourd'hui, nous acceptons d'être pistés quand nous nous rendons sur les sites Internet avec nos ordinateurs, quand nous acceptons les cookies, ces petits fichiers que les sites, plus ou moins marchants, déposent dans nos ordinateurs pour nous identifier. Ces sites et les centrales publicitaires peuvent ainsi nous proposer des publicités toujours les plus pertinentes selon notre profil qui se construit au gré de nos navigations. Nous avons bien sûr la liberté de refuser les cookies au risque de ne plus bénéficier de l'ensemble des services proposés par les sites visités. Les passants, dans le film, ne semblent pas avoir la liberté de refuser ce type d'identification, impossibilité renforcée par l'utilisation de cette technique par les forces de l'ordre, d'où la nécessité pour le super flic passé fuyard de changer son identité « oculaire » ! Et de détails en détails, sans crier gare, le film, en définitive, décrit un monde, une société totalitaire qui n'en porte pas le nom... Une société dans laquelle il vaut mieux être riche, en bonne santé et en règle avec la loi plutôt que pauvre, malade et en fuite... Une dystopie à peine exagérée de notre présent, un beau conte prospectiviste en quelque sorte... Un vrai exercice de prospective qui, tout en racontant un avenir probable, nous interroge sur notre présent et nos choix de citoyens !

Je note les idées principales de mon texte

▶ Selon vous, les algorithmes prédictifs sont-ils une solution idéale pour améliorer la vie de la population ?

....

....

....

....

....

....

....

....

LES OUTILS POUR ÉCRIRE

Les connecteurs logiques

- **Pour organiser** une succession d'arguments : *tout d'abord ; ensuite ; enfin ; en premier lieu ; pour continuer ; pour terminer ; en conclusion…*
- **Pour développer** vos arguments : *parce que ; c'est pourquoi ; en conséquence…*
- **Pour nuancer** un propos, tenez compte : *d'avis contraires ; néanmoins ; cependant ; mais…*

La polyphonie du texte argumentatif

- Vous pouvez employer le **discours direct** pour citer des auteurs ou des personnes qui font autorité : *ce spécialiste nous dit : « … » ; l'auteur de… explique : « … »…*
- Vous pouvez aussi employer le **discours indirect** pour rapporter des paroles de spécialistes : *Ce spécialiste nous annonce que ; l'auteur de… affirme clairement que…*
- **N'hésitez pas à affirmer votre point de vue** : *je pense que ; j'affirme que ; ma position est que…*

La richesse du lexique

- **Choisissez un lexique** en lien avec l'univers des algorithmes : *procédure ; calcul ; prédiction ; intelligence artificielle ; programmation…*

DE L'ATELIER À L'ÉPREUVE

- À l'épreuve écrite du Bac, vous devez rédiger un texte argumentatif d'une quarantaine de lignes en vous appuyant sur le corpus proposé et en faisant appel aux connaissances acquises en classe et à votre culture personnelle.

VERS L'ÉPREUVE

- Imaginez la grille d'auto-évaluation de votre travail d'écriture.
- Vous réfléchirez ainsi aux attendus et aux exigences de l'examen.

RENCONTRE DES ARTS

L'exposition permanente *Robots* à la Cité des sciences et de l'industrie

Inaugurée en 1986, la Cité des sciences et de l'industrie se situe Porte de la Villette, à Paris. Elle propose de nombreuses expositions et cherche à susciter l'intérêt des visiteurs pour les enjeux de société liés à la science, à la recherche et à l'industrie.

Cité des sciences et de l'industrie, Paris.

DÉCOUVRONS CETTE EXPOSITION PAS À PAS

Qu'y trouve-t-on ?

• Depuis avril 2019, l'exposition *Robots* fait découvrir les enjeux liés à la robotique : la diversité des machines ainsi que leurs fonctions et fonctionnements, l'interaction avec les robots, les questionnements soulevés par leur arrivée dans nos vies quotidiennes.

Consultez le site.
liennathan.fr/8cc2g8

Que s'y passe-t-il ?

• L'exposition montre ce qui différencie les robots des machines : elle explique leur fonctionnement, le travail des roboticiens et les problématiques liées à la co-existence entre machines et humains.
L'exposition se termine par la possibilité pour chaque visiteur d'interroger son propre rapport aux machines.

1 Robot avec bras articulés.

2 Couverture du livre de l'exposition *Robots*.

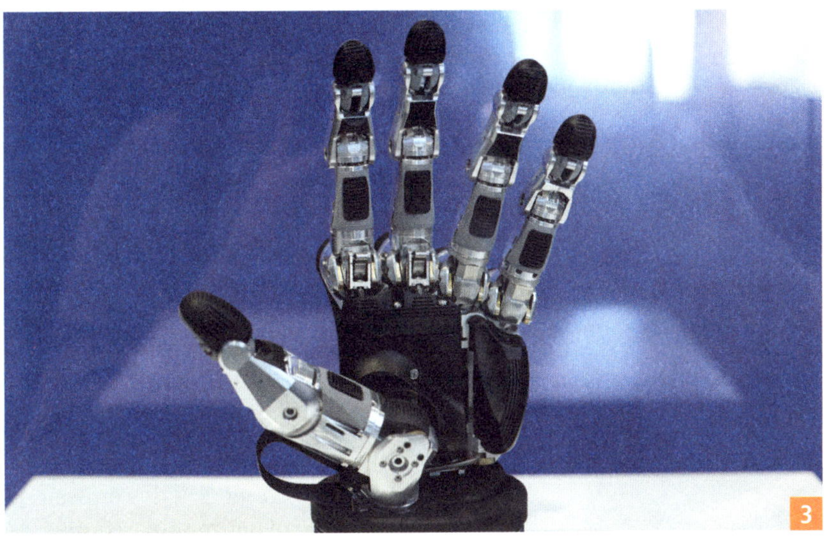

3 Main robotique.

Quel est le lien avec l'objet d'étude ?

• Cette exposition nous amène à réfléchir aux tensions entre l'humanité, le monde et les techniques. Les robots occupent en effet une place importante dans des domaines aussi variés que la médecine, l'industrie ou l'automobile, mais également dans notre vie quotidienne.
Quelle relation les hommes entretiennent-ils dès lors avec les robots ?
Comment l'avenir peut-il se dessiner ?
Quelles conséquences la place grandissante des robots dans notre quotidien peut-elle avoir ?

ACTIVITÉS

Dans le cadre de la semaine de la presse et des médias, vous réaliserez différents reportages (expositions, audios, articles…) à destination des autres élèves de terminale. Vous tiendrez compte dans vos reportages de la visite de cette exposition. Vous y expliquerez son lien avec l'objet d'étude au programme et vous inciterez les autres élèves à s'y rendre.

La diffusion du savoir et l'émancipation

1 Ray Bradbury
Farenheit 451, 1953

RAY BRADBURY (1920-2012)
Ce romancier américain est une référence dans le roman d'anticipation. Il devient célèbre notamment avec *Farenheit 451*.

Écoutez le texte.
liennathan.fr/t16f9l

Dans cette société futuriste, les pompiers sont chargés de brûler les livres lors d'autodafés et de persécuter leurs propriétaires. Le capitaine Beatty en explique les raisons à Montag.

Beatty s'accorda une bonne minute pour s'installer et réfléchir à ce qu'il voulait dire.

« Quand est-ce que tout ça a commencé, vous m'avez demandé, ce boulot qu'on fait, comment c'est venu, où, quand ? Eh bien, je dirais que le point de départ remonte à un truc appelé la Guerre Civile. Même si le manuel prétend que notre corporation a été fondée plus tôt. Le fait est que nous n'avons pris de l'importance qu'avec l'apparition de la photographie. Puis du cinéma, au début du vingtième siècle. Radio. Télévision. On a commencé à avoir là des phénomènes de *masse*. »

Assis dans son lit, Montag demeurait immobile.

« Et parce que c'étaient des phénomènes de masse, ils se sont simplifiés, poursuivit Beatty. Autrefois les livres n'intéressaient que quelques personnes ici et là, un peu partout. Ils pouvaient se permettre d'être différents. Le monde était vaste. Mais le voilà qui se remplit d'yeux, de coudes, de bouches. Et la population de doubler, tripler, quadrupler. Le cinéma et la radio, les magazines, les livres se sont nivelés par le bas, normalisés en une vaste soupe. Vous me suivez ?

– Je crois. »

Beatty contempla le motif formé par la fumée qu'il avait rejetée.

« Imaginez le tableau. L'homme du dix-neuvième siècle avec ses chevaux, ses chiens, ses charrettes : un film au ralenti. Puis, au vingtième siècle, on passe en accéléré. Livres raccourcis. Condensés, Digests[1]. Abrégés. Tout est réduit au gag, à la chute.

– La chute, approuva Mildred.

– Les classiques ramenés à des émissions de radio d'un quart d'heure, puis coupés de nouveau pour tenir en un compte rendu de deux minutes, avant de finir en un résumé de dictionnaire de dix à douze lignes.

Traduit par Jacques Chambon
et Henri Robillot.

1. Résumé d'un livre.

Georg Pahl, *Autodafé de livres sur l'Opernplatz*, Berlin, 1933.

ACTIVITÉS

Découvrir

1 Présentez le corpus de documents en insistant sur ce qui fait son unité et ses différences.

....

....

....

....

2 Comment le capitaine Beatty caractérise-t-il la culture de masse ? Justifiez votre réponse.

....

....

....

....

3 À l'issue de quel événement a-t-il été décidé de brûler des livres ?

....

4 D'après vous, qu'est-ce qui a pu conduire à cet acte ?

....

....

....

5 La manière dont se justifie le capitaine Beatty vous convainc-t-elle ? Pourquoi ?

....

....

Lire et écrire

6 Imaginez la Une d'un journal publié dans la société imaginée par Ray Bradbury.
Vous relaterez un autodafé organisé par les pompiers. Votre production comprendra :
- une illustration ;
- un éditorial qui résume les arguments du capitaine Beatty ;
- une interview de Montag. Il fera part de son ressenti face à cette action.

Notez ici les mots clés qui figureront dans votre éditorial et rédigez les questions de votre interview.

Les mots clés de l'éditorial : ....

....

....

Les questions de l'interview : ....

....

....

....

Rechercher

7 Quels types de livres étaient détruits lors des autodafés nazis ? Pourquoi ?

....

....

....

L'éducation humaniste

Écoutez le texte.
liennathan.fr/v04zi1

2 François Rabelais
Gargantua, 1534

FRANÇOIS RABELAIS (1494-1553)
Humaniste de la Renaissance, ses œuvres (*Pantagruel, Gargantua*) sont considérées comme les premières formes de roman moderne.

Cependant, Monsieur l'Appétit venait et c'était juste au bon moment qu'ils s'asseyaient à table. Au début du repas, on lisait quelque plaisante histoire des gestes anciennes, jusqu'à ce que qu'il eût pris son vin.

Alors, si on le jugeait bon, on poursuivait la lecture, ou ils commençaient à deviser ensemble, joyeusement, parlant pendant les premiers mois des vertus et propriétés, de l'efficacité et de la nature de tout ce qui leur était servi à table : du pain, du vin, de l'eau, du sel, des viandes, des poissons, des fruits, des herbes, des racines et leur préparation. Ce faisant, Gargantua apprit en peu de temps tous les passages relatifs à ce sujet dans Pline, Athénée, Dioscorides, Julius Polux, Galien, Porphyre, Oppien, Polybe, Héliodores, Aristote, Elien et d'autres[1]. Sur de tels propos, ils faisaient souvent, pour plus de sûreté, apporter à table les livres cités plus haut. Gargantua retint si bien et si intégralement les propos tenus, qu'il n'y avait pas alors un seul médecin qui sût la moitié de ce qu'il avait retenu.

Après, ils parlaient des leçons lues dans la matinée et, terminant le repas par quelque confiture de coings[2], il se curait les dents avec un brin de lentisque[3], se lavait les mains et les yeux de belle eau fraîche, et tous rendaient grâce à Dieu par quelques beaux cantiques à la louange de la munificence[4] et de la bonté divines. Sur ce, on apportait des cartes, non pas pour jouer, mais pour apprendre mille petits amusements et inventions nouvelles qui relevaient tous de l'arithmétique. Par ce biais, il prit goût à cette science des nombres et, tous les jours, après le dîner et le souper, il y passait son temps avec autant de plaisir qu'il pouvait en prendre aux dés et aux cartes. Il en connut si bien la théorie et la pratique que Tunstal l'Anglais[5], qui avait écrit d'abondance sur le sujet, confessa, que, comparé à Gargantua, il n'y comprenait que le haut-allemand.

1. Auteurs de l'Antiquité grâce auxquels les humanistes apprennaient l'histoire naturelle.
2. Fruits du cognassier.
3. Girofle.
4. Qualité de ce qui est magnifique.
5. Évêque connu pour un traité d'arithmétique paru en 1532.

Atelier d'imprimerie, enluminure, xve siècle.

3

TEXTE ÉCHO

Jean-Louis Charvet

Qu'est-ce que l'éducation humaniste ?, 2015

L'éducation humaniste est née en Italie dans la première moitié du Quattrocento[1], avec deux pédagogues d'exception, Vittorino de'Rambaldoni da Feltre (1378-1446) [...] et Guarino de Vérone (1374-1460) [...]. En rupture avec l'éducation médiévale spécialisée, ils ont prôné une éducation intégrale visant à former des êtres humains. [...] ils voulaient, avant de songer à l'apprentissage d'un métier particulier, développer chez leurs élèves ce qui fait l'homme, ce qui le différencie de l'animal, à savoir ce qu'en grec ancien on appelle le *logos*, le discours raisonnable. La base de leur formation était donc linguistique et littéraire : par une approche directe des textes classiques grecs et latins lus de façon critique, amener leurs élèves à un niveau de *dignitas*[2] et d'excellence morale qui en fasse des hommes libres et des citoyens propres à s'intégrer de façon responsable dans la vie de leur cité.

1. Désigne le XVe siècle italien, le premier siècle de la Renaissance.
3. Dignité, estime, mérite.

Questions

Itinéraire 1

◆ LECTURE

1. Surlignez le passage de l'extrait 3 que vous aimeriez retenir. Justifiez votre choix.

2. Quel(s) passage(s) de l'extrait 2 pouvez-vous associer à l'extrait 3 ? Justifiez votre réponse.

Extrait 2 :

Itinéraire 2

◆ LECTURE

3. En quoi l'invention de l'imprimerie a-t-elle contribué au développement d'une éducation humaniste ?

4. Qu'est-ce qui différencie, pour les humanistes, l'homme de l'animal ?

5. Selon les humanistes, par quels moyens l'esprit humain peut-il se développer ? Appuyez-vous sur des éléments précis du texte.

◆ ÉCRITURE VERS LE BAC

6. Peut-on dire que l'éducation humaniste est une source d'émancipation ? Vous rédigerez un paragraphe argumenté.

Écoutez le texte.
liennathan.fr/f3f65p

4 Condorcet

De l'instruction publique, 1792

CONDORCET (1743-1794)
Il a été à l'origine de propositions de réforme sur l'éducation. Il présenta son « Rapport de projet sur l'instruction publique » à l'Assemblée nationale les 20 et 21 avril 1792.

Dans les siècles d'ignorance, à la tyrannie de la force se joignait celle des lumières faibles et incertaines, mais concentrées exclusivement dans quelques classes peu nombreuses. Les prêtres, les jurisconsultes[1], les hommes qui avaient le secret des opérations de commerce, les médecins même formés dans un petit nombre d'écoles, n'étaient pas moins les maîtres du monde que les guerriers armés de toutes pièces ; et le despotisme[2] héréditaire de ces guerriers était lui-même fondé sur la supériorité que leur donnait, avant l'invention de la poudre, leur apprentissage exclusif dans l'art de manier les armes.

C'est ainsi que chez les Égyptiens et chez les Indiens, des castes qui s'étaient réservé la connaissance des mystères de la religion et des secrets de la nature étaient parvenues à exercer sur ces malheureux peuples le despotisme le plus absolu dont l'imagination humaine puisse concevoir l'idée. C'est ainsi qu'à Constantinople même le despotisme militaire des sultans a été forcé de plier devant le crédit des interprètes privilégiés des lois de l'alcoran[3]. Sans doute on n'a point à craindre aujourd'hui les mêmes dangers dans le reste de l'Europe ; les lumières ne peuvent y être concentrées ni dans une caste[4] héréditaire, ni dans une corporation exclusive. Il ne peut plus y avoir de ces doctrines occultes ou sacrées qui mettent un intervalle immense entre deux portions d'un même peuple. Mais ce degré d'ignorance où l'homme, jouet du charlatan qui voudra le séduire, et ne pouvant défendre lui-même ses intérêts, est obligé de se livrer en aveugle à des guides qu'il ne peut ni juger ni choisir ; cet état d'une dépendance servile, qui en est la suite, subsiste chez presque tous les peuples à l'égard du plus grand nombre, pour qui dès lors la liberté et l'égalité ne peuvent être que des mots qu'ils entendent lire dans leurs codes, et non des droits dont ils sachent jouir.

1. Il donne son avis sur des questions de droit.
2. Autorité tyrannique.
3. Le Coran.
4. Groupe social.

Questions

Itinéraire 1

◆ LANGUE

1. Cherchez la définition du mot « obscurantisme ». De quelle manière, Condorcet y fait-il référence ? Soulignez le lexique justifiant votre réponse.

◆ LECTURE

2. À quel mot de la liste suivante, pouvez-vous associer l'absence de savoir et d'instruction ?
   • *manipulation* • *domination* • *tyrannie*
   • *obscurantisme* • *soumission* • *illusion* • *libération*
   • *dépendance* • *servitude* • *égalité* • *liberté.*

Itinéraire 2

◆ LECTURE

3. Qui, au XVIIIe siècle, détient le pouvoir ? Encadrez les réponses dans le texte.

4. Selon vous, comment ce pouvoir peut-il s'expliquer ?

....

....

....

5. D'après Condorcet, la situation décrite (l. 1 à 8) risque-t-elle de se reproduire dans l'Europe du XVIIIe siècle ? Pourquoi ?

....

....

....

....

◆ ÉCRITURE VERS LE BAC

6. Dans un paragraphe argumenté, commentez au brouillon les lignes 22 à 25 à partir de « cet état ».

5 George Sand

Le Compagnon du Tour de France, 1840

Pierre Huguenin est menuisier. Il veut devenir compagnon du Tour de France.

Il fut saisi à dix-sept ans de l'ardeur voyageuse qui, chaque année, enlève à leurs pénates[1] de nombreuses phalanges[2] de jeunes ouvriers pour les jeter dans la vie aventureuse, dans l'apprentissage ambulant qu'on appelle *le tour de France*. Au désir vague de connaître et de comprendre le mouvement de la vie sociale se mêlait l'ambition noble d'acquérir du talent dans sa profession. Il voyait bien qu'il y avait des théories plus sûres et plus promptes que la routine patiente suivie par son père et par les anciens du pays. Un compagnon tailleur de pierres, qui avait passé dans le village, lui avait fait entrevoir les avantages de la science en exécutant devant lui, sur un mur, des dessins qui simplifiaient extraordinairement la pratique lente et monotone de son travail. Dès ce moment il avait résolu d'étudier le *trait*, c'est-à-dire le dessin linéaire applicable à l'architecture, à la charpenterie et à la menuiserie. Il avait donc demandé à son père la permission et les moyens de faire son tour de France. Mais il avait rencontré un grand obstacle dans le mépris que le père Huguenin professait pour la théorie. Il lui avait fallu presque une année de persévérance pour vaincre l'obstination du vieux praticien.

GEORGE SAND (1804-1876)
Femme engagée politiquement, ses romans traitent de la question sociale.

1. Foyers, maisons.
2. Groupes.

Écoutez le texte.
liennathan.fr/t3hb43

Anonyme, ***Tableau de réception de compagnon.***
Musée Gadagne, Lyon – fonds Justin Godard.

Questions

Itinéraire 1

◆ ORAL

1. En quoi le compagnonnage est-il une forme originale de diffusion du savoir ? Débattez de cette question.

Itinéraire 2

◆ LECTURE

2. Qu'est-ce qui attire Pierre dans le compagnonnage ?

....

....

3. En quoi devenir compagnon favorisera-t-il l'émancipation professionnelle de Pierre ? Surlignez les termes qui vous aideront à répondre.

....

....

....

4. D'après l'image, le compagnonnage est-il formateur ? Appuyez votre réponse sur des éléments précis du décor.

....

....

....

CHEICK ANTA DIOP (1923-1986)
Il a montré l'apport de l'Afrique à la civilisation mondiale et a décrit l'histoire africaine pré-coloniale. Certains de ses propos, notamment sur les Égyptiens, sont controversés.

6 Cheikh Anta Diop

Alerte sous les tropiques, 1960

Le Nègre[1] ignore que ses ancêtres, qui se sont adaptés aux conditions matérielles de la vallée du Nil, sont les plus anciens guides de l'humanité dans la voie de la civilisation ; que ce sont eux qui ont créé les Arts, la religion (en particulier le monothéisme[2]), la littérature, les premiers systèmes philosophiques, l'écriture, les sciences exactes (physique, mathématiques, mécanique, astronomie, calendrier...), la médecine, l'architecture, l'agriculture, etc. à une époque où le reste de la Terre (Asie, Europe : Grèce, Rome) était plongé dans la barbarie. Ignorant les faits historiques qu'on prend soin de lui cacher, ou de déformer avant de lui enseigner, il en est arrivé à épouser le point de vue que l'enseignement colonialiste a constamment cherché à lui inculquer pour s'assurer sa docilité[3] : à savoir qu'il n'a pas d'histoire ou de culture comparable à celle de l'Europe, qu'il est fait donc pour obéir et non pour organiser et assumer des responsabilités. Il en résulte un manque de confiance en soi et en ses propres possibilités...

1. Au sens ancien : homme noir.
2. Religion fondée sur la croyance en un Dieu unique.
3. Soumission.

Questions

Itinéraire 1

◆ LECTURE

1. Quel adjectif peut-on utiliser pour qualifier l'histoire et la culture des Africains ? Justifiez votre réponse en prenant appui sur le texte.

Itinéraire 2

◆ LECTURE

2. Quel intérêt y a-t-il à maintenir certaines populations dans l'ignorance ?

3. Connaître son histoire et sa culture facilite-t-il l'émancipation ? Justifiez votre réponse.

VERS LE BAC

Dans mon carnet personnel...

Dans cette séquence, vous avez lu et étudié différents extraits sur les liens entre savoir et émancipation. Dans votre carnet personnel, vous allez maintenant garder une trace de votre lecture en réfléchissant sur l'importance du droit au savoir dans l'émancipation des individus et des peuples et, par extension, son influence sur la condition humaine.

LECTURE

1 Selon vous, à l'issue de cette séquence, quelles conséquences peut avoir l'inaccessibilité au savoir ?

....

....

2 Quel texte vous semble le plus justifier la nécessité d'une diffusion du savoir ? Citez un passage.

....

....

3 Quel(s) passages aimeriez-vous retenir dans les extraits étudiés ? Pourquoi ?

....

....

....

RECHERCHE ET ÉCRITURE

4 La diffusion du savoir par la lecture joue-t-elle un rôle dans le destin des individus ? Argumentez en vous appuyant sur vos lectures. Vous pouvez vous documenter, par exemple, sur le destin d'Elena et de Lila, les deux héroïnes de *L'Amie prodigieuse* d'Elena Ferrante.

....

....

....

ORAL

5 Préparez un exposé sur une personnalité de votre choix. Vous vous demanderez si cette personne a bénéficié d'un droit au savoir ; si elle s'est émancipée grâce à l'école ou au contraire si elle a réussi sans avoir d'instruction.

MISE EN PERSPECTIVE

6 Regardez le film de Peter Weir, *Le Cercle des poètes disparus*. Quels liens pouvez-vous établir entre les textes de la séquence et le film ?

....

....

....

....

....

....

SYNTHÈSE

Répondez à la problématique de la séquence : **La diffusion du savoir permet-elle à l'individu de s'émanciper ?**

....

....

....

....

....

....

....

....

....

ÉCRIRE SUR…

Les sociétés du savoir

▶ Dans cet atelier d'écriture, vous allez imaginer une scène se déroulant dans une société organisée autour du savoir.

Rapport mondial de l'UNESCO, *Vers les sociétés du savoir*, 2005

Au cœur des sociétés du savoir, il y a la « capacité d'identifier, de produire, de traiter, de transformer, de diffuser et d'utiliser l'information en vue de créer et d'appliquer les connaissances nécessaires au développement humain. » [...] En d'autres termes, la société mondiale de l'information n'a de sens que si elle favorise l'essor de sociétés du savoir et se propose pour fin de « tendre au développement humain fondé sur les droits de l'homme ». Cet objectif est d'autant plus vital que la troisième révolution industrielle – celle des nouvelles technologies – et la phase nouvelle de mondialisation qui l'accompagne ont bouleversé de nombreux repères et accentué les fractures existantes entre riches et pauvres, entre pays industrialisés et pays en voie de développement. Pour l'UNESCO, c'est donc l'édification de sociétés du savoir qui « ouvre la voie à l'humanisation du processus de mondialisation ». [...] L'approche centrée sur le « développement humain » et l'« autonomisation », qui est au cœur de l'idée de sociétés du savoir, devrait permettre de mieux mettre en œuvre les droits universels et les libertés fondamentales, tout en améliorant l'efficacité de la lutte contre la pauvreté et des politiques de développement. Car l'essor de sociétés du savoir exige que soient tissés de nouveaux liens entre savoir et développement, le savoir étant à la fois un instrument de la satisfaction des besoins économiques et une composante à part entière du développement. Dès lors, la dynamique politique, économique et sociale qui sous-tend l'essor de sociétés du savoir met en lumière la relation indissoluble qui unit la lutte contre la pauvreté et la promotion des libertés civiles et politiques.

AVANT DE COMMENCER

- En quoi société du savoir et société de l'information sont-elles liées ?
- Le simple accès à l'information suffit-il à réduire les écarts entre riches et pauvres ?
- Comment l'accès au savoir est-il favorisé ?
- Le savoir sans liberté ni droits peut-il être source d'émancipation ?

À VOUS D'ÉCRIRE

- **Dans une société organisée autour du savoir, une jeune femme vit une situation particulière. Imaginez le récit de cette situation.**

ÉTAPE 1 Définir le contexte

a. Listez les éléments nécessaires à l'épanouissement d'une vraie « société du savoir ».
b. À quelle situation est confronté votre personnage ?

ÉTAPE 2 Définir les caractéristiques de la situation

- Quels éléments ont favorisé l'émancipation sociale et citoyenne de votre personnage ?
- De quel milieu est issu votre personnage ? Quelle est sa culture ? Quelle est l'histoire de son pays ? Qu'est-ce que celui-ci lui a apporté ?
- Dans cette société, sur quels sujets le savoir porte-t-il prioritairement ?
- Comment votre personnage accède-t-il au savoir ?
- Existe-t-il des limites à son accès au savoir ?

ÉTAPE 3 Rédiger la scène

- Vous rédigerez la scène à la troisième personne. Vous veillerez à bien décrire une jeune femme émancipée évoluant dans une société du savoir telle que celle-ci est définie dans le rapport de l'UNESCO.
- Relisez votre texte et corrigez l'expression écrite.

▶ CONSEIL

Vous pouvez écrire à la manière de George Orwell (▶ p. 131) en apportant les modifications nécessaires pour que l'ignorance soit remplacée par la connaissance, l'esclavage par la liberté.

Je découvre un texte

George Orwell, *1984*

Combien de fois, et suivant quel plan, la Police de la Pensée se branchait-elle sur une ligne individuelle quelconque, personne ne pouvait le savoir. On pouvait même imaginer qu'elle surveillait tout le monde, constamment. Mais de toute façon, elle pouvait mettre une prise sur votre ligne chaque fois qu'elle le désirait. On devait vivre, on vivait, car l'habitude devient instinct, en admettant que tout son émis était entendu et que, sauf dans l'obscurité, tout mouvement était perçu.

Winston restait le dos tourné au télécran. Bien qu'un dos, il le savait, pût être révélateur, c'était plus prudent. À un kilomètre, le ministère de la Vérité, où il travaillait, s'élevait vaste et blanc au-dessus du paysage sinistre. [...] De son poste d'observation, Winston pouvait encore déchiffrer sur la façade l'inscription artistique des trois slogans du Parti.

LA GUERRE C'EST LA PAIX
LA LIBERTÉ C'EST L'ESCLAVAGE
L'IGNORANCE C'EST LA FORCE

Traduit par Amélie Audiberti.

LES OUTILS POUR ÉCRIRE

La prise de position du personnage

- Vous pouvez exprimer des **certitudes** sur la pertinence de ce modèle de société à l'aide de **modalisateurs** : *sans aucun doute ; il est certain que ; il est sûr que ; il est évident que ; sûrement ; certainement…*
- Vous pouvez utiliser le lexique de l'**émancipation** : *libération ; affranchissement ; liberté ; indépendance…*
- Vous pouvez aussi vous appuyer sur des **types d'arguments** variés : par les faits, par les valeurs, d'autorité, par la comparaison, par la cause et la conséquence.

La société du savoir défendue

Cette société repose sur des bases solides.

- La **connaissance**. Vous pouvez utiliser le champ lexical correspondant : *savoir ; instruction ; connaissance ; école…*
- L'**information**. Vous pouvez employer le lexique de la société de l'information : *réseaux sociaux ; canaux de diffusion ; écran ; échanges ; tweets ; information continue…*
- Vous pouvez mobiliser des connaissances issues de l'objet d'étude de la classe de seconde : « Informer, s'informer : les circuits de l'information ».

Je rédige mon récit

▶ Dans une société organisée autour du savoir, une jeune femme vit une situation particulière. Imaginez le récit de cette situation.

....

....

....

....

....

....

....

....

DE L'ATELIER À L'ÉPREUVE

- Lors de l'épreuve écrite de l'examen, vous devez être capable de mobiliser des connaissances tirées de vos lectures. Dans le cadre de cette séquence, rédigez une fiche à mettre dans votre carnet personnel.

VERS L'ÉPREUVE

- Rédigez un texte argumentatif dans lequel vous exprimerez votre point de vue sur la diffusion du savoir et l'émancipation. Vous prendrez appui sur les œuvres étudiées dans cette séquence pour formuler votre avis.

Maylis de Kerangal, *Réparer les vivants*, 2014

ENTRETIEN DE MAYLIS DE KERANGAL AVEC *CULTUROPOINT* (2014)

Le cœur est un sujet que l'on déplie ; comme une fleur. J'avais déjà écrit un texte court sur la transplantation cardiaque et j'ai pu le reprendre, le déployer. Avec un tel sujet, le livre pend facilement beaucoup d'épaisseur. Et bien sûr je tournais également autour de cette question, ce mystère de la transplantation : je voulais m'intéresser à la façon dont ça marche, comprendre comment ce geste a été conçu. Je voulais saisir quelle représentation du corps a dû émerger un jour pour qu'on puisse penser à en réparer un avec un autre.

À PROPOS DE ...

L'auteur

Maylis de Kerangal (née en 1967) a été récompensée par de nombreux prix littéraires et ses romans ont été adaptés plusieurs fois au cinéma. Elle est l'auteure, entre autres, de *Corniche Kennedy* (2008) et de *Naissance d'un pont* (2010).

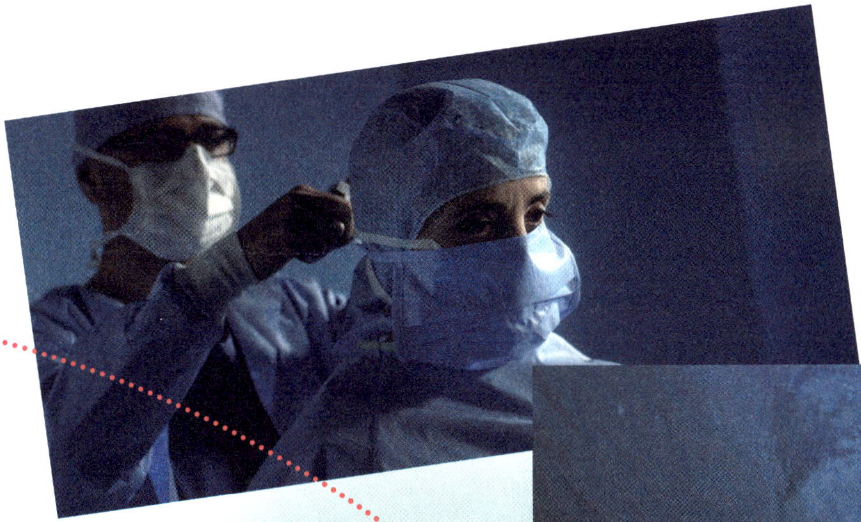

Adaptation au cinéma

Katell Quillévérie, *Réparer les vivants*, Mars Films, 2016.

Un extrait

Primo : Simon a eu un accident. Deuzio : il est dans le coma – gorgée de gin. Dresseurs de loulous, dynamiteurs d'acqueducs. Tertio : la situation est irréversible – elle déglutit en pensant à ce mot qu'il lui faudra articuler, irréversible, quatre syllabes qui vitrifient l'état des choses et qu'elle ne prononce jamais, plaidant le mouvement continu de la vie, le retournement possible de toute situation, rien a-t-elle coutume de clamer à tout bout de champ - elle prend alors un ton léger, balance sa phrase comme on secoue avec douceur celui qui se décourage, rien n'est irréversible, hormis la mort, le handicap, et peut-être alors qu'elle virevolte, tourne sur elle - même, peut-être qu'elle se met à danser.

Pour entrer dans l'œuvre…

Dans cette séquence…
Vous vous interrogerez sur la problématique suivante : **En quoi ce roman pose-t-il des questions éthiques ?**

1
D'après la couverture du roman, quelle histoire imaginez-vous ?

2
Le titre comporte le verbe « réparer ».
a. D'après vous, de quel type de réparations s'agit-il ?
b. Quel lien pouvez-vous établir entre le jeune surfeur de la couverture et l'idée de réparation ?
c. D'après vous, que s'apprête à faire le médecin ?

3
À la lecture des textes, ce que vous imaginiez de l'histoire se confirme-t-il ?

PARCOURS DE LECTURE

Maylis de Kerangal, *Réparer les vivants*, 2014

1

EXTRAIT

Au cœur de tout

Il s'agit ici de la première page du roman.

Ce qu'est le cœur de Simon Limbres, ce cœur humain, depuis que sa cadence s'est accélérée à l'instant de la naissance quand d'autres cœurs au-dehors accéléraient de même, saluant l'événement, ce qu'est ce cœur, ce qui l'a fait bondir, vomir, grossir, valser léger comme une plume ou peser comme une pierre, ce qui l'a étourdi, ce qui l'a fait fondre – l'amour ; ce qu'est le cœur de Simon Limbres, ce qu'il a filtré, enregistré, archivé, boîte noire d'un corps de vingt ans, personne ne le sait au juste, seule une image en mouvement créée par ultrason pourrait en renvoyer l'écho, en faire voir la joie qui dilate et la tristesse qui resserre, seul le tracé papier d'un électrocardiogramme déroulé depuis le commencement pourrait en signer la forme, en décrire la dépense et l'effort, l'émotion qui précipite, l'énergie prodiguée pour se comprimer cent mille fois par jour et faire circuler chaque minute jusqu'à cinq litres de sang, oui, seule cette ligne-là pourrait en donner un récit, en profiler la vie, vie de flux et de reflux, vie de vannes et de clapets, vie de pulsations, quand le cœur de Simon Limbres, ce cœur humain, lui, échappe aux machines, nul ne saurait prétendre le connaître, et cette nuit-là, nuit sans étoiles, alors qu'il gelait à pierre fendre sur l'estuaire et le pays de Caux[1], alors qu'une houle[2] sans reflets roulait le long des falaises, alors que le plateau continental reculait, dévoilant ses rayures géologiques, il faisait entendre le rythme régulier d'un organe qui se repose, d'un muscle qui lentement se recharge – un pouls probablement inférieur à cinquante battements par minute – quand l'alarme d'un portable s'est déclenchée au pied d'un lit étroit, l'écho d'un sonar inscrivant en bâtonnets luminescents sur l'écran tactile les chiffres 05 : 50, et quand soudain tout s'est emballé.

1. Région naturelle de Normandie.
2. Agitation de la mer.

Questions

Itinéraire 1

◆ ORAL

1 Lisez le texte à haute voix : surlignez les mots ou les expressions sur lesquelles vous allez insister. Justifiez votre réponse.

....

....

....

◆ VOCABULAIRE

2 Recherchez dans un dictionnaire les sens du mot « limbes ». Quels liens pouvez-vous établir avec le choix du nom de famille « Limbres » ?

....

....

....

....

Itinéraire 2

◆ LECTURE

3 Que symbolise le cœur dans cet extrait ? Justifiez votre réponse en soulignant les passages du texte.

4 Expliquez l'expression « quand soudain tout s'est emballé » (l. 23-24). Appuyez-vous sur le texte pour émettre des hypothèses.

....

....

....

◆ ÉCRITURE

5 Expliquez l'originalité de la présentation du personnage dans cet extrait.

....

....

....

2

EXTRAIT

La question de Thomas

Thomas verse de l'eau dans les verres, se relève pour fermer la fenêtre, traverse la pièce, et ce faisant observe ce couple, ne les lâche pas des yeux, cet homme et cette femme, les parents de Simon Limbres, et sûrement qu'en cet instant il s'échauffe mentalement, sachant qu'il s'apprête à les malmener, à inciser dans leur peine une interrogation qu'ils ignorent encore, à leur demander de réfléchir et de formuler des réponses, quand ils sont zombies cognés de douleur, satellisés, et sans doute qu'il se prépare à leur parler comme il se prépare à chanter, décontracte ses muscles, discipline sa respiration, conscient que la ponctuation est l'anatomie du langage, la structure du sens, si bien qu'il visualise la phrase d'amorce, sa ligne sonore, et apprécie la première syllabe qu'il prononcera, celle qui va fendre le silence, précise, rapide comme une coupure, l'estafilade[1] plutôt que la craquelure sur la coquille de l'œuf, plutôt que la lézarde grimpée sur le mur quand la terre tremble. Il commence lentement, rappelant avec méthode le contexte de la situation : je crois que vous avez compris que le cerveau de Simon était en voie de destruction ; néanmoins ses organes continuent de fonctionner ; c'est une situation exceptionnelle. Sean et Marianne clignent des yeux, manière d'acquiescement. Thomas, encouragé, poursuit : j'ai conscience de la douleur qui est la vôtre, mais je dois aborder avec vous un sujet délicat – son visage est nimbé d'une lumière transparente et sa voix monte imperceptiblement d'un cran, absolument limpide quand il déclare :

– Nous sommes dans un contexte où il serait possible d'envisager que Simon fasse don de ses organes.

Bam. D'emblée, Thomas a posé sa voix sur la bonne fréquence et la pièce semble résonner comme un micro géant, un toucher de haute précision – roues du Rafale[2] sur le pont d'envol du porte-avions, pinceau du calligraphe[3] japonais, amortie du tennisman.

1. Entaille. 2. Avion. 3. Artiste.

Questions

Itinéraire 1

◆ ORAL

1 Dans la situation de Thomas, quel sentiment éprouveriez-vous ?

◆ ÉCRITURE

2 En vous appuyant sur les lignes 13 à 23, imaginez les échanges entre Thomas et les parents de Simon. Précisez ci-dessous les pensées intimes des personnages puis écrivez votre dialogue au brouillon.

Itinéraire 2

◆ LECTURE

3 Comment Thomas se prépare-t-il avant de rencontrer les parents de Simon ?

◆ LANGUE

4 Analysez la construction de la première phrase du texte (l. 1-13) et notez dans la marge ce que cela vous apprend sur l'état d'esprit de Thomas.

5 « Je crois que vous avez compris que le cerveau de Simon était en voie de destruction » (l. 14-15) : pourquoi Thomas construit-il sa phrase de cette manière ?

Maylis de Kerangal, *Réparer les vivants*, 2014

3

EXTRAIT

Un don

– Il est donneur.

C'est Sean qui fait cette déclaration et Thomas Rémige se lève brusquement de sa chaise, chancelant, rouge, le thorax en expansion sous l'effet d'un influx[1] de chaleur, comme si son sang prenait de la vitesse, il s'avance vers eux, pile. Merci. Marianne et Sean baissent les yeux, sont plantés comme des piquets sur le seuil du bureau, interdits, leurs chaussures salissent le sol, y déposent de la gadoue et des herbes noires, eux-mêmes dépassés par ce qu'ils viennent de faire, par ce qu'ils viennent d'annoncer – donneur, donneur, donner, abandonner, les mots s'entrechoquent au creux de leurs tympans, ils vrillent en série. Le téléphone sonne, c'est Révol. Thomas lui annonce rapidement que c'est bon, trois mots rapides dans un langage crypté que Sean et Marianne ne captent pas, les acronymes[2] et la vitesse d'élocution destinés à brouiller la compréhension, et bientôt ils quittent le bureau de la coordination pour regagner la salle où ils se sont entretenus. Révol est là qui les attend, ils sont quatre à présent et le dialogue se réinstaure aussitôt car Marianne, d'emblée, souffle : maintenant, il se passe quoi maintenant ?

Il est dix-sept heures trente. La fenêtre de la pièce est ouverte comme s'il avait fallu la recharger en atmosphère vierge, le dialogue précédant l'ayant épuisée, gâtée — souffles, larmes, sueurs. Au-dehors, une bande de pelouse à l'aplomb du mur, une chaussée de bitume, et entre les deux, une haie à hauteur d'hommes. Thomas Rémige et Pierre Révol prennent place sur les chaises vermillon tandis que Marianne et Sean retournent sur le canapé vert pomme, leur angoisse est palpable — toujours cet écarquillement des yeux qui plisse le front et augmente le blanc autour de la pupille, toujours ces lèvres entrouvertes, prêtes à crier, et l'attention de tout le corps durcie dans l'attente, dans la crainte. Ils n'ont pas froid, pas encore.

Nous allons procéder à une évaluation intégrale des organes, et transmettre ces éléments au médecin de l'Agence de la biomédecine qui, en fonction de ces informations, peut proposer un ou plusieurs prélèvements, après quoi nous organiserons l'intervention elle-même au bloc opératoire. Le corps de votre enfant vous sera présenté demain matin. Révol a parlé, accompagnant chaque ressaut[3] de phrase d'un geste de la main, décalquant dans l'atmosphère les étapes de la prochaine séquence. Il y a beaucoup d'informations dans cette phrase pourtant trouée en son milieu, une zone opaque qui catalyse[4] leur peur : l'intervention elle-même. Sean prend soudain la parole : qu'est-ce qu'on va lui faire concrètement ? Il a dit « concrètement » - n'a pas émis ce balbutiement étranglé mais a tendu sa question, courageux en cet instant, soldat qui monte au feu, poitrail offert à la mitraille quand Marianne serre les dents sur le manche de son manteau.

Affiche pour une campagne sur le don d'organes en 2019.

1. Propagation.
2. Sigles qui se prononcent comme des mots ordinaires.
3. Élément.
4. Qui provoque.

Questions

Itinéraire 1

◆ ORAL

1. Par groupes de quatre, jouez la scène.
Quels choix d'interprétation allez-vous faire ?

....

....

> **▶ CONSEIL**
> Vous pouvez surligner d'une couleur les passages qui relèvent du dialogue et d'une autre couleur ceux qui fournissent des indications sur la manière de jouer la scène.

◆ ÉCRITURE

2. Rédigez au brouillon le dialogue en ajoutant les passages qui reflètent les pensées des personnages.

◆ LANGUE

3. Analysez les termes « donneur, donneur, donner, abandonner » (l. 8-9).
Que pouvez-vous en déduire ?

....

....

....

◆ VOCABULAIRE

4. Entourez l'adjectif que vous pourriez associer à cet extrait :
soulagé(s) • *désespéré(s)* • *inquiet(s)* • *perdu(s)* • *enthousiaste(s)* • *heureux* • *terrifié(s)* • *réactif(s).*

Itinéraire 2

◆ LECTURE

5. Quelles sont les étapes de l'intervention à venir ? Donnez-leur un titre.

....

....

....

6. Comment Thomas Rémige évoque-t-il l'opération qui va avoir lieu ? Pourquoi ?

....

....

....

7. Comment la difficulté du choix des parents est-elle mise en évidence ?

....

....

....

◆ ORAL

8. L'affiche reflète-t-elle une réalité d'aujourd'hui ? Appuyez-vous sur le texte pour répondre.

Maylis de Kerangal, *Réparer les vivants*, 2014

4 EXTRAIT Le prélèvement

Des lames rapides et rigoureuses font le tour des organes afin de les libérer de leurs attaches, de leurs ligaments, de leurs différentes enveloppes – mais rien n'est sectionné encore. Les urologues[1], placés de chaque côté de la table, dialoguent durant cette séquence, le chirurgien trouvant dans cette intervention l'occasion de former l'interne, il est penché sur les reins, il décompose ses gestes et décrit sa technique tandis que l'élève acquiesce, parfois questionne.

Une heure plus tard, les Alsaciennes font leur entrée, duo de femmes de même taille et de même corpulence ; la chirurgienne, une des étoiles montantes dans le milieu relativement sélect de la chirurgie hépatique[2], s'abstient de toute parole, maintient un regard impassible derrière de petites lunettes cerclées de fer et travaille son foie avec une détermination qui tient de la bagarre, engagée toute entière dans une action qui semble trouver sa plénitude dans son exercice même, dans sa pratique, et l'équipière qui l'accompagne ne quitte pas des yeux ses mains d'une adresse inouïe.

Trente-cinq minutes s'écoulent encore et les thoraciques pénètrent le bloc. C'est à Virgilio de jouer, c'est à lui, c'est son heure. Il prévient les Alsaciennes qu'il s'apprête à inciser, puis dans la foulée réalise la section longitudinale[3] du sternum. À l'inverse des autres il ne se penche pas mais demeure le dos droit, nuque inclinée et bras tendus au-devant – manière de maintenir une distance avec le corps. Le thorax est ouvert et Virgilio, alors, découvre le cœur, son cœur, considère son volume, détaille les ventricules[4], les oreillettes[5], observe son beau mouvement contractile et Alice l'observe apprécier l'organe. Le cœur est magnifique.

1. Spécialiste des reins.
2. Qui concerne le foie.
3. En longueur.
4. Compartiment intérieur du cœur.
5. Cavités supérieures du cœur.

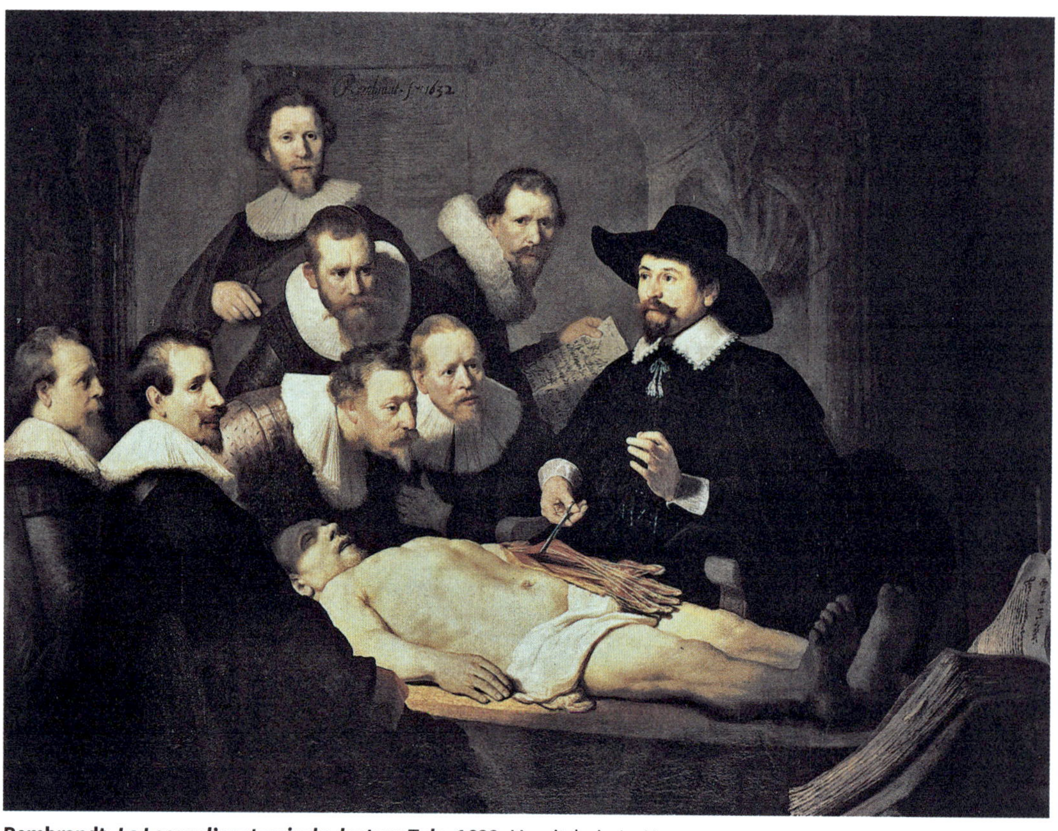

Rembrandt, *La Leçon d'anatomie du docteur Tulp*, 1632. Mauritshuis, La Haye.

Questions

Itinéraire 1

◆ ORAL

1 Quel passage du texte vous dérange le plus ? Pourquoi ?

◆ ÉCRITURE

2 Réécrivez le dernier paragraphe (l. 15 à 23) du point de vue de Virgilio.

◆ LECTURE VERS LE BAC

3 Présentez le corpus (texte et image) en insistant sur son unité et ses différences.

Itinéraire 2

◆ LANGUE

4 Pourquoi, selon vous, peut-on parler ici d'une description réaliste ? Surlignez le lexique justifiant votre réponse.

◆ LECTURE

5 Pourquoi, selon vous, Virgilio maintient-il « une distance avec le corps » (l. 19-20) ? Justifiez.

6 Comment pouvez-vous qualifier la manière dont le corps de Simon est traité ? Justifiez votre réponse en vous appuyant sur le texte.

7 Dans la peinture de Rembrandt, que fait le docteur Tulp ?

8 Comment la curiosité de certains personnages du tableau est-elle mise en scène ?

Maylis de Kerangal, *Réparer les vivants*, 2014

5

EXTRAIT

Après le don

C'est un corps outragé. Châssis, carcasse, peau. Celle du garçon prend lentement la couleur de l'ivoire, elle semble se durcir, nimbée de cette lueur crue qui tombe du scialytique[1], elle semble devenir une carapace sèche, un plastron[2], une armure, et les cicatrices en travers de l'abdomen rappelle un coup mortel – la lance au flanc du Christ, le coup d'épée du guerrier, la lame du chevalier. Alors est-ce ce geste de coudre qui a reconduit le chant de l'aède[3], celui du rhapsode[4] de la Grèce ancienne, est-ce la figure de Simon, sa beauté de jeune homme issu de la vague marine, ses cheveux pleins de sel encore et bouclés comme ceux des compagnons d'Ulysse qui le troublent, est-ce sa cicatrice en croix, mais Thomas commence à chanter. Un chant ténu, à peine audible par celui ou celle qui se trouverait avec lui dans la pièce, mais un chant qui se synchronise aux actes qui composent la toilette mortuaire, un chant qui accompagne et décrit, un chant qui dépose.

Le matériel nécessaire à la toilette du corps avant le départ pour la chambre mortuaire est disposé sur un chariot à roulettes. Thomas a revêtu un tablier jetable par-dessus sa blouse, enfilé des gants à usage unique, rassemblé des serviettes – elles aussi à usage unique, une fois une seule, pour Simon Limbres – et des compresses de cellulose[5] douce, un sac-poubelle jaune. Il commence par fermer les yeux du garçon en usant d'un tampon oculaire sec, après quoi, pour lui clore la bouche, il roule deux morceaux de tissu, en place un sous l'occiput[6] de manière à fléchir les cervicales, tandis que l'autre soutient le menton en s'appuyant à la verticale sur le thorax. Ensuite, il ôte du corps tout ce qui l'envahit, ces fils et ces tubes, les perfusions et la sonde urinaire, il le débarrasse de tout ce qui le traverse, l'enlace, en obstrue la vision, il le dégage et alors le corps de Simon Limbres apparaît dans la lumière, plus nu que nu soudain : corps humain catapulté hors de l'humanité, matière inquiétante dérivant dans la nuit magmatique, dans l'espace informe du non-sens, mais entité à laquelle le chant de Thomas confère une présence, une inscription nouvelle.

1. Système d'éclairage dans les blocs opératoires.
2. Pièce d'armure protégeant la poitrine.
3. Poète de l'Antiquité grecque.
4. Chanteur dans la Grèce antique.
5. Matière organique.
6. Arrière du crâne.

Questions

Itinéraire 1

◆ ORAL

1 Quel adjectif utiliseriez-vous pour qualifier l'attitude de Thomas ?

◆ ÉCRITURE

2 Imaginez au brouillon le texte rédigé par Thomas dans son journal intime après cet épisode.

Itinéraire 2

◆ ORAL

3 Quels choix de représentation du corps de Simon l'auteur fait-elle ? Pourquoi ?

◆ LECTURE

4 Surlignez les éléments du texte qui montrent que le corps de Simon a été « catapulté hors de l'humanité » (l. 25).

5 Pourquoi Simon est-il comparé à des personnages célèbres ?

6 Surlignez les passages du texte montrant que la scène est une forme d'éloge funèbre. Notez vos commentaires dans la marge.

Dans mon carnet personnel...

VERS LE BAC

Dans cette séquence, vous avez lu et étudié différents extraits de *Réparer les vivants* de Maylis de Kerangal et vous avez pu vous interroger sur les questions éthiques à propos du don d'organes qui se posent aux familles et aux médecins.
Dans votre carnet personnel, vous allez maintenant garder une trace de votre lecture pour mieux cerner les enjeux liés au don d'organes.

LECTURE

1. Comment évolue l'image que l'on a de Simon entre le début et la fin du roman ?

....

2. En quoi le destin de Simon illustre-t-il les problématiques liées au don et au prélèvement d'organes ?

....

3. Recopiez le passage qui, selon vous, illustre le mieux ces problématiques.

....

....

....

....

4. À l'issue de cette lecture, comment comprenez-vous le titre : *Réparer les vivants* ?

....

....

ÉCRITURE — VERS LE BAC

5. En quoi le don d'organes pose-t-il des questions éthiques ? Répondez dans un paragraphe argumenté.

ORAL

6. **a.** Projetez-vous dans le métier d'aide-soignant et parlez des difficultés de ce métier à l'un de vos camarades. Une fois votre présentation terminée, votre camarade reformulera vos propos.
b. Votre camarade a-t-il clairement restituer vos propos ?
c. Demandez-vous, si besoin, comment améliorer votre présentation.

MISE EN PERSPECTIVE

7. De quels autres textes ou films pourriez-vous rapprocher le roman *Réparer les vivants* ?

....

....

....

....

....

....

....

SYNTHÈSE

Répondez à la problématique de séquence :
En quoi le roman de Maylis de Kerangal pose-t-il des questions éthiques ?

....

....

....

....

....

....

....

DÉBATTRE SUR...

Le don d'organes

▶ Suite à la lecture de ce roman, vous organisez un débat sur le don d'organes.

Kazuo Ishiguro, *Auprès de moi toujours*, 2005

À Hailsham, des adultes prennent soin de jeunes enfants orphelins et de leur santé. Un jour, l'une des gardiennes, Miss Lucy, se décide à leur expliquer qui ils sont alors que les enfants s'interrogent sur leurs origines et ce qu'ils vont devenir.

Aucun de vous n'ira en Amérique, aucun de vous ne sera star de cinéma. Et aucun de vous ne travaillera dans des supermarchés, comme j'ai entendu certains d'entre vous l'envisager l'autre jour. Vos vies sont toutes tracées. Vous allez devenir des adultes, et avant de devenir vieux, avant même d'atteindre un âge moyen, vous allez commencer à donner vos organes vitaux. C'est pour cela que chacun de vous a été créé. Vous n'êtes pas comme les acteurs que vous regardez sur vos vidéos, vous n'êtes pas même comme moi. Vous avez été introduits dans ce monde dans un but précis, et votre avenir à tous, sans exception, a été déterminé à l'avance.

À VOUS DE DÉBATTRE SUR

ÉTAPE 1

- **Un premier groupe d'élèves**, représentant le corps médical, proposera des arguments pour défendre le don d'organes. Pour chaque argument, proposez un exemple.

Arguments en faveur du don d'organes	Exemples

ÉTAPE 2

- **Un second groupe d'élèves**, représentant les familles, proposera des arguments en défaveur du don d'organes. **Le premier groupe d'élèves** réfléchira alors à proposer des contre-arguments.

Arguments en défaveur du don d'organes	Exemples

Contre-arguments	Exemples

ÉTAPE 3

Préparer l'intervention

- Développez vos arguments.
- Documentez-vous de manière détaillée sur les exemples que vous avez choisis.

ÉTAPE 4

Organiser le débat

- Désignez un élève pour distribuer la parole et un **rapporteur** : il prendra des notes pendant les échanges et produira une synthèse pour la classe.
- Écoutez-vous et échangez avec respect.

▶ CONSEIL

Vous utiliserez différents types d'arguments pour convaincre votre auditoire.
Vous pouvez trouver des exemples en puisant dans l'actualité, vos lectures personnelles ou les films que vous avez vus.

Je découvre un texte

Richard Martineau, *La Vie après la mort*, 2014

Le don d'organes est le plus beau cadeau qu'un être humain peut faire. Malheureusement, à peine un Québécois sur deux signe sa carte pour autoriser le prélèvement d'organes en cas de décès.

Certains oublient. D'autres refusent pour des motifs religieux [...]. Et d'autres sont mal à l'aise avec l'idée que leur cadavre sera charcuté et dépecé. Comme si les morts pouvaient ressentir de la souffrance lorsqu'on prélevait leur foie ou leurs poumons !

Pourquoi le gouvernement ne dépose-t-il un projet de loi rendant le prélèvement d'organe automatique ?

Que tu aies signé ta carte ou pas, on prend ce qu'on a à prendre.

Oui, je sais, ça peut paraître brutal. Après tout, les dernières volontés, c'est sacré. Dire à nos proches comment disposer de notre corps après notre décès est un droit fondamental. Mais, en même temps, les vivants sont plus importants que les morts. Si on peut sauver une jeune fille en attente d'une greffe depuis deux ans, pourquoi ne le ferait-on pas ?

Un seul donneur peut sauver jusqu'à huit vies avec ses organes. N'est-ce pas une façon extraordinaire de battre la mort ? Une façon exaltante de faire un pied de nez à la Grande Faucheuse ? De lui signifier que la Vie est plus forte que tout ?

LES OUTILS POUR ÉCRIRE

Structurer le discours

• Afin de mettre votre raisonnement en valeur, veillez à le structurer au moyen de connecteurs logiques. Vous pouvez marquer :
- une **chronologie** : *tout d'abord ; ensuite ; enfin...*
- une **opposition** ou une **restriction** : *mais ; cependant ; en revanche ; au contraire ; toutefois...*
- une **accumulation** : *de plus ; mais aussi ; mais encore...*

- Vous pouvez utiliser des formules : *d'une part... d'autre part ; premièrement.... deuxièmement...*
- N'oubliez pas de conclure : *en conclusion ; pour conclure.*

Argumenter et contre-argumenter

• **Vous pouvez contre-argumenter** en donnant votre point de vue : *même si... ; il me semble évident que... ; vous affirmez que... ; mais je ne suis pas d'accord car... ; bien que certains pensent que... ; je pense que...*

Nuancer son propos

• **Vous pouvez nuancer vos propos** pour exprimer votre **doute** ou votre **certitude** : *il est possible que ; sans doute ; peut-être ; sûrement ; certainement ; sans aucun doute ; probablement...*

Mobiliser des exemples

• **Vous pouvez mobiliser des exemples** en citant des œuvres littéraires, artistiques, cinématographiques pour appuyer vos arguments : *ainsi, dans le film... ; il est mis en évidence que... ; Cette œuvre nous amène à réfléchir sur le don d'organes car...*

Je note mes arguments

DE L'ATELIER À L'ÉPREUVE

• À l'épreuve écrite du Bac, vous devez rédiger un texte argumentatif d'une quarantaine de lignes s'appuyant sur le corpus et faisant appel à vos connaissances et votre culture personnelle.

VERS L'ÉPREUVE

• À partir des éléments de votre débat, rédigez un texte argumentatif répondant à la question : Faut-il tout accepter dans le cadre du don d'organes ? Vous pèserez le pour et le contre et donnerez votre avis.

JE FAIS LE POINT

Vivre aujourd'hui : l'humanité, le monde, les sciences et les techniques

Sur mes connaissances

Dans cet objet d'étude, vous avez étudié des textes et des documents qui vous ont permis de mieux appréhender le monde contemporain et les réflexions qu'il suscite.

Quelles interrogations posent aujourd'hui notre rapport à la nature ?

....

....

....

....

....

Quelles questions soulèvent les avancées techniques et scientifiques aujourd'hui ?

....

....

....

....

....

En quoi le savoir est-il un vecteur indispensable à l'émancipation des individus ?

....

....

....

....

....

Comment la littérature et les arts nous aident-ils à réfléchir face aux bouleversements du monde actuel ?

....

....

....

....

Sur mes compétences

CAPACITÉ ◆ PARLER

Parmi les objectifs que vous vous êtes fixés, quels sont…
Ceux que vous avez atteints.

....

....

....

....

Ceux sur lesquels vous avez le plus progressé.

....

....

....

....

CAPACITÉ ◆ LIRE

Parmi les objectifs que vous vous êtes fixés, quels sont…
Ceux que vous avez atteints.

....

....

....

....

Ceux sur lesquels vous avez le plus progressé.

....

....

....

....

CAPACITÉ ◆ ÉCRIRE

Parmi les objectifs que vous vous êtes fixés, quels sont…
Ceux que vous avez atteints.

....

....

....

....

Ceux sur lesquels vous avez le plus progressé.

....

....

....

....

MÉTHODE BAC

Comment lire et améliorer un texte argumentatif ?

**Voici la copie d'une élève répondant à la question :
« La robotique est-elle une chance pour l'Humanité ? »**

La robotique n'a que des avantages.

Tout d'abord, les robots sont sans danger. Ne vivons-nous pas déjà entourés de machines intelligentes : des aspirateurs, des voitures ? Dans le journal, une conductrice affirme : « L'ordinateur de bord ralentit si les distances de sécurité ne sont pas respectées et m'apporte une aide pour les créneaux. Je suis en sécurité ».

Ensuite, les machines faciliteront la vie des personnes âgées car elles feront les courses ou le ménage. Ces idées sont développées dans la série *Reals Humans* : un vieillard est conduit en ville par un robot qui va lui acheter de la marmelade.

Enfin, les robots pourront nous remplacer pour des tâches délicates comme explorer des territoires hostiles à l'homme (cratère de volcan en éruption, territoire en guerre). C'est ce qu'explique Bruno Bonnell, président du syndicat des entreprises robotiques : *Curiosity* travaille sur Mars car elle est hostile par son manque d'oxygène et ses températures basses.

DÉMARCHE

Lire un texte argumentatif

1 La situation d'énonciation
- Qui est l'émetteur ?
- Qui est le destinataire ?
- Dans quel contexte le texte a-t-il été écrit ?
- Quel est le sujet du texte ?

2 La thèse
- Quelle est la thèse de l'auteur ?
- Est-elle implicite ? Explicite ?

3 Le discours argumentatif
- Quel est le plan du texte ? Dialectique ? Thématique ? Analytique ?
- Quels sont les arguments utilisés ? D'autorité ; par les faits ; par la cause ; par la conséquence.
- Quels sont les procédés rhétoriques employés ?

▶ VOCABULAIRE

Dialectique : plan construit dans l'ordre suivant : thèse, antithèse, synthèse.

Analytique : plan construit dans l'ordre suivant : aspects, causes, conséquences, solutions.

Analyser et améliorer un texte argumentatif

1. Lisez le texte proposé par l'élève puis complétez le tableau.

	Présentez en quelques mots…	Quels éléments du texte justifient votre présentation ?
La situation d'argumentation		
La thèse		
Le discours argumentatif		

2. Observez la carte mentale : quels aspects du discours argumentatif peuvent ici être retravaillés pour avoir une argumentation de meilleure qualité ?

3. Réécrivez au brouillon ce texte en l'améliorant. Justifiez vos choix.

ENTRAÎNEMENT BAC

Corpus

▶ DOCUMENT 1

Isaac Asimov, « Raison », *Les Robots*, 1950

Gregory Powell et Mike Donovan ont créé des robots pour suppléer les hommes sur Mars.

– J'ai consacré ces deux jours à une introspection concentrée, dit Cutie, dont les résultats se sont révélés fort intéressants. J'ai commencé par la seule déduction que je me croyais autorisé à formuler : Je pense, donc je suis !

– Oh, Dieu tout-puissant ! gémit Powell. Un Descartes[1]-robot !

– Qui est Descartes ? s'inquiéta Donovan. Faut-il donc que nous restions là à écouter les balivernes de ce maniaque en fer-blanc...

– Du calme, Mike !

Cutie poursuivit imperturbablement :

– Et la question qui se présenta immédiatement à mon esprit fut la suivante : quelle est la cause exacte de mon existence ?

La mâchoire de Powell s'affaissa.

– Je te l'ai déjà dit, c'est nous qui t'avons fait.

– Et si tu ne veux pas nous croire, c'est avec le plus grand plaisir que nous te réduirons en pièces détachées !

Le robot étendit ses fortes mains en un geste de protestation.

– Je n'accepte aucun – diktat[2] – autoritaire. Une hypothèse doit être étayée par la raison, sinon elle est sans valeur... et c'est aller à l'encontre de toute logique que de supposer que vous m'ayez fait.

Powell posa la main sur le poing soudain noué de Donovan.

– Pourquoi ?

Cutie se mit à rire. C'était un rire étrangement humain, l'émission sonore la plus mécanique qu'il eût fait entendre jusqu'à présent, une succession de sons brefs et explosifs qui s'égrenaient avec une régularité de métronome[3] et la même absence de nuances.

– Regardez-vous, dit-il enfin. Je ne parle pas avec un esprit de dénigrement[4], mais regardez-vous. Les matériaux dont vous êtes faits sont mous et flasques, manquent de force et d'endurance, et dépendent pour leur énergie de l'oxydation inefficace de tissus organiques... comme ceci.

Il pointa un doigt désapprobateur sur ce qui restait du sandwich de Donovan.

– Vous tombez périodiquement dans le coma, et la moindre variation de température, de pression d'air, d'humidité ou d'intensité de radiations diminue votre efficacité. En un mot, vos n'êtes qu'un pis-aller. Moi, au contraire, je constitue un produit parfaitement fini. J'absorbe directement l'énergie électrique et je l'utilise avec un rendement voisin de cent pour cent. Je suis composé de métal résistant, je jouis d'une conscience sans éclipses, et je puis facilement supporter des conditions climatiques extrêmes. Tels sont les faits qui, avec le postulat évident qu'aucun être ne peut créer un autre être supérieur à lui-même, réduisent à néant votre stupide hypothèse.

1. Philosophe français qui, au XVIIe siècle, proposa un raisonnement à partir du principe : « Je pense donc je suis ».
2. Ce qui est dicté, imposé par le plus fort.
3. En musique, machine donnant un rythme régulier.
4. Critique

▶ DOCUMENT 2

Reals Humans, série télévisée suédoise de Lars Lundström, 2012-2014

▶ DOCUMENT 3

Libération, « La troisième révolution après la poudre et l'arme nucleaire », 2015

Les armes autonomes sélectionnent des cibles et leur tirent dessus sans intervention humaine. Ces armes incluent, par exemple, des quadrocopters (des drones à quatre hélices, *ndlr*) cherchant et éliminant des personnes correspondant à certains critères prédéfinis, mais elles ne comprennent pas les missiles de croisière ou les drones pilotés à distance, pour lesquels le choix des cibles revient à un humain. L'intelligence artificielle (IA) a atteint un stade où le déploiement de ces systèmes est réalisable – en pratique, sinon juridiquement – dans les années à venir, et non les décennies. [...] De nombreux arguments sont avancés pour défendre ou condamner ces armes. Le remplacement des soldats par des machines permettrait de réduire les pertes humaines pour celui qui les possède. À l'inverse, il lui permettrait de partir plus facilement en guerre. La question clé aujourd'hui pour l'humanité est de savoir s'il faut engager une course aux armes dotées d'intelligence artificielle où s'il faut arrêter dès le départ. [...] Contrairement aux armes nucléaires, elles ne requièrent pas de matières premières coûteuses ou difficiles à obtenir. Elles deviendront ainsi omniprésentes et n'importe quelle puissance militaire pourra les produire massivement à peu de frais.

▶ QUESTIONS

▸ Compétences de lecture

◆ QUESTIONS DE COMPRÉHENSION

1 Peut-on facilement faire la différence entre Cutie et un être humain ? Justifiez votre réponse.

2 L'intelligence artificielle est-elle une avancée positive dans le domaine militaire ? Justifiez.

◆ QUESTION D'INTERPRÉTATION

3 L'homme est-il toujours supérieur à la machine ? Vous analyserez le raisonnement de Cutie ainsi que les réactions des deux humains.

◆ QUESTION D'ENSEMBLE

4 Proposez un titre pour le corpus de documents. Justifiez votre réponse de manière argumentée.

▸ Compétences d'écriture

5 Le développement de l'intelligence artificielle représente-t-il un danger pour l'Humanité ? Au brouillon, rédigez une réponse argumentée d'une quarantaine de lignes, s'appuyant sur les éléments du corpus, les connaissances acquises en classe et votre culture personnelle.

CO-INTERVENTION

Le langage des soins

En stage, vous serez amené à argumenter, rassurer, expliquer et conseiller.
Pour vous y préparer, vous allez vous exercer à échanger tour à tour avec des professionnels et des patients.

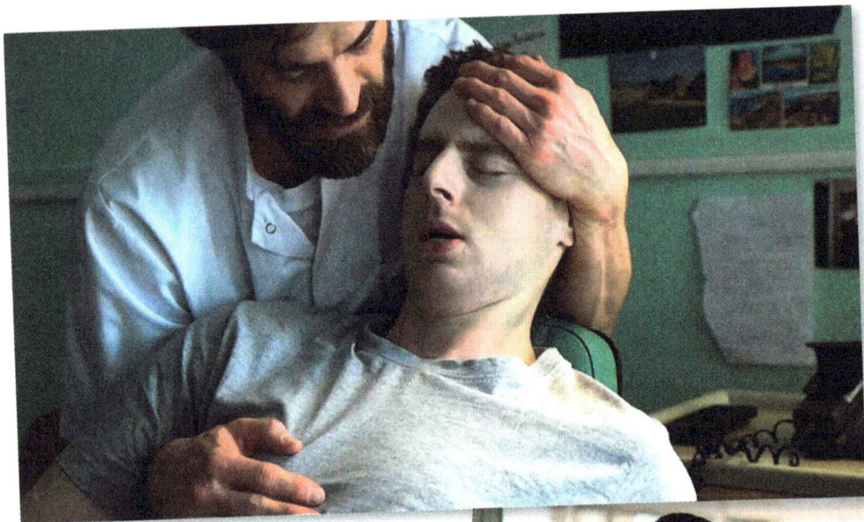

Grand Corps Malade et Mehdi Idir, *Patients*, 2017.

• Ben est devenu en partie tétraplégique suite à un accident de sport. Arrivé dans un centre de rééducation, il doit lutter pour regagner en mobilité. *Patients* est un film de Grand Corps Malade et de Mehdi Idir avec, dans le rôle de Ben, Pablo Pauly. Il s'agit de l'adaptation cinématographique d'un roman autobiographique de Grand Corps Malade, paru en 2012.

ANALYSER LE FILM

1. Quels sont les différents objectifs des soignants dans leurs prises de parole ?

....

....

2. Comment les soignants font-ils preuve de pédagogie avec le patient ?

....

....

3. Étudiez les différentes séquences du film mettant en relation le malade et les soignants puis complétez le tableau suivant.

Le langage des soins passe-t-il uniquement par la parole ?	Comment maintenir une « juste distance » entre malade et soignants ?
....	....
....	....
....	....
....	....

Infos +

LES MÉTIERS DES SOINS ET DES SERVICES À LA PERSONNE

- **Trois grandes familles :** santé, famille, personnes âgées et/ou dépendantes.
- **Des métiers d'avenir** en raison du vieillissement de la population.
- **400 000 emplois** créés en 10 ans.

Les métiers des soins et des services à la personne

POUR MENER À BIEN VOTRE PROJET

Comme dans une structure de soins, réunissez-vous en équipe afin de mettre au point le langage de soin le plus adapté au cas étudié.

Le **chef de projet** coordonne le travail du groupe et favorise la mise en commun des travaux.

Un **binôme de soignants** liste ce qu'il faudra dire aux patients.

Un autre **binôme de soignants** réfléchit aux gestes qui doivent accompagner la parole.

ACTIVITÉS

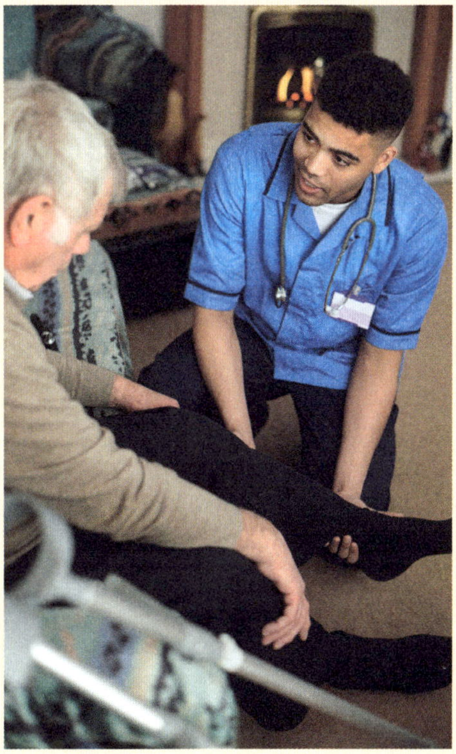

1 Analyser une étude de cas

a. Choisissez une étude de cas avec votre enseignant dans votre champ professionnel.

b. Analysez la situation de l'usager : quels sont ses besoins ? Son degré d'autonomie ? Quelles sont les caractéristiques de sa pathologie ?

2 Identifier les informations à transmettre à l'usager

a. Caractérisez la situation dans laquelle le soignant et l'usager vont devoir communiquer.

b. Listez les informations que le personnel soignant doit transmettre à l'usager afin de répondre à la situation posée.

c. Pour chaque information à transmettre, justifiez votre propos.

3 Établir un protocole de langage des soins

a. Quelle tonalité employer ?

b. Quel vocabulaire adopter ?

c. Quels gestes peuvent accompagner la prise de parole ? Pourquoi ?

4 Mettre en place le jeu de rôle

En binôme, jouez la scène imaginée puis, en équipe, analysez les points forts et les points faibles du langage des soins mis en œuvre. L'ensemble de l'équipe évalue les rôles.

Réaliser une vidéo promotionnelle de sa filière

Votre établissement souhaite communiquer autour de votre filière.
Votre classe décide de s'investir dans la réalisation d'une vidéo promotionnelle sur le thème de la bientraitance.

Votre carnet de bord

Objectifs	
Activités	
Responsable	
Ressources humaines	
Partenaires	
Calendrier	
Ajustement et évaluation	

Se poser les bonnes questions

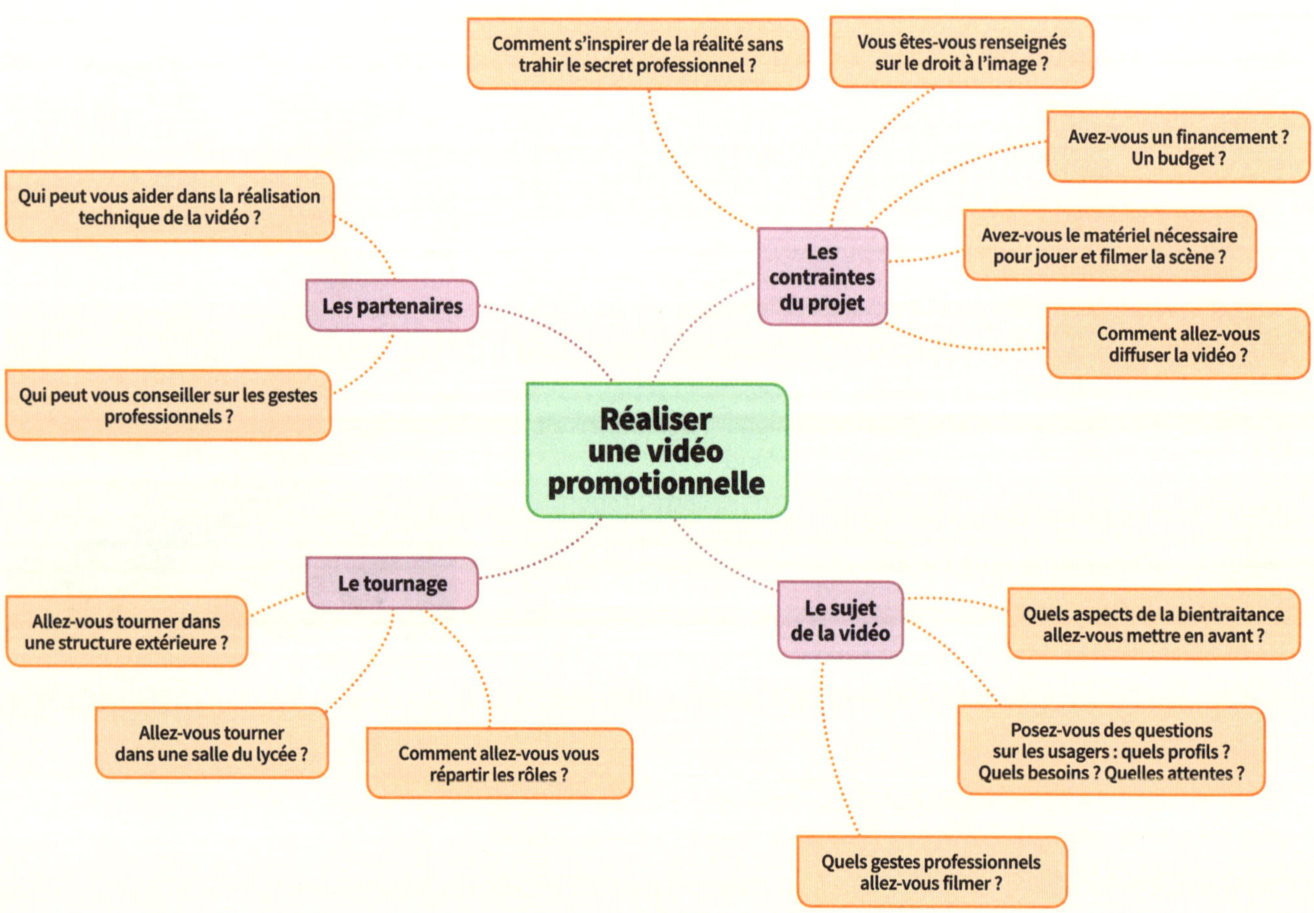

DÉMARCHE

Avant de vous lancer dans la réalisation de votre projet, vous rencontrerez des professionnels de santé. Ils vous donneront des informations importantes sur les postures liées à la bientraitance. Notez-les dans le journal de votre chef-d'œuvre pour les garder en mémoire.

S'informer sur le métier

1 Questionner des professionnels de santé

a Quelle définition les professionnels donnent-ils de la bientraitance ?

....

....

b Est-ce une pratique stéréotypée ou s'adapte-t-elle à chaque patient ? Pourquoi ?

....

....

2 S'interroger sur la mise en œuvre de la bientraitance

a Comment la bientraitance est-elle mise en œuvre au quotidien dans la structure ?

....

....

....

b Quelles sont les démarches qualités mises en place ?

....

....

c Quelles sont les difficultés rencontrées dans la mise en œuvre d'une posture de travail éthique ?

....

....

3 Comprendre l'action d'un professionnel dans un cas particulier

a Quels sont les attentes et les besoins de l'usager ?

....

....

b Qu'est-ce qui vous interpelle le plus dans la posture du professionnel ? Pourquoi ?

....

....

c Établissez une synthèse de l'action du professionnel.

Le temps de prise en charge	....
La participation de l'usager à des activités	....
La parole	....
La prise en charge des pathologies	....

Expliciter le projet

4 Réaliser la vidéo

a Avec votre professeur de français, vous avez analysé les informations obtenues. Vous avez préparé le story-board ainsi que les dialogues de la scène que vous allez jouer et filmer. Décrivez ce que vous souhaitez mettre en avant et justifiez vos choix.

....

....

....

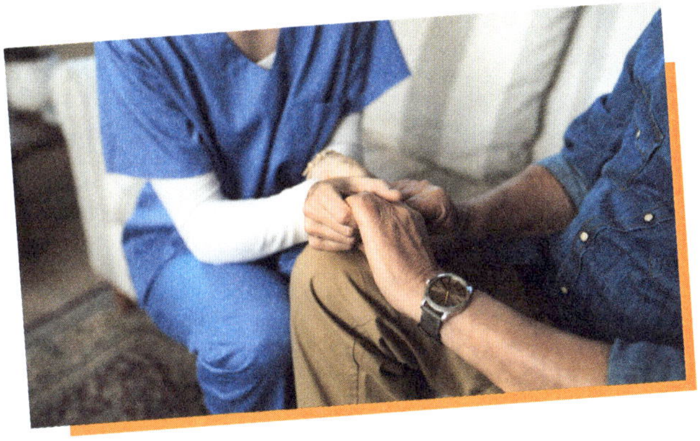

b Dans le cours d'enseignement professionnel, vous avez joué et filmé la scène. Rédigez un texte qui explique ce dont vous avez eu besoin pour réaliser ce travail.

....

....

....

....

....

Mettre en place un kiosque de cuisine éco-responsable et communiquer

Dans le cadre d'une mini-entreprise, vous mettez en place dans votre lycée, un kiosque de cuisine. Celui-ci proposera des plats éco-responsables à destination des élèves, des habitants des environs et des associations du quartier.
Vous décidez de rédiger un éditorial dans le journal local afin de faire connaître votre mini-entreprise.

Votre carnet de bord

Objectifs	
Activités	
Responsable	
Ressources humaines	
Partenaires	
Calendrier	
Ajustement et évaluation	

Se poser les bonnes questions

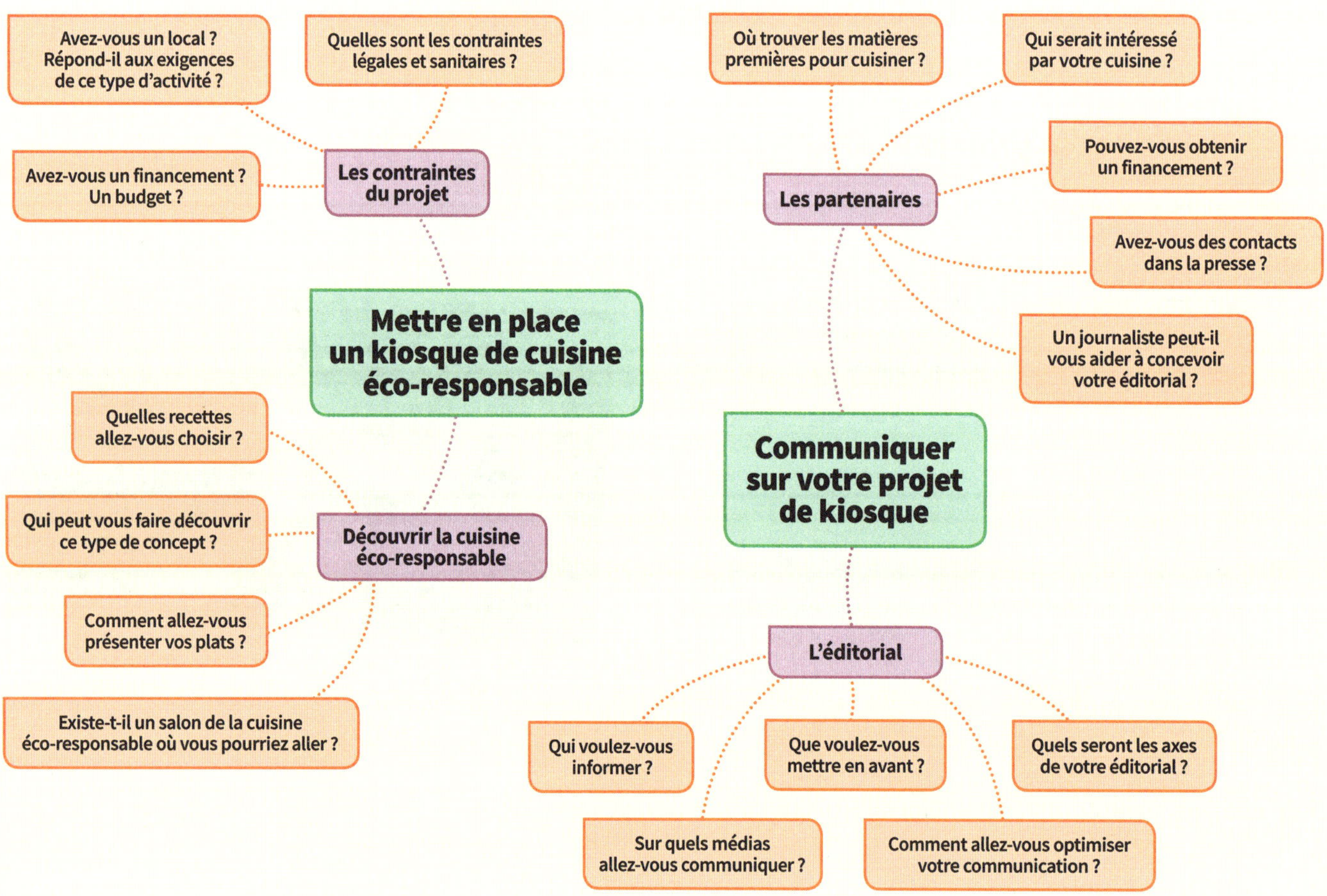

DÉMARCHE

Avant de vous lancer dans la création de votre mini-entreprise et la rédaction de votre éditorial, prenez contact avec un restaurant pratiquant la cuisine éco-responsable. Vous demanderez au restaurateur et au chef cuisinier des détails sur le projet autour duquel leur restaurant est structuré. Notez dans le journal de votre chef-d'œuvre tout ce qui vous semble pertinent.

S'informer sur le métier

1 Questionner le restaurateur et le chef cuisinier

a Quelles sont les caractéristiques de leur cuisine éco-responsable ?

b Pourquoi ont-ils fait ce choix ?

c Quels avantages tirent-ils de ce choix de cuisine ?

2 S'interroger sur la manière dont on réalise un plat éco-responsable

a Doit-on jeter des parties d'aliments ou doit-on tout réutiliser ?

b Tient-on compte des saisons ?

c La viande et le bio ont-ils leur place dans la cuisine éco-responsable ? Dans quelle mesure ?

3 Comprendre la démarche d'un éditorial

a Quelle thèse souhaitez-vous défendre ?

b Quels arguments allez-vous développer ?

c Établissez une synthèse de la cuisine éco-responsable en complétant ce tableau.

Le mode de vie qu'elle symbolise.	
Les enjeux de société auxquels elle répond.	
La qualité des plats proposés.	

Expliciter le projet

4 Mettre en place un kiosque cuisine éco-responsable et communiquer

a Avec votre professeur de français, vous allez rédiger puis publier votre éditorial dans la presse locale. Décrivez ce que vous souhaitez mettre en avant et justifiez vos choix.

b Dans le cours d'enseignement professionnel, vous avez réalisé la mise en place de votre mini-entreprise. Rédigez un texte qui explique ce dont vous avez eu besoin pour réaliser ce travail.

François Pasteau, un chef éco-responsable.

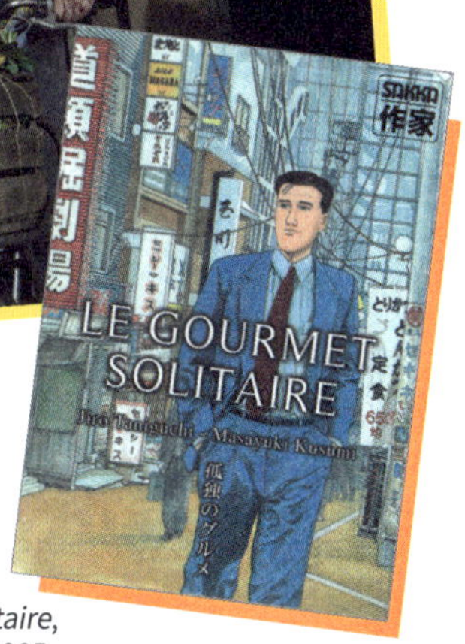

Jirô Taniguchi, *Le gourmet solitaire*, Fusôsha, 1997-2005.

Concevoir et réaliser le décor d'un spectacle

Votre établissement souhaite monter un spectacle à la fin de l'année dans le théâtre de votre ville. Ce spectacle mobilise les différentes sections de votre établissement. Votre classe décide de s'investir dans ce projet en réalisant le décor.

Votre carnet de bord

Objectifs	
Activités	
Responsable	
Ressources humaines	
Partenaires	
Calendrier	
Ajustement et évaluation	

Se poser les bonnes questions

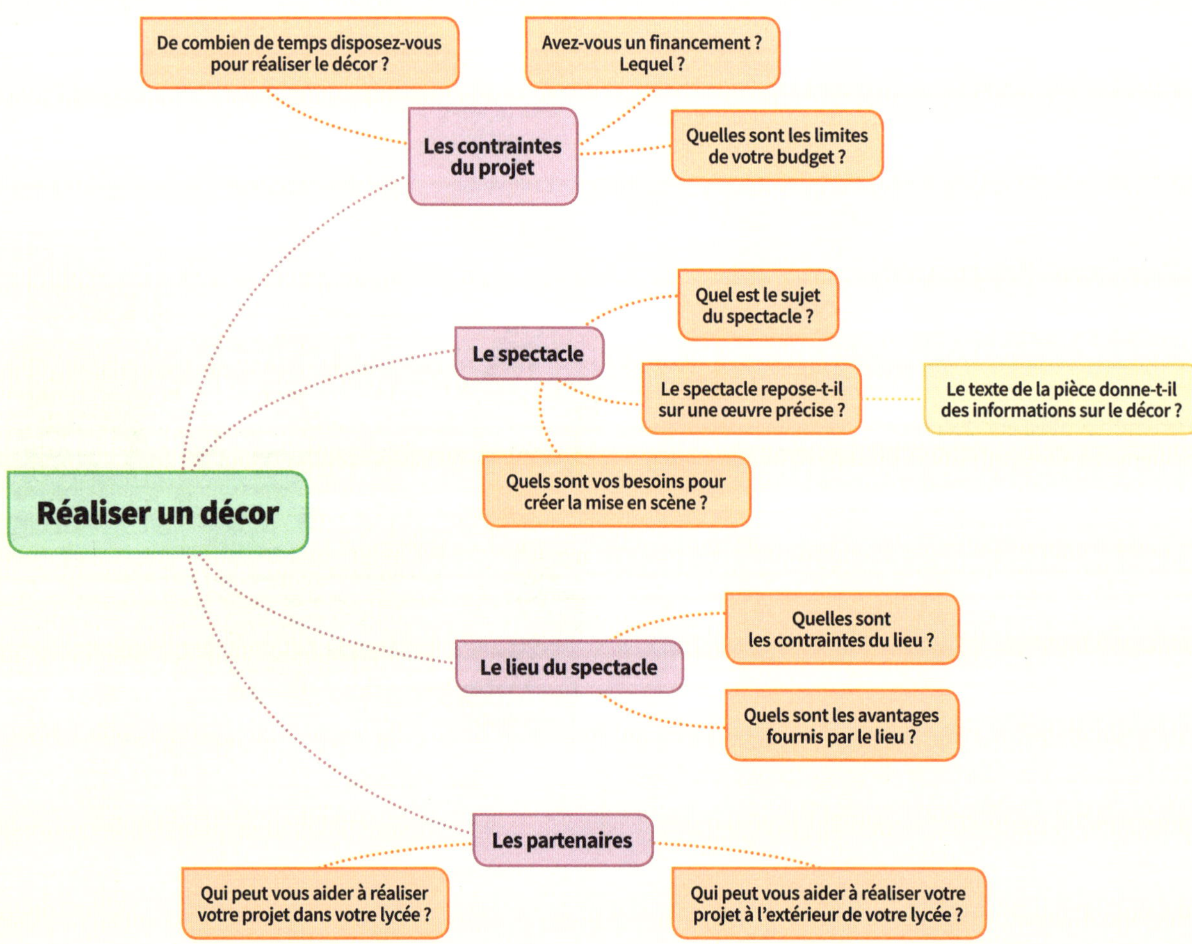

DÉMARCHE

Avant de vous lancer dans votre propre création, vous assisterez à un spectacle dans le théâtre de votre ville. À l'issue de la représentation, vous rencontrerez le metteur en scène et le scénographe pour comprendre en quoi consiste leur métier et la manière dont ils travaillent. Notez dans le journal de votre chef-d'œuvre, toutes les réponses aux questions que vous vous posez.

S'informer sur le métier

1 Questionner le metteur en scène et le scénographe sur leur métier

a Quel est le rôle du metteur en scène dans la réalisation du décor ?

....

....

b Quel est le rôle du scénographe ?

....

....

2 S'interroger sur la manière dont le décor a été conçu

a Quelles ont été les contraintes liées à la réalisation du décor ?

....

....

b Quelles ont été les différentes étapes dans la conception du décor ?

....

....

c Quels sont les métiers des personnes qui y ont travaillé ?

....

....

3 Comprendre un choix de décor

a Par quel adjectif qualifierez-vous le spectacle que vous avez vu ? Justifiez votre réponse.

....

....

b D'après vous, qu'a apporté le décor à la pièce ?

....

....

c Établissez une synthèse des moments forts du spectacle.

Les temps forts de l'histoire	....
Le jeu des comédiens	....
Le décor	....
La musique	....
Les lumières	....

Expliciter le projet

4 Réaliser le décor de votre spectacle

a Avec votre professeur de français, vous avez choisi et analysé la pièce que vous souhaitez représenter. Vous avez identifié les axes de mises en scène et effectué des choix pour votre décor. Décrivez votre projet et justifiez vos choix.

....

....

....

....

b Dans le cours d'enseignement professionnel, vous avez conçu la maquette du décor, rédigez un texte qui explique ce dont vous avez besoin pour le réaliser.

....

....

....

....

Décor du spectacle *Réparer les vivants*, mise en scène Sylvain Maurice, théatre de Sartrouville, 2016.

Réaliser et vendre une lampe en matériaux de récupération

Les élèves de votre filière souhaitent produire et vendre une lampe créée à partir de matériaux de récupération. Votre classe décide de s'investir dans la création d'un argumentaire de vente.

Votre carnet de bord

Objectifs	
Activités	
Responsable	
Ressources humaines	
Partenaires	
Calendrier	
Ajustement et évaluation	

Se poser les bonnes questions

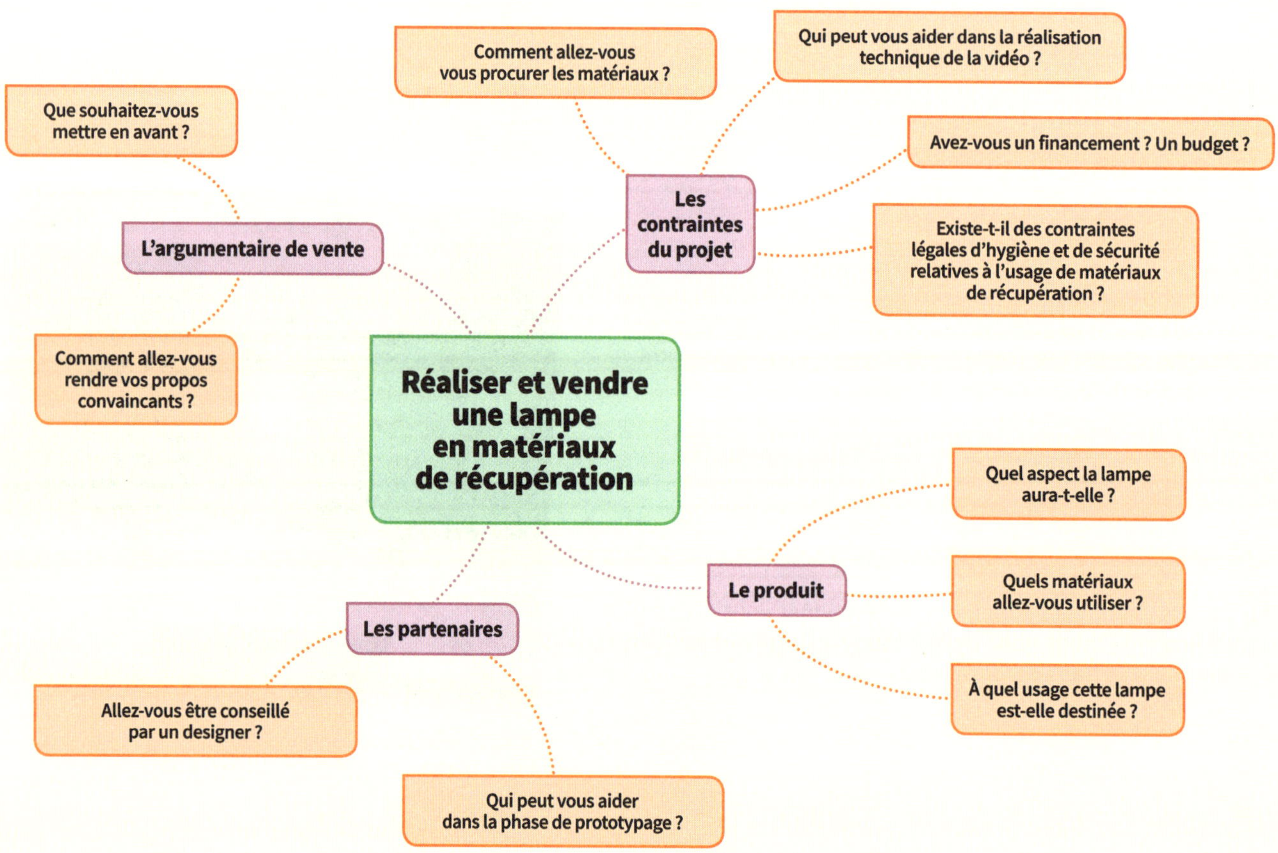

DÉMARCHE

Avant de vous lancer dans la réalisation de votre projet, trouvez une entreprise réalisant des objets du quotidien à partir de matériaux recyclés. Prenez contact avec elle afin d'interroger ses employés. Vous leur demanderez d'expliciter leur démarche commerciale pour un produit précis. Notez dans le journal de votre chef-d'œuvre tout ce qui vous semble pertinent.

S'informer sur le métier

1 Questionner un concepteur et un commercial

a Comment leur est venue l'idée de réaliser des produits à partir de matériaux de récupération ?

....

....

b Quel(s) lien(s) peut-on établir entre récupération et création ?

....

....

c Ce type de produit est-il facile à vendre ?

....

....

2 S'interroger sur la manière dont l'argumentaire de vente est conçu

a Quel travail préalable le concepteur et le commercial ont-ils fait avant de rédiger leur argumentaire ?

....

....

b Que souhaitaient-ils mettre en avant ?

....

....

c Comment le commercial s'y est-il pris pour rendre son argumentaire de vente convaincant ?

....

....

3 Comprendre la démarche d'un argumentaire de vente

a Qu'est-ce qui vous fascine le plus dans le produit présenté ?

....

....

b L'argumentaire de vente réussit-il à mettre en avant le point fort du produit ? Comment ?

....

....

c Établissez une synthèse du produit au regard de l'argumentaire proposé.

Le design	....
Son utilité	....
Sa dimension éthique	....
Son originalité	....

Expliciter le projet

4 Réaliser et vendre la lampe

a Avec votre professeur de français, vous allez rédiger votre proposition d'argumentaire de vente. Décrivez ce que vous souhaitez mettre en avant et justifiez vos choix.

....

....

....

....

b Dans le cours d'enseignement professionnel, vous avez réalisé la lampe. Rédigez un texte qui explique ce dont vous avez eu besoin pour réaliser ce travail.

....

....

....

....

Michèle De Lucchi, Lampe Omino, coll. Marionnette, 1994. Centre Georges Pompidou, Paris

Créer une œuvre en métal

Votre établissement souhaite installer dans votre lycée une œuvre en métal s'inspirant de l'Art nouveau. Cette œuvre mettra ainsi en avant les talents de votre filière. Votre classe a en charge sa création.

Votre carnet de bord

Objectifs	
Activités	
Responsable	
Ressources humaines	
Partenaires	
Calendrier	
Ajustement et évaluation	

Se poser les bonnes questions

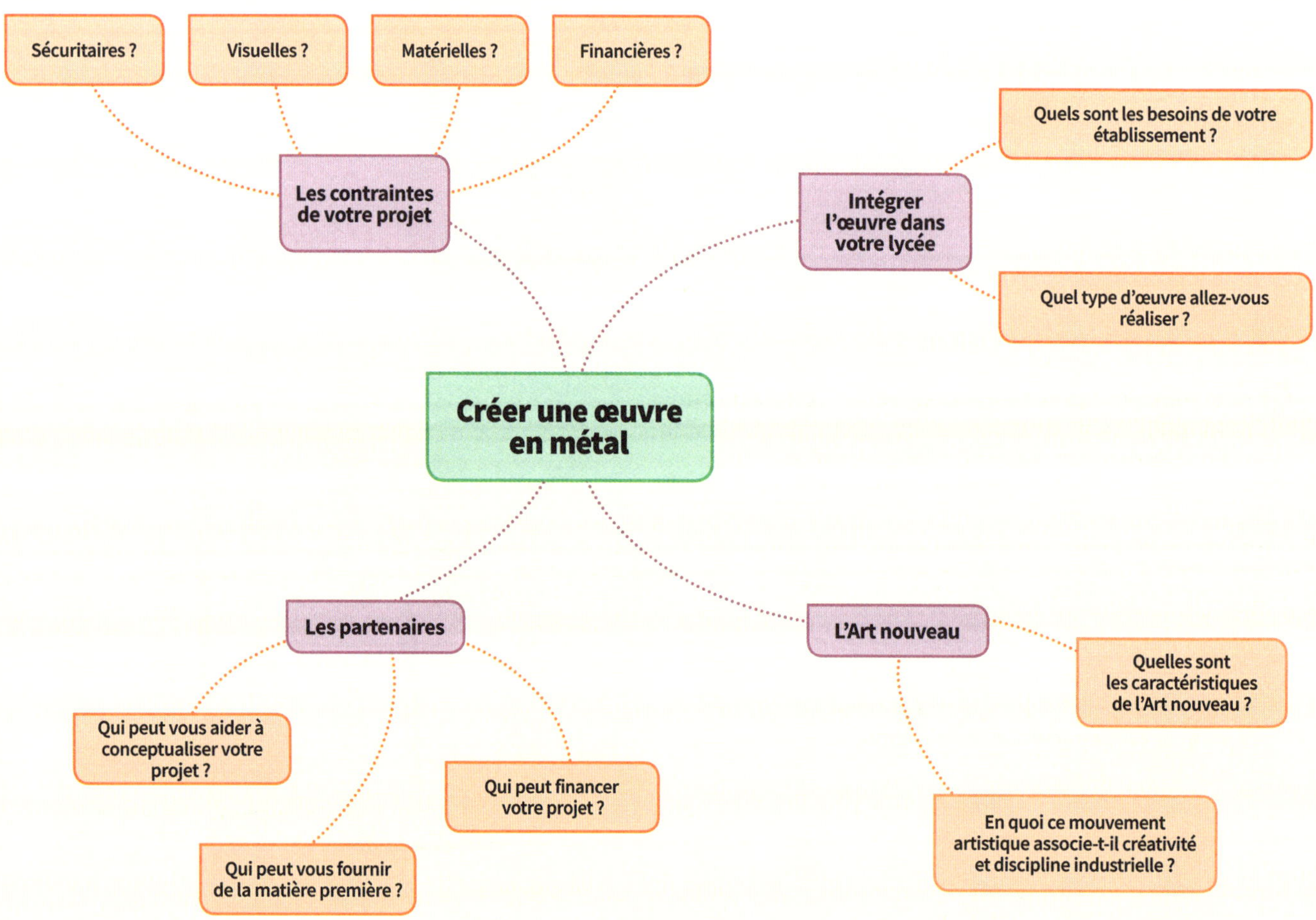

DÉMARCHE

Avant de vous lancer dans la réalisation de l'œuvre, vous rencontrerez un artiste qui travaille le métal pour comprendre les contraintes liées à ce matériau. Ensuite, vous vous documenterez sur les différentes œuvres réalisées par l'Art nouveau : la *Villa Majorelle* à Nancy ou les entrées du métro parisien par exemple. Vous notez dans le journal de votre chef-d'œuvre toutes les réponses aux questions que vous vous posez.

S'informer sur le métier

1 Questionner l'artiste sur sa manière de travailler

a) Quelles sont les étapes de son travail : de l'esquisse à la conception ?

b) Quels éléments viennent nourrir sa réflexion ?

c) Quelles sont les contraintes liées à l'utilisation du métal ?

c) Quels sont les avantages tirés de son utilisation ?

2 S'interroger sur des œuvres

a) Quelles couleurs sont traditionnellement utilisées ? Pourquoi ?

b) Quels sont les thèmes traditionnellement représentés ?

c) Comment le métal peut-il être travaillé ?

2 Réfléchir sur l'utilisation du métal dans l'art

a) De quelle manière, le métal est-il utilisé dans les œuvres ? Vous pouvez vous interroger sur la *Villa Majorelle* à Nancy ou encore les entrées de métros parisiens.

b) D'après vous, qu'apporte de plus à l'art l'utilisation du métal ?

c) Établissez une synthèse des caractéristiques d'une œuvre Art nouveau.

Forme	
Taille	
Symbolisme	
Utilité	

La station de métro Porte Dauphine, conçue par Hector Guimard en 1900, à Paris.

Porte d'entrée de la *Villa Majorelle* ; décor en monnaie-du-pape.

Expliciter le projet

4 Créer votre œuvre métallique

a) Avec votre professeur de français, vous allez rédiger une note d'intention pour votre chef d'établissement pour présenter votre projet. Vous montrerez que votre œuvre s'inspire de l'Art nouveau et vous mettrez en valeur vos choix artistiques et techniques.

b) Dans le cours d'enseignement professionnel, vous allez concevoir le prototype. Rédigez un texte qui explique ce dont vous avez eu besoin pour le réaliser.

Edvard Munch,
***Le Soleil*, 1912.**
Munch-Museum, Oslo.

LES OUTILS

1

Les classes grammaticales de **mots variables**

J'apprends

La **classe grammaticale** correspond à l'**identité d'un mot**. Il existe **cinq classes grammaticales de mots variables**. Un mot qui appartient à l'une de ces classes est susceptible de changer de forme.

- **le nom** : il désigne un objet, un être, une action ou une idée et peut être masculin ou féminin, singulier ou pluriel. *Ex. : le banc, le boulanger, la plongée, la liberté.*
- **le déterminant :** il précède le nom, s'accorde en genre et en nombre avec lui et le précise en contexte. *Ex. :* ***le*** *livre,* ***mon*** *livre,* ***ce*** *livre,* ***un*** *livre,* ***quatre*** *livres,* ***plusieurs*** *livres,* ***quel*** *livre.*
- **le pronom :** il remplace un nom ou un GN. *Ex. : Le plat est salé. /* ***Il*** *est salé ; Passe-moi le plat. / Passe-****le*** *moi ; Chaque élève prend une feuille. /* ***Chacun*** *prend une feuille.*
- **l'adjectif :** il exprime une qualité ou une propriété d'un nom ou d'un pronom et s'accorde en genre et en nombre avec lui. *Ex. : Il porte une veste* ***élimée****.*
- **le verbe :** il exprime une action ou un état et peut varier en mode, temps, personne et voix. *Ex. : Elle* ***choisit****. /* ***Choisis****. / Vous* ***choisirez****. / Elle est* ***choisie****.*

J'identifie

1

Dans le texte suivant, encadrez en rouge les verbes, puis soulignez en rouge les noms, en vert les déterminants, en bleu les pronoms et en noir l'adjectif.

Entre les pattes d'un Lion
Un Rat sortit de terre assez à l'étourdie.
Le Roi des animaux, en cette occasion,
Montra ce qu'il était, et lui donna la vie.
Ce bienfait ne fut pas perdu.

Jean de La Fontaine,
Fables, « Le Lion et le Rat », 1668.

2

Entourez la réponse qui convient concernant la classe grammaticale du mot en gras.

a. **La** porte est ouverte.	déterminant	pronom
b. Je **la** connais.	déterminant	pronom
c. Il a élaboré un **savant** stratagème.	adjectif	nom
d. C'est un grand **savant**.	adjectif	nom
e. Il a prononcé un **discours** émouvant.	nom	verbe
f. Tu **discours** depuis une heure.	nom	verbe
g. **Notre** voiture est en panne.	déterminant	pronom
h. Nous voulons protéger les **nôtres**.	déterminant	pronom

Je manipule

3

Pour chaque mot, rédigez deux phrases en employant tour à tour les classes grammaticales indiquées entre parenthèses.

a. les (déterminant / pronom)
.... / ....

b. jeune (adjectif / nom)
.... / ....

c. sourire (verbe / nom)
.... / ....

d. trouble (adjectif / nom)
.... / ....

e. déjeuner (verbe / nom)
.... / ....

4

Lisez le haïku suivant.

La rivière d'été
Traversée, **quel** bonheur,
Sandales à la main

Yosa Buson (1716-1783)

a. À quelle classe grammaticale appartient le mot en gras ? Justifiez.

....

....

b. Rédigez un haïku dans lequel se trouvera le mot **quel**. Celui-ci pourra être à un autre genre et/ou à un autre nombre.

....

....

....

2 Les classes grammaticales de **mots invariables**

J'apprends

La **classe grammaticale** correspond à l'**identité d'un mot**. Il existe **cinq classes grammaticales de mots invariables**. Un mot qui appartient à l'une de ces classes ne change jamais de forme.

- **l'adverbe :** apporte une précision sur un adjectif, un verbe ou une phrase entière.
  *Ex. : Il est **très** timide. / Elle chante **bien**. / **Soudain**, il s'énerva.*
- **la préposition :** elle introduit un mot ou un groupe de mots qui a une fonction de complément (complément d'objet indirect d'un verbe, complément d'un nom, complément circonstanciel…). *Ex. : Elle fait confiance **à** son frère. / C'est une copie **sans** fautes. / Un tas de chaussettes gisent **sous** le lit.*
- **la conjonction de coordination :** elle relie deux mots ou groupes de mots de même nature et de même fonction : **mais, ou, et, donc, or, ni, car**. *Ex. : Il n'est pas venu ; **or**, il était inscrit.*
- **la conjonction de subordination :** elle introduit des propositions subordonnées conjonctives.
  Ex. : parce que, puisque, alors que, quand, quoique…
- **l'interjection :** elle exprime une émotion comme la surprise, la peur, le soulagement…
  Ex. : ah, oh, ouf…

J'identifie

1

Dans le texte suivant, soulignez en rouge les adverbes, en vert les prépositions et en bleu les conjonctions de coordination.

Cependant il advint qu'au sortir des forêts
Ce Lion fut pris dans des rets[1],
Dont ses rugissements ne le purent défaire.
Sire Rat accourut, et fit tant par ses dents
Qu'une maille rongée emporta tout l'ouvrage.
Patience et longueur de temps
Font plus que force ni que rage.

1. Filets de chasse.

Jean de La Fontaine,
Fables, « Le Lion et le Rat », 1668.

2

Entourez la réponse qui convient concernant la classe grammaticale du mot en gras.

a. Il est **fort** en mathématiques.	adjectif	adverbe
b. Elle est **fort** aimable.	adjectif	adverbe
c. Elle est **bien** entourée.	nom	adverbe
d. Elle a acquis des **biens** immobiliers.	nom	adverbe
e. J'ai les **mêmes** chaussures que toi. ...	adjectif	adverbe
f. Il n'est **même** pas venu.	adjectif	adverbe
g. J'ai perdu la clé **de** la salle.	déterminant	préposition
h. J'ai acheté **de** nouvelles lunettes.	déterminant	préposition

Je manipule

3

Complétez les phrases suivantes à l'aide d'un mot invariable appartenant à la classe grammaticale indiquée entre parenthèses.

a. .... (conjonction de subordination) il entra, le silence se fit.

b. Elle est jeune, ... (conjonction de coordination) elle a déjà le sens des responsabilités.

c. Elle est .... (adverbe) têtue.

d. Il a été élu .... (préposition) le comité.

e. Je ne viendrai pas .... (conjonction de coordination) je ne veux pas le voir.

f. .... (préposition) sa blessure, il a participé à la compétition.

4

Lisez le haïku suivant.

Le printemps qui s'éloigne
Hésite
Parmi les derniers cerisiers en fleurs

Yosa Buson (1716-1783)

a. À quelle classe grammaticale appartient le mot en gras ? Justifiez.

....

b. Rédigez, à votre tour, un haïku dans lequel se trouvera le mot **parmi**.

....
....
....

3

Les classes grammaticales de **groupes de mots**

J'apprends

La **classe grammaticale d'un** groupe de mots se trouve en identifiant **celle du mot noyau**, mot autour duquel les autres mots se construisent grammaticalement.

▶ **Le groupe nominal :** groupe de mots dont le noyau est un nom.
Ex. : Je n'oublierai jamais ***le sourire radieux de cette fille****.*

▶ **Le groupe pronominal :** groupe de mots dont le noyau est un pronom.
Ex. : Quel pantalon choisissez-vous ? Je choisis ***celui de droite****.*

▶ **Le groupe adjectival :** groupe de mots dont le noyau est un adjectif.
Ex. : Nous sommes ***fiers de sa réussite****.*

▶ **Le groupe verbal :** groupe de mots dont le noyau est un verbe. Lorsque le verbe est à l'infinitif, on parle de **groupe infinitif**. *Ex. : Il* ***a pris une grande décision****. /* ***Devenir pilote*** *est son rêve.*

▶ **Le groupe adverbial :** groupe de mots dont le noyau est un adverbe.
Ex. : Il court ***très rapidement****.*

Le terme « **prépositionnel** » s'ajoute lorsque le groupe de mots est **introduit par une préposition** : groupe nominal prépositionnel, groupe infinitif prépositionnel…
Ex. : La petite fille ***aux (= à + les) lunettes dorées*** *est ma fille. / J'ai envie* ***d'aider les autres****.*

J'identifie

1

Dans le texte suivant, soulignez en rouge un groupe nominal, en vert un groupe adjectival, en bleu un groupe verbal et en noir un groupe adverbial.

Jeanne, sortie la veille du couvent, libre enfin pour toujours, prête à saisir tous les bonheurs de la vie dont elle rêvait depuis si longtemps, craignait que son père n'hésitât à partir si le temps ne s'éclaircissait pas ; et pour la centième fois depuis le matin elle interrogeait l'horizon.

Guy de Maupassant, *Une vie*, 1883.

2

Lisez l'extrait suivant, puis répondez aux questions.

Elle sortait maintenant du couvent, radieuse, [pleine de sèves et d'appétits de bonheur], [prête à toutes les joies, à tous les hasards charmants].

Guy de Maupassant, *Une vie*, 1883.

a. À quelle classe grammaticale appartiennent les deux groupes de mots entre crochets ?

....

b. Dans quel état d'esprit semble être le personnage dont il est question ?

....

Je manipule

3

Complétez chaque phrase pour que le mot en gras devienne le noyau d'un groupe de mots.

a. Je suis **contente** ....

b. J'aimerais **voir**..

c. **Inquiet** ...., il avait déjà appelé trois fois.

d. Un **sentiment** .... s'empara de lui.

e. Ce dessert est.................................... **peu** sucré.

f. Je **prends**..

g. L'**un** ....quitta précipitamment la scène.

4

À la manière de l'extrait de l'exercice 2, rédigez une phrase qui présente un personnage dans une situation nouvelle pour lui. Vous soulignerez son état d'esprit à l'aide d'un adjectif suivi de deux groupes adjectivaux.

....

....

....

....

....

....

....

....

4

Les fonctions liées au **verbe**

J'apprends

La fonction d'un mot ou d'un groupe de mots correspond au **rôle qu'il joue par rapport aux autres éléments de la phrase**. Les **fonctions liées au verbe** sont :

La fonction sujet	La fonction complément d'objet	La fonction attribut
Fonction remplie par un mot ou un groupe de mots qui répond à la question « Qui est-ce qui ? » ou « Qu'est-ce qui ? » suivie du verbe et de ses compléments. *Ex. : **Les athlètes**, tous les jours, s'entraînent plusieurs heures.*	Fonction remplie par un mot ou un groupe de mots qui complète un verbe sans préposition (COD) ou à l'aide d'une préposition (COI). *Ex. : Elle remet **un dossier** (COD) **à sa secrétaire** (COI).*	Fonction remplie par un mot ou un groupe de mots qui exprime une qualité ou une propriété du sujet (attribut du sujet) ou du COD (attribut du COD) par l'intermédiaire d'un verbe. *Ex. : Elle paraît **soucieuse**. (attribut du sujet) / Il juge ta prestation **médiocre**. (attribut du COD).*

J'identifie

1 Indiquez la fonction grammaticale du mot ou groupe de mots en gras.

a. Elle lui prête **un livre**. ....
b. Il confie ses clés **à son voisin**. ....
c. L'enfant paraît **surpris**. ....
d. Malgré tout, restent en suspens **de nombreuses interrogations**. ....
e. Que **lui** as-tu reproché ? ....
f. Elle est devenue **avocate**. ....
g. Elle juge la situation **inquiétante**. ....
h. **Qu'elle ne soit pas venue** ne m'étonne guère. ....

2 Dans le texte suivant, encadrez en rouge les verbes conjugués, puis soulignez en rouge les sujets, en vert les COD, en bleu le COI et en noir l'attribut du COD.

Je ne bouge pas, je garde les yeux clos et j'écoute la rumeur du monde par la fenêtre entrouverte. [...] Cette perception matinale des bruits du monde me donne, depuis la petite enfance, une joie énorme.

Christian Bobin, *Autoportrait au radiateur*, 1997.

Je manipule

3 Complétez les phrases suivantes avec un mot ou un groupe de mots remplissant la fonction indiquée entre parenthèses.

a. Je me demande où mènent .... (sujet du verbe « mènent »).
b. Je tiens .... (COD de « tiens »).
c. Je tiens .... (COI de « tiens »).
d. J'estime sa prestation .... (attribut du COD « sa prestation »).

4 Lisez l'extrait suivant.

Je suis **une maison de briques rouges**, près d'une mine fermée. Je suis **du linge qui sèche dans le grenier d'une maison de campagne**. Je suis **une poussière** sous un lit, **une image oubliée dans un livre, un tissu** dans une camionnette à la fin du marché.

Christian Bobin, *Autoportrait au radiateur*, 1997.

a. Quelle est la fonction grammaticale des groupes de mots en gras ?
....
....
....

b. À la manière de Christian Bobin, présentez-vous à travers des éléments qui constituent votre histoire et votre quotidien en commençant vos phrases par « Je suis ».

5

Les fonctions liées au **nom**

J'apprends

La **fonction** d'un mot ou d'un groupe de mots correspond au **rôle qu'il joue par rapport aux autres éléments de la phrase**. Les **fonctions liées au nom** sont :

La fonction complément du nom (CDN)	La fonction épithète	La fonction apposition
Fonction remplie par un groupe de mots introduit par une préposition qui complète un nom. *Ex. : J'ai besoin d'une feuille* ***à carreaux****.*	Fonction remplie par un adjectif, ou un participe utilisé comme adjectif, qui qualifie un nom à l'intérieur du GN (épithète liée) ou séparé du nom qu'il qualifie par une ou des virgules (épithète détachée). *Ex. : Il a pris une décision* ***radicale*** *; cette décision déplut.* ***Radicale*** *(épithète détachée), cette décision déplut.*	Fonction remplie par un mot ou un groupe de mots qui exprime une propriété d'un nom ou d'un GN en étant détaché de celui-ci par une ou des virgules. *Ex. : Mon frère,* ***cet être si doux****, s'emporta.*

J'identifie

1

Indiquez la fonction grammaticale du mot ou du groupe de mots en gras.

a. Cette robe **à franges** me plaît. ....

b. Ce fut une **amère** déception. ....

c. **Inquiet**, il décida de se rendre sur place. ....

d. L'étudiante **en informatique** a trouvé la solution. ....
....

e. Mon frère, **bénévole dans une association**, est un modèle de générosité. ....

f. Il écoute l'explication **du professeur**. ....

g. Les spectateurs, **ravis**, sortent de la salle. ....

h. C'est une **étrange** affaire. ....

2

Dans le texte suivant, soulignez les mots ou groupe de mots remplissant les fonctions liées aux noms qui sont en gras : en rouge les CDN, en vert les épithètes liées et en bleu l'épithète détachée.

C'est un large **buffet** sculpté ; le **chêne** sombre,
Très vieux, a pris cet **air** si bon des vieilles gens ;
Le buffet est ouvert, et verse dans son ombre
Comme un **flot** de vin vieux, des **parfums** engageants ;

Arthur Rimbaud, « Le Buffet », *Cahiers de Douai*, 1870.

Je manipule

3

Complétez les phrases suivantes avec un mot ou un groupe de mots remplissant la fonction indiquée entre parenthèses.

a. J'ai vécu une enfance .... (épithète liée du nom « enfance »).

b. L'appartement .... (CDN « appartement ») a été vendu.

c. .... (épithète détachée du nom « animal »), l'animal a pris la fuite.

d. J'ai acheté un jouet .... (CDN « jouet »).

e. Un passant, ... (apposition au nom « passant »), a pris la situation en main.

f. J'ai goûté un plat .... (épithète liée du nom « plat ») dans ce restaurant.

g. L'étudiant, ... (épithète détachée du nom « étudiant »), commence son oral.

h. Les sacs .... (CDN « sacs ») sont à la mode.

4

Rédigez quatre vers pour parler d'un objet à la manière de l'extrait du poème « Le Buffet » (exercice 2) en utilisant des mots ou groupes de mots remplissant les fonctions suivantes : épithète liée, épithète détachée et complément du nom.

....
....
....
....

6

Les fonctions liées à **la phrase**

J'apprends

La fonction d'un mot ou d'un groupe de mots correspond au **rôle qu'il joue par rapport aux autres éléments de la phrase**.

Un **mot**, ou un groupe de mots, **déplaçable**, **supprimable** et donnant une **précision** qui se rapporte à l'ensemble de la phrase, remplit la fonction de **complément circonstanciel** (CC).

Il existe plusieurs types de **compléments circonstanciels** selon qu'ils apportent une précision sur le **lieu**, le **temps**, la **manière**, le **but**, la **cause**, la **conséquence**… On parle alors de **CC de lieu, CC de temps, CC de manière**…

Ex. : ***Soudain (CC de temps)****, il s'arrêta de parler.*
Je n'ai pas pu jouer ***à cause de ma blessure (CC de cause).***
Pour que ce gâteau soit réussi (CC de but)*, il faut battre fermement les œufs en neige.*

J'identifie

1

Identifiez la fonction des mots ou groupes de mots en gras : CC de lieu, CC de temps, CC de manière, CC de moyen, CC de but, CC de cause ou CC de conséquence.

a. Ils cassent la cloison **avec une masse**. ....

b. **En raison de la pluie**, le concert a été annulé.
....

c. L'ordinateur a été reconfiguré **afin de gagner en espace de stockage**. ....

d. Il est assez grand **pour rester seul à la maison**.
....

e. **À son entrée**, l'atmosphère se glaça. ....

f. Il dessinait **dans un coin de la pièce**. ....

g. Il lui parla **fermement**. ....

2

Lisez l'extrait suivant.

> Il ne comprenait bien qu'une chose : le puits[1] avalait des hommes [par bouchées de vingt et de trente], et [d'un coup de gosier si facile, qu'il semblait ne pas les sentir passer]. Dès quatre heures, la descente des ouvriers commençait.
>
> 1. Il s'agit du puits de la mine.
>
> Émile Zola, *Germinal*, 1885.

a. Quelle est la fonction des groupes de mots entre crochets ?
....

b. Quel regard le narrateur porte-t-il sur la mine ?
....

Je manipule

3

Complétez les phrases suivantes avec un mot ou un groupe de mots remplissant la fonction indiquée entre parenthèses.

a. .... (CC de temps), il fait doux.

b. Elle m'a répondu .... (CC de manière).

c. Les comédiens se préparent .... (CC de lieu).

d. Le projet a été abandonné .... (CC de cause).

e. Elle est trop têtue .... (CC de conséquence).

f. J'écris .... (CC de but).

4

Continuez le texte de l'exercice 2. Votre suite comprendra au moins quatre CC.

....
....
....
....
....
....
....
....
....
....
....
....

7

Analyser grammaticalement un mot ou un groupe de mots

J'apprends

Analyser grammaticalement un mot ou un groupe de mots revient à en indiquer **la classe grammaticale** (ou **nature**) et la **fonction**.

Une même fonction peut être remplie par des mots ou des groupes de mots de différentes classes grammaticales. Ainsi, la fonction **sujet** peut être remplie par :
- un nom : ***Zola*** *est un auteur du XIXe siècle.*
- un pronom : ***Il*** *est un auteur du XIXe siècle.*
- un GN : ***Ce roman de Zola*** *parle des ouvriers de la mine.*
- un groupe infinitif : ***Trouver un travail*** *est sa seule préoccupation.*

Inversement, un mot ou un groupe de mots de même classe grammaticale peut remplir des fonctions diverses dans une phrase.
- la fonction sujet : ***Mon ami*** *arrive demain.*
- la fonction COD : *J'invite* ***mon ami*** *au restaurant.*
- la fonction attribut du sujet : *Malgré tout, il reste* ***mon ami****.*
- la fonction CDN : *Je loue l'appartement* ***de mon ami****.*

J'identifie

1

Pour chaque couple de phrase, indiquez la nature (N) du mot ou du groupe de mots en gras, puis les deux fonctions (F1 et F2) qu'il remplit.

a. Il parle souvent **de la voisine**. / Le chat **de la voisine** s'est enfui. N : ....

F1 : .... F2 : ....

b. Je trouve cette idée **intéressante**. / Il a eu une idée **intéressante**. N : ....

F1 : .... F2 : ....

c. Je vois, **de mon balcon**, une montagne. / Le garde-corps **de mon balcon** bouge. N : ....

F1 : .... F2 : ....

d. **Concentré**, le comédien ne cède pas au fou-rire. / Il reste **concentré**. N : ....

F1 : .... F2 : ....

2

Lisez l'extrait suivant du poème *Union libre* d'André Breton.

> Ma femme **à la chevelure de feu de bois**
> Aux pensées d'éclairs de chaleur
> À la taille de sablier
>
> André Breton, *Union libre*, 1931.

a. Analysez grammaticalement le groupe de mots en gras.

N : .... F : ....

b. Quelle remarque pouvez-vous faire sur les deux vers suivants ? Quelle semble être l'intention du poète dans ce poème ?

....

....

Je manipule

3

Pour chaque mot ou groupe de mots, rédigez deux phrases correspondant aux deux fonctions indiquées.

a. une réponse (sujet / COD)

....

....

b. curieux (épithète liée / attribut du sujet)

....

....

c. nous (sujet / COD)

....

....

d. compétents (épithète liée / attribut du COD)

....

....

e. de mon voisin (COI / CDN)

....

....

d. vous (sujet / COI)

....

....

4

À la manière d'André Breton, rédigez trois vers pour célébrer un être aimé.

....

....

....

....

8 La phrase complexe : **la subordination**

J'apprends

▸ Une **phrase complexe** comporte au moins **deux verbes conjugués**.
Dans une phrase complexe, le nombre de verbes conjugués correspond au nombre de propositions (proposition = ensemble de mots construits autour d'un verbe conjugué).
Ex. : [Je pense] [que le projet, [dont tu m'as fait part hier], est réalisable].

▸ Une **proposition** qui ne peut constituer une phrase à elle toute seule et dépend d'une autre pour exister est **une proposition subordonnée** (PS). Le lien qui les unit est la **subordination**.

	PS relative	PS complétive	PS circonstancielle
Exemple	*Le film* ***que j'ai vu hier*** *m'a plu.*	*Je m'étonne* ***que tu sois venu.***	***Dès qu'elle sortit****, il pleura.*
Nature du mot subordonnant	Un pronom relatif : *qui, que, dont, lequel…* Il remplace dans la PS un nom qui n'est pas dans la PS.	Une conjonction de subordination : *que, (à, de) ce que.*	Une conjonction de subordination : *parce que, puisque, quand, afin que…*
Fonction	Complément de l'antécédent (= le nom que remplace le pronom relatif).	Les fonctions remplies par un GN : sujet, COD, COI, CDN…	Complément circonstanciel (de cause, de temps, de but…).

J'identifie

1

Dans les phrases suivantes, soulignez en rouge les PS relatives, en vert les PS complétives et en bleu les PS circonstancielles.

a. Je veille à ce que tout se passe bien.
b. Je porte toujours le collier que tu m'as acheté.
c. C'est une photographie à laquelle je tiens.
d. Il rougit lorsqu'il prend la parole en public.
e. Qu'il ne soit pas venu ne m'étonne guère.
f. Alors qu'il le méritait, il n'a pas été sélectionné.
g. Je suis d'avis qu'il démissionne.

2

Lisez l'extrait suivant.

Et tout d'un coup le souvenir m'est apparu. Ce goût, c'était celui du petit morceau de madeleine que le dimanche matin à Combray (parce que ce jour-là je ne sortais pas avant l'heure de la messe), quand j'allais lui dire bonjour dans sa chambre, ma tante Léonie m'offrait après l'avoir trempé dans son infusion de thé ou de tilleul.

Marcel Proust, *Du côté de chez Swann*, 1913.

a. Soulignez en rouge la PS relative et en bleu les deux PS circonstancielles.

b. Indiquez la fonction de chacune de ces PS.

……………………………………………………………………

……………………………………………………………………

……………………………………………………………………

Je manipule

3

Complétez chaque phrase en respectant ce qui est indiqué entre parenthèses.

a. (PS circonstancielle, CC de but) …………………………… , il aurait fallu prévenir plus tôt.

b. Le professeur souhaite (PS complétive, COD)

……………………………………………………………………

c. C'est la seule explication (PS relative, complément de l'antécédent) ……………………………………………

d. Vous l'avez laissé seul (PS circonstancielle, CC d'opposition)

……………………………………………………………………

e. (PS complétive, sujet) ………………………………………… est essentiel.

f. J'ai acheté le livre (PS relative, complément de l'antécédent)

……………………………………………………………………

g. Je suis impatiente à l'idée ………………………………… (PS complétive, CDN).

4

À la manière de Marcel Proust, racontez un souvenir qui surgit après avoir goûté ou senti quelque chose en employant au moins trois propositions subordonnées.

……………………………………………………………………

……………………………………………………………………

……………………………………………………………………

……………………………………………………………………

……………………………………………………………………

9

La phrase complexe : **la coordination et la juxtaposition**

J'apprends

- Une **phrase complexe** comporte au moins **deux verbes conjugués**. Dans une phrase complexe, le nombre de verbes conjugués correspond au nombre de propositions (proposition = ensemble de mots construits autour d'un verbe conjugué).
- Si, dans une phrase complexe, une **proposition** peut constituer une phrase à elle toute seule et ne régit aucune PS, elle est dite **indépendante**. Des **propositions indépendantes** peuvent être, dans une phrase complexe, **reliées entre elles** :
  - par une **conjonction de coordination** (*mais, ou, et, donc, or, ni, car*) ou un **adverbe de liaison** (*puis, ainsi, en effet, cependant…*). Le lien qui les unit est la **coordination**.
    *Ex. : Le salon est petit, **mais** la cuisine est grande.*
  - par **un signe de ponctuation faible** (virgule, point-virgule, deux points). Le lien qui les unit est la **juxtaposition**.
    Ex. : Le salon est petit, la cuisine est grande.
- Un lien de coordination ou de juxtaposition peut aussi **relier des propositions principales** ou **des propositions subordonnées entre elles**.

J'identifie

1

Dans les phrases suivantes, surlignez les mots coordonnants et indiquez ce qu'ils servent à exprimer : addition, cause, conséquence, opposition, concession.

a. Je n'ai pas répété, car je n'en ai pas eu le temps.
b. Il viendra ; ainsi, nous serons tous réunis.
c. Je ne peux ni ne souhaite venir.
d. Hier le temps était couvert, mais aujourd'hui le ciel est dégagé.
e. Tu seras des nôtres, ou nous devrons déclarer forfait.
f. Il cuisine déjà très bien ; or, il n'a que quinze ans.

2

Lisez l'extrait suivant.

> Ils la prirent, l'enlevèrent, l'emportèrent, la déposèrent dans la carriole, sur le banc de bois garni de cuir ciré ; et la vieille bonne, montée à côté de Jeanne, enveloppa ses jambes, lui couvrit les épaules d'un gros manteau, puis, tenant un parapluie au-dessus de sa tête, elle s'écria : « Vite, Denis, allons-nous-en. »
>
> Guy de Maupassant, *Une vie*, 1883.

a. Dans quel état semble être Jeanne ?

……………………………………………………………

……………………………………………………………

b. Quel lien syntaxique entre les propositions est le plus présent dans l'extrait ? Quel état du personnage souligne-t-il ? Justifiez.

……………………………………………………………

……………………………………………………………

……………………………………………………………

c. Quel autre lien syntaxique est employé deux fois dans l'extrait ?

……………………………………………………………

Je manipule

3

Transformez les phrases suivantes pour introduire un lien de coordination entre les deux propositions.

a. Il est malade, il ne viendra pas.

……………………………………………………………

b. Ce spectacle ne m'a pas plu, j'ai aimé le jeu du comédien principal.

……………………………………………………………

c. Un texte de théâtre peut être lu, il est surtout fait pour être joué.

……………………………………………………………

d. La route a été fermée, la neige était trop abondante.

……………………………………………………………

e. Nous n'avons pas été sélectionnés, nous avions beaucoup répété.

……………………………………………………………

4

Écrivez un texte de quelques lignes dans lequel un personnage effectue plusieurs actions en utilisant la juxtaposition et, pour la dernière proposition, la coordination.

……………………………………………………………

……………………………………………………………

……………………………………………………………

……………………………………………………………

……………………………………………………………

……………………………………………………………

……………………………………………………………

……………………………………………………………

……………………………………………………………

10

Analyser syntaxiquement **une phrase complexe**

J'apprends

▸ **Analyser syntaxiquement** une phrase complexe revient à en étudier la construction.
- **Étape 1 :** repérer les verbes conjugués.
- **Étape 2 :** délimiter les propositions par des crochets.
- **Étape 3 :** étudier les liens entre les propositions (subordination, coordination, juxtaposition).
- **Étape 4 :** indiquer la nature et la fonction de chaque proposition.

Ex. : [Il ne pensait pas] [qu'il gagnerait], mais [il savait][que le projet [qu'il avait présenté] était de qualité].

Proposition principale n°1 / PS complétive n°1, COD de « pensait »
Proposition principale n°2 coordonnée à la principale n°1
PS complétive n°2, COD de « savait » / PS relative, complément de l'antécédent « projet »

J'identifie

1

Analysez syntaxiquement la phrase suivante.

Lorsque les enfants entrent, ils aperçoivent, sur la table du salon, toutes sortes de friandises qui exposent leurs couleurs vives au travers de bocaux et dont l'odeur sucrée leur monte déjà à la tête.

....
....
....
....

2

Lisez l'extrait suivant.

Quand j'étais fatigué d'avoir lu toute la matinée dans la salle, jetant mon plaid[1] sur mes épaules, je sortais : mon corps obligé depuis longtemps de garder l'immobilité, mais qui s'était chargé sur place d'animation et de vitesse accumulées, avait besoin ensuite, comme une toupie qu'on lâche, de les dépenser dans toutes les directions.

1. Sorte de couverture.

Marcel Proust, *Du côté de chez Swann*, 1913.

a. Encadrez en rouge les verbes conjugués (aide : il y a en cinq) et délimitez les propositions.

b. Quel lien syntaxique unit les deux propositions principales ?

....

c. Indiquez la nature et la fonction de la PS dépendante de la principale n°1 :

....

d. Indiquez la nature et la fonction des deux PS dépendantes de la principale n°2 :

....

Je manipule

3

Transformez les quatre phrases suivantes pour obtenir une seule phrase complexe comportant de la subordination et de la coordination.

Elle entre dans le magasin. On le lui a décrit avec précision. Elle est surprise par les grands escaliers en fer. Ils semblent suspendus dans la lumière. Un immense plafond de verre paraît la diffuser.

....
....
....
....
....
....

4

Transformez les deux phrases suivantes en une phrase complexe avec subordination pour retrouver le texte original d'*Au bonheur des dames* de Zola.

Mme Desforges ne voyait de toutes parts que les grandes pancartes, aux chiffres énormes. Les taches crues de ces pancartes se détachaient sur les indiennes[1] vives, les soies luisantes, les lainages sombres.

....
....
....
....
....
....
....
....

1. Étoffe de coton peinte fabriquée primitivement en Inde, puis imitée par les manufacturiers européens.

11

Le verbe : morphologie et construction

J'apprends

- Il existe, dans le système de conjugaison, six ensembles, les modes. On distingue **quatre modes personnels** (l'indicatif, le conditionnel, le subjonctif et l'impératif) et **deux modes non personnels** (l'infinitif et le participe).
- **Chaque mode** comprend un certain nombre de **sous-ensembles** qui permettent de situer chronologiquement les événements, les temps.
- **Toute forme verbale** appartient **à un mode** et **à un temps**.
  Une forme verbale à un mode personnel est composée de **trois éléments** : le radical (= partie du verbe qui porte le sens), la marque de temps et la marque de personne.
  Ex. : Nous partirons / Il était venu. Il n'est pas possible d'isoler une marque de temps au présent.
- **Chaque verbe** entraîne **une construction syntaxique spécifique** :
  - **intransitive :** aucun complément d'objet (CO). *Ex. : Elle accourt.*
  - **transitive :** un ou des CO. *Ex. : Il tend un stylo à son voisin.*
  - **attributive :** un attribut du sujet ou du COD. *Ex. : Il semble heureux. Il la trouve sympathique.*
  - **pronominale :** un pronom personnel de la même personne que le sujet avant le verbe. *Ex. : Ils se disputent.*
- Un **même verbe** peut entraîner **des constructions syntaxiques différentes**.
  Dans ce cas-là, les sens du verbe changent. *Ex. : Cette pièce de bois **joue** (= bouge). Il **joue sa réputation** (= risque). Il **joue mille euros sur ce cheval** (= parie).*

J'identifie

1 Dans les formes verbales suivantes, soulignez en rouge le radical, en vert la marque du temps et en bleu la marque de la personne.

a. Nous reçûmes.
b. Ils voudraient.
c. Je chantais.
d. Il avait fait.
e. Elles cherchèrent.
f. Il aura dit.
g. Nous finissions.
h. Vous seriez venu.e.s

2 Dans les phrases suivantes, soulignez en rouge les verbes à construction intransitive, en vert transitive, en bleu attributive et en noir pronominale.

a. Elle traduit ce roman français en italien.
b. Il a veillé jusqu'à deux heures du matin.
c. Malgré les échecs, il reste positif.
d. Nous nous congratulons.
e. Il est rentré ivre.
f. Le cheval galope dans la plaine.
g. Il a veillé son enfant malade jusqu'à deux heures du matin.

Je manipule

3 Pour chaque verbe, rédigez une phrase en respectant la construction syntaxique transitive demandée.

a. veiller (COI) : ....
b. apprendre (COD et COI) : ....
c. permettre (COD et COI) : ....
d. confondre (COD et COI) : ....
e. interroger (COD et COI) : ....
f. jouer (COI) : ....

4 Rédigez quatre phrases comportant le verbe *passer* avec quatre constructions différentes : intransitive, transitive, attributive (ajout de « pour ») et pronominale.

....
....
....
....
....
....
....
....
....

12

Les principales valeurs des **temps de l'indicatif**

J'apprends

1. LE MODE INDICATIF

Le **mode indicatif** est le mode le plus utilisé. Il sert à **raconter**, **informer**...

Il est celui qui comporte le plus de **temps** : **cinq temps simples** (présent, imparfait, passé simple, futur, conditionnel) et **cinq temps composés** (passé composé, plus-que-parfait, passé antérieur, futur antérieur, conditionnel passé).

2. LES VALEURS DES TEMPS DE L'INDICATIF

Indiquer la **valeur** d'un temps revient à justifier son emploi en expliquant ce qu'il sert à exprimer.

• **Les principales valeurs des temps simples de l'indicatif.**

	Sert à exprimer
Présent	• un fait qui se produit en même temps qu'il est dit (présent d'énonciation) • une habitude encore d'actualité, • une vérité générale • une description dans le présent • une action au présent dans un récit au passé (présent de narration)
Imparfait	• une action passée non bornée (début et/ou fin) dans le temps • une action passée de second plan • une habitude dans le passé • une description dans le passé
Passé simple	• une action passée bornée (début et fin) dans le temps • une action passée de premier plan
Futur simple	• un fait ultérieur au moment de l'énonciation • un ordre

• **Les principales valeurs des temps composés de l'indicatif.**

	Sert à exprimer
Passé composé	• un fait qui se produit avant un autre exprimé au présent (antériorité) • les mêmes actions qu'un passé simple dans un langage oral ou plus courant
Plus-que-parfait	• un fait qui se produit avant un autre exprimé à l'imparfait, au passé simple ou au passé composé
Passé antérieur	• un fait qui se produit avant un autre exprimé au passé simple. Ce temps est employé après *quand, lorsque, dès que, après que.*
Futur antérieur	• un fait qui se produit avant un autre exprimé au futur simple • une supposition dont le locuteur est presque certain

12 Les principales valeurs des **temps de l'indicatif**

J'identifie

1

Pour chaque verbe en gras, identifiez son temps (T) et sa valeur (V).

a. Une vieille barrière en bois **longeait** la route.

T : .... V : ....

b. Ils jouaient dans la cour ; elle **se précipite** sur eux.

T : .... V : ....

c. Il n'est pas encore arrivé ; il **aura été pris** dans des embouteillages.

T : .... V : ....

d. Pour demain, vous **ferez** l'ensemble des exercices de la fiche.

T : .... V : ....

e. Il ignorait que le son **se propage** plus vite dans l'eau que dans l'air.

T : .... V : ....

f. Quand sa mère l'**eut bordé**, il attrapa sa peluche pour lui mordre son museau.

T : .... V : ....

2

Lisez l'extrait suivant.

> Comme si cette grande colère m'avait purgé du mal, vidé d'espoir, devant cette nuit chargée de signes et d'étoiles, je m'**ouvrais** pour la première fois à la grande indifférence du monde. De l'éprouver si pareil à moi, si fraternel enfin, j'ai senti que j'avais été heureux, et que je l'étais encore.
>
> Albert Camus, *L'Étranger*, 1942.

a. Soulignez en rouge deux verbes qui permettent d'exprimer l'antériorité d'un fait par rapport à un autre. À quel temps sont-ils conjugués ?

....

b. À quel temps est conjugué le verbe en gras ? Quelle est sa valeur ?

....

....

c. À quel temps est conjugué le verbe en couleur ? Par quel temps pourrait-il être remplacé ?

....

....

Je manipule

3

Complétez les phrases suivantes en conjuguant le verbe entre parenthèses au temps qui convient.

a. Il est allé échanger le pantalon qu'il (acheter) .... la veille.

b. Quand elle était étudiante, elle (participer) .... tous les mercredis à des tournois de volley.

c. Alors que le comédien (quitter) .... la scène, les applaudissements retentissent encore.

d. Il ne (se sentir) .... serein que quand il aura retrouvé le document.

e. La foule avançait en chantant ; un coup de feu (éclater) ....

f. Une fois qu'elle (terminer) .... son travail, elle pourra vous rejoindre.

g. La veille au soir, le musicien (composer) .... un nouveau morceau de une heure à cinq heures du matin.

h. Je ne savais pas que l'air (être) .... composé à 95% de diazote.

i. Il ne se souvenait plus de ce qu'il (faire) .... la veille.

4

Indiquez, pour l'exercice précédent, les valeurs des temps employés.

a. ....

b. ....

c. ....

d. ....

e. ....

f. ....

g. ....

h. ....

i. ....

5

Rédigez une suite au texte de l'exercice 2 en employant au moins deux verbes à l'imparfait, un au plus-que-parfait et un au passé composé.

....

....

....

....

....

13

Le conditionnel : temps et mode

J'apprends

1. FORMATION DU CONDITIONNEL

- Le **conditionnel présent** se forme à partir du **radical du futur** auquel on ajoute les **terminaisons de l'imparfait : -ais, -ais, -ait, -ions, -iez, -aient**.
  *Ex. : Si nous le pouvions, nous **partirions**.*
- Le **conditionnel passé** est composé de l'**auxiliaire *être*** ou ***avoir*** conjugué au **conditionnel présent** et du **participe passé** du verbe.
  *Ex. : J'**aurais pu** mieux faire.*
- **Selon ses emplois**, le conditionnel est soit un **temps de l'indicatif** qui permet, comme les autres temps, de situer chronologiquement les événements, soit un **mode** qui permet de traduire une attitude du locuteur par rapport à ce qu'il énonce.

2. LE CONDITIONNEL COMME TEMPS DU MODE INDICATIF

Il exprime :
- au **présent**, une action qui se passe **après** une autre dans un **récit au passé** (valeur de **futur dans le passé**). Si on réécrit la phrase au système présent, le conditionnel présent devient un futur simple.
  *Ex. : Il savait qu'elle **viendrait (conditionnel présent)**.*
  *→ Il sait qu'elle **viendra (futur simple)**.*
- au **passé**, une **antériorité par rapport à une action exprimée au conditionnel présent**. Si on réécrit la phrase au système présent, le conditionnel passé devient un futur antérieur.
  *Ex. : Il répondit qu'il viendrait quand il **aurait fini (conditionnel passé)** le gâteau. → Il répond qu'il viendra quand il **aura fini (futur antérieur)** le gâteau.*

3. LE CONDITIONNEL COMME MODE

Il exprime :
- **un fait soumis à une condition** en lien avec une PS introduite par **si**.
  Sa valeur change selon le caractère réalisable ou non de la condition.
- Si la condition peut **potentiellement** se réaliser, le conditionnel exprime un **potentiel**. La PS introduite par **si** est à l'**imparfait** et la proposition principale est au **conditionnel présent**.
  *Ex. : S'il venait, nous **serions** contents. (**potentiel**)*
- Si la condition ne peut pas se réaliser, le **conditionnel** exprime un **irréel du présent**. La PS introduite par **si** est à l'**imparfait** et la proposition principale est au **conditionnel présent**.
  *Ex. : Si j'avais dix-huit ans, je **voterais**. (**irréel du présent**)*
- Si la condition ne s'est pas réalisée dans le passé, le **conditionnel** exprime un **irréel du passé**. La PS introduite par **si** est au **plus-que-parfait** et la proposition principale est au **conditionnel passé**.
  *Ex. : Si j'avais eu un peu plus de temps, j'**aurais fini**. (**irréel du passé**)*
- une **demande** ou un conseil atténué.
  *Ex. : Vous **devriez** faire plus attention.*
- une **information considérée comme incertaine**.
  *Ex. : Une tempête **soufflerait** sur Saint- Malo.*
- un **souhait** (conditionnel présent) ou un **regret** (conditionnel passé).
  *Ex. : J'**aimerais** venir. / J'**aurais aimé** mieux te connaître.*

13 **Le conditionnel :** temps et mode

J'identifie

1

Indiquez la valeur des verbes au conditionnel en gras : futur dans le passé, antériorité, irréel du présent, irréel du passé, demande polie, regret, information incertaine.

a. Si ma voiture n'avait pas été en panne, je **serais venu** te chercher.
V : ....

b. Nous **aurions dû** t'écouter !
V : ....

c. Elle se décida, jamais plus elle n'**aurait** une telle occasion.
V : ....

d. Il expliqua qu'il rentrerait lorsqu'il **aurait fini** son enquête.
V :..

e. Si tu n'habitais pas si loin, je **viendrais** plus souvent.
V : ....

f. **Pourriez**-vous m'indiquer l'heure ?
V : ....

g. Un braquage **serait** en cours.
V : ....

h. J'**aurais aimé** qu'elle reste plus longtemps.
V : ....

i. Si le temps l'avait permis, l'anniversaire **aurait eu** lieu en extérieur.
V : ....

j. **Serais**-tu partant pour faire partie du projet ?
V : ....

2

Lisez l'extrait suivant.

> Celle couchée là, — maman — petite mère — Madame Adélaïde, était morte ? Elle ne remuerait plus, ne parlerait plus, ne rirait plus, ne dînerait plus jamais en face de petit père ; elle ne dirait plus : « Bonjour, Jeannette. » Elle était morte !
>
> Guy de Maupassant, *Une vie*, 1883.

a. De quel malheur est-il question dans cet extrait ?

....

b. De quel personnage le narrateur nous rapporte-t-il les pensées au discours indirect libre ?

....

c. Soulignez les verbes au conditionnel présent dans cet extrait et indiquez leur valeur.

....

....

Je manipule

3

Complétez les phrases suivantes en employant le verbe à l'infinitif au conditionnel présent ou au conditionnel passé.

a. Il (réussir) .... son expérience, s'il avait été plus rigoureux.

b. (Pouvoir) .... - tu m'accompagner ?

c. Si cela est possible, nous (préférer) .... aller en Bretagne plutôt qu'en Normandie.

d. Elle leur annonça qu'elle (partir) .... un an à l'étranger, une fois qu'elle (obtenir) .... son baccalauréat.

e. Selon nos informations, une prise d'otages (être) .... en cours dans le bâtiment.

f. (Être) ....-vous prêts à rester un peu plus ?

g. Si nous avions eu plus de temps, nous (terminer) ....

h. Si elles le pouvaient, elles (venir) .... nous aider.

4

Complétez les phrases suivantes en rédigeant une proposition principale contenant un verbe au conditionnel présent ou au conditionnel passé.

a. Si je pouvais retourner dans le passé,

....

b. Si j'avais davantage de temps,

....

c. Si je pouvais tout recommencer,

....

d. Si j'avais davantage réfléchi ce jour-là,

....

e. Si j'avais été moins timide ce jour-là,

....

5

À la manière de Maupassant dans l'extrait de l'exercice 2, rédigez un texte dans lequel vous rapporterez au discours indirect libre les pensées d'un personnage en proie à une forte émotion en employant des conditionnels présents.

....

....

....

....

....

14

Le mode **subjonctif**

J'apprends

1. FORMATION DU SUBJONCTIF

Les principaux temps du **subjonctif** sont :
- le **présent**, dont les terminaisons, pour tous les verbes sauf *être* et *avoir*, sont : **-e, -es, -e, -ions, -iez, -ent.**
  *Ex. : Je doute qu'il **vienne**. / Je doute qu'il **soit** heureux. / Je doute qu'il **ait** raison.*
- le **passé**, formé de l'**auxiliaire *être* ou *avoir*** au **subjonctif présent** et du **participe passé**.
  *Ex. : Je doute qu'il **soit venu**. / Je doute qu'il **ait eu** raison.*

2. ON UTILISE PRINCIPALEMENT LE SUBJONCTIF :

- dans les **propositions indépendantes** pour exprimer un souhait ou un ordre. *Ex. : Pourvu qu'il **vienne** ! / Qu'il **vienne** !*
- dans les **PS complétives** après un verbe exprimant un souhait, une volonté, un doute, un ordre, un sentiment.
  *Ex. : J'aimerais que vous **veniez**. / Je me réjouis que vous **veniez**.*
- dans les **PS circonstancielles** après certaines conjonctions de subordination impliquant une nuance d'incertitude, de doute... : *pour que, afin que, de peur que, bien que, quoique, avant que, jusqu'à ce que, pourvu que, en supposant que...*
  *Ex. : Je ferai tout pour que vous **réussissiez** votre projet.*

J'identifie

1

Justifiez l'emploi du subjonctif présent pour les verbes en gras.

a. J'aimerais qu'elle **réussisse**. V : ....

b. Ils se coordonnent afin que tout **soit** prêt. V : ....
....

c. Qu'il **soit** à l'heure ! V : ....

d. Il faut qu'elle **soit** présente. V : ....

e. Patientez jusqu'à ce que nous **arrivions**. V : ....
....

f. Pourvu que chacun **s'épanouisse** dans ce qu'il fera ! V : ....
....

2

Lisez l'extrait suivant.

> Elle m'a porté pendant neuf mois et elle n'est plus là. [...] Je veux lui montrer mon passeport diplomatique, pour voir son ravissement, persuadée qu'elle est, ma naïve, que c'est important d'avoir un passeport diplomatique. Je ne la détromperai pas parce que je veux qu'elle soit contente et qu'elle me bénisse. Mais je veux aussi être son petit garçon d'autrefois, je veux qu'elle me dessine son bateau qui transporte un gros nougat. [...] Je suis ridicule de parler ainsi, à mon âge ? Que je le sois.
>
> Albert Cohen, *Le Livre de ma mère*, 1954.

Soulignez les verbes au présent du subjonctif et justifiez, pour chacun, l'emploi de ce mode

....
....
....

Je manipule

3

Complétez les phrases suivantes en employant le verbe à l'infinitif au subjonctif présent ou au subjonctif passé.

a. Qu'il (être) .... plus motivé !

b. Je doute qu'elles (venir) .... toutes.

c. Nous les aidons pour qu'ils (faire) ....
.... des progrès.

d. Il faut que nous (abandonner) ....
cette tâche qui nous prend trop de temps.

e. Qu'ils .... (faire) des efforts par le passé, peut-être, mais maintenant ils n'en font plus.

f. Avant qu'il ne (prendre) .... le train, nous devons tous le remercier.

g. Quelque soit la faute qu'elle ....
(commettre), nous devons l'aider.

4

À la manière de l'extrait de l'exercice 2, rédigez une série de « je veux » exprimant un sentiment de révolte, plus ou moins lié à une forme de tristesse.

....
....
....
....
....
....
....
....
....

15

La forme **active** et la forme **passive**

J'apprends

Une phrase à la **forme passive** est constituée :

- d'un **sujet qui n'accomplit pas l'action**
- d'un **verbe** à la voix passive composé de **l'auxiliaire *être* et du participe passé**.
  Son mode et son temps sont ceux de l'auxiliaire. *Ex. : Le cœur est transplanté.* (présent de l'indicatif) / *Le cœur a été transplanté.* (passé composé de l'indicatif)
- d'un **complément d'agent** (parfois sous-entendu), fonction remplie par un groupe de mots introduit par la préposition **par** ou **de**. Le complément d'agent est l'**équivalent du sujet à la voix active.** *Ex. : L'orchestre exécute la symphonie avec brio.* (forme active)
  → *La symphonie **est exécutée** avec brio **par l'orchestre**.* (forme passive)

Attention ! Ne pas confondre une phrase à la forme passive avec une phrase à la forme active dont le verbe forme ses temps composés avec l'auxiliaire *être*.
*Ex. : Il **est évacué** par les ambulanciers.* (verbe *évacuer* au présent de la voix passive)
≠ *Il **est venu** chez nous.* (verbe *venir* au passé composé de la voix active)

J'identifie

1

Soulignez les verbes au passif en rouge et les compléments d'agent en vert (s'il y en a). Indiquez ensuite à quel temps de l'indicatif le verbe est conjugué (T).

a. La salle a été nettoyée avec minutie par toute l'équipe.
T : ....

b. Aucun son n'est plus émis par l'appareil.
T : ....

c. Tous les épisodes de la trilogie seront diffusés à la suite.
T : ....

d. Durant son séjour, il avait été apprécié de tous.
T : ....

2

Lisez l'extrait suivant.

Il s'agit d'abord de s'occuper des vaisseaux qui conduisent le sang dans et hors de l'organe. Une à une, les veines sont coupées, obturées, travaillées — Harfang et Virgilio vont vite, mais il semble que la rapidité soit le portant de l'action, qu'à ralentir leurs mains risqueraient de trembler —, puis, c'est impressionnant, le cœur est extrait du corps et la circulation extracorporelle mise en place.

Maylis de Kerangal, *Réparer les vivants*, 2014.

Soulignez cinq formes verbales au passif (pour trois d'entre elles, l'auxiliaire est sous-entendu).

Je manipule

3

Transposez ces phrases de la forme active à la forme passive.

a. Le chirurgien cardiaque, concentré, implante le nouveau cœur.
....

b. Notre famille accueillera cet enfant avec amour.
....

c. L'ensemble de la classe a fait cette erreur.
....

d. La stagiaire avait trouvé la solution.
....

e. Des paillettes multicolores parsèment le gâteau.
....

4

Après avoir fait des recherches sur la transplantation cardiaque, écrivez la suite du récit de l'exercice 2 en utilisant au moins trois formes passives pour raconter l'implantation du greffon.

....
....
....
....
....
....
....
....

16

Les substituts nominaux et pronominaux

J'apprends

1. DÉFINITION

- Les substituts nominaux et pronominaux sont des **noms**, **GN** ou **pronoms** qui désignent des éléments déjà mentionnés dans le texte. Ils permettent d'éviter les répétitions, d'enrichir le sens du texte, de mettre en relief un point de vue sur un personnage, une action…

2. LES SUBSTITUTS NOMINAUX PEUVENT ÊTRE :

- **le même nom** précédé d'un autre déterminant.
  *Ex. : un animal > **cet animal**.*
- **un synonyme.** *Ex. : la joie > **la gaieté***
- **un GN** qui apporte une nouvelle information ou qui met en valeur un point de vue positif ou négatif.
  *Ex. : le spectacle > **la pièce montée par les élèves**.*
- **un nom** qui reprend un groupe verbal, une proposition ou une phrase.
  *Ex. : Elle a parlé aux élèves. **Son explication** était claire.*

3. LES SUBSTITUTS PRONOMINAUX PEUVENT ÊTRE :

- **un pronom personnel.**
  *Ex. : Le danseur exécute un solo ; **il** s'applique.*
- **un pronom démonstratif.**
  *Ex. : L'eau était fraîche. **Cela** était agréable !*
- **un pronom possessif.** *Ex. : C'est mon projet, **le mien** !*
- **un pronom relatif.** *Ex. : La victoire **que** nous avons remportée est collective.*
- **un pronom indéfini.** *Ex. : Les candidats étaient nombreux, mais **certains** ne sont pas venus.*

J'identifie

1

Soulignez en rouge les substituts nominaux et en vert les substituts pronominaux des GN en gras.

a. **La bienveillance** le caractérise ; cette qualité sera un atout.
b. **Le candidat** ne présente pas avec clarté ce qu'il a fait durant son stage.
c. **Ce plat** est trop salé ; est-ce le tien ?
d. **Le garçon** suivait la foule. Celui-ci portait une valise.
e. Le travail consistera à fabriquer **un meuble**. Il s'agira d'une commode.

2

Lisez l'extrait suivant.

Une Grenouille vit un Bœuf
Qui lui sembla de belle taille.
Elle, qui n'était pas grosse en tout comme un œuf,
Envieuse, s'étend, et s'enfle, et se travaille,
Pour égaler l'animal en grosseur,
Disant : « Regardez bien, ma sœur ;
Est-ce assez ? dites-moi ; n'y suis-je point encore ?
— Nenni. — M'y voici donc ? — Point du tout. — M'y voilà ?
— Vous n'en approchez point. » La chétive pécore[1]
S'enfla si bien qu'elle creva.

Jean de la Fontaine, *Fables*, 1668.

1. Animal ou individu stupide

a. Listez les substituts pronominaux du GN en gras en indiquant, pour chacun, le type de pronom.

……………………………………………………………………

b. Quel GN est un substitut du GN en gras ? Qu'est-ce que ce GN apporte au texte ?

……………………………………………………………………

Je manipule

3

Complétez les phrases suivantes en utilisant les substituts demandés pour les mots en gras.

a. Il fait souvent preuve de **mauvaise foi** ; ce …………………… …………………………………… (nom commun) le desservira.

b. Il raconte **des anecdotes** …………………………………… (pronom relatif) je ne me souviens pas.

c. **Leur appartement a été cambriolé** ; cet …………………… ……………………………… (nom) les a rendus très méfiants.

d. **Tu as fait des efforts**, mais …………………………………… (pronom démonstratif) n'a pas suffi.

e. J'ai retrouvé **ces clés** sur votre bureau, est-ce les …………… …………………………………………… (pronom possessif) ?

f. C'est **un reproche** ………………………… (pronom relatif) je ne m'attendais pas.

g. À droite, **un chemin plus court, mais escarpé** ; à gauche, **un plus long, mais plus plat**. Veux-tu prendre …………………………………………… (pronom démonstratif) ou …………………………………… (pronom démonstratif) ?

4

Proposez trois GN, autres que « La chétive pécore », qui pourraient se substituer à « Une Grenouille » dans la fable de La Fontaine.

……………………………………………………………………
……………………………………………………………………
……………………………………………………………………
……………………………………………………………………
……………………………………………………………………
……………………………………………………………………
……………………………………………………………………

17

Organiser un texte : **les connecteurs**

J'apprends

Les connecteurs sont des mots qui permettent d'organiser la progression d'un texte sur le plan **temporel**, **spatial** et **logique**. Il peut s'agir d'**adverbes**, de **conjonctions de coordination** ou de **conjonctions de subordination**.

- Les connecteurs temporels servent à l'organisation chronologique d'un récit ou d'une argumentation : *d'abord, ensuite, puis, après, avant, enfin, quand, avant que, après que…*
- Les connecteurs spatiaux servent à l'organisation spatiale d'une description ou d'un récit : *ici, là, en haut, en bas, au-dessus, en-dessous, à droite, à gauche…*
- Les connecteurs logiques servent à l'organisation logique d'un récit ou d'une argumentation.

Explication	Conclusion	Addition	Opposition, concession	Reformulation	Exemplification
car, en effet, parce que, puisque, étant donné que…	*donc, aussi, et, ainsi, c'est pourquoi, par conséquent, si bien que…*	*et, aussi, également, de même, de plus, non seulement… mais aussi…*	*mais, au contraire, en revanche, pourtant, cependant, néanmoins, bien que, quoique…*	*autrement dit, en un mot, c'est-à-dire, en somme, en résumé, en bref…*	*par exemple, notamment, ainsi, comme, à l'instar de…*

J'identifie

1

Soulignez en rouge les connecteurs temporels, en vert les spatiaux et en bleu les logiques.

a. L'appartement était au 137 rue Saint Pierre ; en face, une petite allée de platanes offrait une perspective agréable.
b. Elle posa le livre, puis reprit lentement ses esprits.
c. Ce projet n'est pas abouti, il est cependant intéressant.
d. Trouve les indices, et tu pourras résoudre l'énigme.
e. À ma droite, le rayon des condiments, à ma gauche celui des gâteaux.

2

Lisez l'extrait suivant.

Octave Mouret, patron d'un grand magasin, décide de bouleverser les rayons.

Premièrement, ce va-et-vient continuel de clientes les disperse un peu partout, les multiplie et leur fait perdre la tête ; secondement, comme il faut qu'on les conduise d'un bout des magasins à l'autre, si elles désirent par exemple la doublure après avoir acheté la robe, ces voyages en tous sens **triplent** pour elle la grandeur de la maison [...].

Émile Zola, *Au bonheur des dames*, 1883.

a. Qu'Octave Mouret fait-il dans cet extrait ?

....

b. Soulignez en rouge les connecteurs logiques.

c. Proposez un connecteur logique qui pourrait s'ajouter après « triplent ».

....

Je manipule

3

Complétez les phrases suivantes en utilisant les connecteurs logiques suivants : *car, néanmoins, également, notamment, ainsi, mais*.

a. C'est une œuvre difficile d'accès, elle est .... difficile à mettre en scène.
b. Le poste est intéressant, ... je ne postulerai pas .... j'ai encore des projets à mener à mon poste actuel.
c. Votre présentation était trop courte, elle était .... de qualité.
d. La mise en scène était originale, ... celle du dernier acte.
e. Je photocopierai les cours précédents ; .... le nouvel élève sera à jour.

4

Développez deux autres arguments pour le texte de l'exercice 2 en utilisant des connecteurs logiques.

....
....
....
....
....
....
....
....
....

18

L'origine et la formation des mots

J'apprends

1. L'ÉTYMOLOGIE

Le mot **étymologie** désigne la science qui étudie l'origine des mots. Un **étymon** est la racine qui donne l'étymologie d'un mot. Une grande partie des mots en français ont une étymologie latine. *Ex. : Le mot latin « pater » est l'étymon des mots « père », « paternité », « paternel »…*

2. L'ENRICHISSEMENT DU VOCABULAIRE

Il existe **trois opérations lexicales** qui participent de l'enrichissement du vocabulaire.

- La **dérivation** consiste à former des mots en ajoutant un ou des préfixe(s) et/ou suffixe(s) à un radical. Des mots formés sur le même radical sont des mots de la même famille. *Ex. : oublier, inoubliable, oublieux…*
- La **composition** consiste à former de nouveaux mots en associant deux mots déjà existants ou deux radicaux. *Ex. : un portefeuille, un va-tout, une chaise longue, un monologue, un dialogue…*
- L'**emprunt** consiste à emprunter tel quel ou avec des transformations un mot dans une langue étrangère. *Ex : un week-end, le handball, crescendo…*

J'identifie

1

Parmi les mots en gras, soulignez en rouge les mots dérivés, en vert les mots composés et en bleu les mots empruntés à une langue étrangère.

a. Je ne lui accorde aucune **crédibilité**.

b. De jeunes **aficionados** du théâtre campent à l'entrée pour racheter des places.

c. Derrière les vitres, tout un **bazar** pour enfants : poupées, cordes à sauter, toupies…

d. Cette peinture est un **monochrome**.

e. Quelle **impolitesse** !

f. C'est un véritable **tire-au-flanc** !

2

Lisez le poème suivant.

Belle sans la **terre ferme**
Sans parquet sans souliers sans draps
Je te néante

Paul Éluard, *Les Yeux fertiles*, 1936.

a. Expliquez la formation du nom en gras.

....

....

b. Quel mot est inventé par le poète ? Comment l'a-t-il formé ? Quel sens lui donnez-vous ?

....

....

....

Je manipule

3

Complétez les phrases suivantes avec des mots de la même famille que le mot « mémoire ».

a. Le 8 mai, la France .... la fin de la seconde guerre mondiale.

b. Ma méthode pour .... une leçon est de la recopier plusieurs fois.

c. Sur certains monuments se trouve une plaque ....
....

d. J'ai dû mal à me .... notre première rencontre.

e. Que d'aventures nous avons vécues, ce sera un jour .... !

f. Nous observons dans notre civilisation depuis une époque .... la semaine de sept jours.

4

Rédigez à votre tour un court poème de trois vers qui se finira par un verbe que vous créerez par dérivation.

....

....

....

....

....

....

....

....

....

Confronter un texte et une image

Les attendus de l'épreuve

La dernière question de la partie « Compréhension de lecture » de l'examen consiste à présenter un corpus de documents. Ce corpus peut inclure des textes et des images, il s'agit alors d'être capable de les confronter.

Vous devez confronter l'extrait avec les éléments de votre dossier. Cela implique :
- **d'identifier** le(s) point(s) commun(s) et les différences entre les documents.
- **d'expliciter** le lien entre les documents.
- **de ne pas se limiter à une simple présentation** (auteur, nature, date de publication).
- **de mobiliser** des connaissances sur les œuvres confrontées.
- **d'être capable de défendre** une interprétation.

Un exemple

CORPUS
- Rembrandt, *La Leçon d'anatomie du docteur Tulp*, 1632 (▸ p. 138).
- Maylis de Kerangal, *Réparer les vivants*, 2014 (▸ p. 138).

L'ÉCRIT DU CANDIDAT

Dans le récit de Maylis de Kerangal, Virgilio participe au prélèvement des organes de Simon au milieu des chirurgiens s'affairant autour du corps. On retrouve cette situation chez Rembrandt : huit hommes sont autour du cadavre d'un homme.

Dans le passage de *Réparer les vivants*, chacun des personnages est impliqué dans l'acte chirurgical tandis que dans la peinture de Rembrandt, seul le *praelector* intervient sur le corps : les autres hommes observent et apprennent comme, d'ailleurs, l'interne des urologues dans le récit de Maylis de Kerangal.

En effet, dans la peinture, c'est une démonstration d'anatomie qui est faite par le professeur Tulp sur les muscles du bras. Ses assistants semblent respectueux de leur enseignant, voire craintifs. Ce genre de scène a été autorisé dès 1555 à Amsterdam pour former des apprentis chirurgiens. Ces séances se déroulaient dans un théatre d'anatomie. C'est la Renaissance, et on s'intéresse au corps humain comme en témoigne les planches d'anatomie de Léonard de Vinci.

Je pense que les documents du corpus se répondent : ils présentent des démarches médicales et la transmission du savoir. Mais, le texte parle d'un acte plus complexe et avancé : les deux documents illustrent, en ce sens, les avancées progressives de la médecine.

Vers l'épreuve

J'ANALYSE

1. Soulignez en rouge le(s) point(s) commun(s), en bleu les différences, en noir le rapport entre les deux documents et en vert les connaissances personnelles mobilisées. Encadrez ce qui a trait au jugement personnel.

2. La réponse du candidat est-elle conforme aux attendus ?

....

....

3. Lorsque l'on vous pose ce type de questions, vos réponses s'approchent-elles des exigences de l'épreuve ? Avez-vous des points à retravailler ?

....

....

....

JE M'ENTRAÎNE

4. Mettez en relation la peinture de Caspar Friedrich (▸ p. 100) et le texte de Stendhal, *Le Rouge et le Noir* (▸ p. 58).

....

....

....

....

....

....

....

....

....

Rendre compte d'un corpus

Les attendus de l'épreuve

Dans la première partie de l'épreuve, la dernière question vous invite à rendre compte en quelques phrases de l'unité et de la pertinence du corpus.

- **Déterminer** le thème structurant le corpus.
- **Identifier** le ou les points communs entre les documents.
- **Justifier** de la pertinence du corpus, c'est-à-dire être capable de dégager la problématique qui émerge en confrontant les documents et en les mettant en relation avec les attendus de l'objet d'étude du programme.
- **Replacer** le corpus dans le cadre de l'objet d'étude.

Un exemple

CORPUS

- Ray Bradbury, *Fahrenheit 451* (▶ p. 122)
- Rapport de l'UNESCO, *Vers les sociétés du savoir*, 2005 (▶ p. 130)

L'ÉCRIT DU CANDIDAT

Le corpus présente deux textes de natures différentes : une fiction de Ray Bradbury et un rapport de l'UNESCO. Les deux documents mettent en avant le thème de l'accès au savoir de masse dans les sociétés humaines grâce aux nouvelles technologies. Le savoir serait nécessaire et devrait être valorisé afin de développer et de consolider l'accès aux libertés individuelles et collectives. Ray Bradbury, dans sa dystopie, présente une société dans laquelle le savoir semble avoir été diabolisé sous le prétexte d'une vulgarisation dégradante ce qui a conduit à des autodafés, caractéristiques d'une société et d'un régime devenus machiavéliques.

L'intérêt du corpus se situe dans le questionnement sur la limite à apporter à l'accès au savoir. Ce corpus s'ancre donc bien dans l'objet d'étude de terminale car il nous permet de réfléchir à la diffusion du savoir et à son rôle dans l'émancipation des individus : une société sans savoir est-elle une société démocratique dans laquelle les individus sont libres ?

....

....

....

Vers l'épreuve

J'ANALYSE

1. Dans la marge, annotez la réponse du candidat en repérant : le thème ; la pertinence du corpus ; le lien avec l'objet d'étude ; le point commun entre les documents.

2. La réponse du candidat est-elle conforme aux attendus de l'épreuve ?

....

....

....

JE M'ENTRAÎNE

3. Présentez un autre corpus, composé de l'extrait de *L'Ère du soupçon* de Nathalie Sarraute (▶ p. 84) et de celui d'Alain Robbe-Grillet, *Pour un nouveau roman* (▶ p. 84). Vous devrez rendre compte de l'unité et de la pertinence du corpus.

....

....

....

Comprendre et interpréter

Les attendus de l'épreuve

La première partie de l'épreuve écrite, notée sur 10 points, repose sur votre analyse du corpus. Il s'agit pour vous de répondre à des questions qui évalueront votre compréhension et votre interprétation du texte.

- **Analyser :** repérer et nommer les procédés d'écriture utilisés par l'auteur.
- **Justifier une interprétation :** comprendre les choix d'écriture de l'écrivain et interpréter les effets produits sur le lecteur par les figures de style.
- **Formuler un avis personnel** respectueux du sens du texte et qui réponde à la question posée.

La mise en œuvre

TEXTE PROPOSÉ

- Lester Del Rey, *Hélène A'lliage*, 1979

SUJET

Léna, le robot acheté par le narrateur et son ami Dave, est-elle supérieure à l'être humain ?

L'ÉCRIT DU CANDIDAT

On comprend rapidement que Lester Del Rey insiste tout d'abord sur le fait que Léna reste, quoiqu'il arrive, une machine. C'est ce que montre l'emploi du champ lexical de la robotique : « robots », « impulsions mécaniques », « filaments », « biotes mécaniques ». L'emploi de la négation « ne [...] pas » dans l'expression « Léna ne pense pas » ou encore « elle n'a pas la conscience de son moi » renforce l'idée qu'elle n'est qu'un objet mécanique loin d'égaler l'homme. Je comprends que dans ce texte, Léna n'est pas capable de réfléchir comme un être humain : elle « suit aveuglément ses impulsions mécaniques ». L'adverbe « aveuglément » est un mot qui insiste sur la manière de fonctionner de Léna et montre que son raisonnement ne fait que suivre bêtement les étapes d'un programme informatique. Ce constat est renforcé par l'affirmation : « Un être humain se serait aperçu qu'il avait pris la vanille au lieu du sel et se serait arrêté ».

En conclusion, je pense que Léna, le robot acheté par le narrateur et son ami Dave, n'est pas supérieur à l'être humain.

....
....
....
....
....
....
....
....
....
....
....

Vers l'épreuve

J'ANALYSE

1 Dans la marge, annotez la réponse du candidat en notant les idées suivantes : analyse des procédés d'écriture ; interprétation ; formulation d'un avis personnel.

2 La réponse du candidat est-elle conforme aux attendus ?

....
....

3 Vos réponses s'approchent-elles des exigences de l'épreuve ? Avez-vous des points à retravailler ? Lesquels ?

....
....
....

JE M'ENTRAÎNE

4 En prenant appui sur le premier extrait de *Minority Report* (► p. 112), répondez à la question suivante : « Comment l'auteur nous fait-il réfléchir sur la pertinence du système d'arrestation mis en œuvre ? »

....
....
....
....
....
....
....
....

Restituer des connaissances

Les attendus de l'épreuve

À l'écrit, vous devez être capable d'illustrer vos propos en citant des œuvres étudiées. Vous devez citer un passage reflétant votre perception de l'œuvre et permettant de défendre vos propos. Il s'agit donc de rendre compte de vos connaissances.

Cette activité nécessite de…
- **connaître l'œuvre étudiée :** personnages, histoire, contexte de production.
- **être capable de rendre compte** de votre compréhension de l'œuvre.
- **pouvoir nommer** des procédés d'écriture, de citer un exemple éclairant votre point de vue…

Un exemple

L'ÉCRIT DU CANDIDAT

Le meilleur des mondes est un roman d'anticipation publié en 1932 par Aldous Huxley. Ce roman décrit une société soumise à la science (la biologie).

Dans un souci d'optimisation économique, une approche rationnelle et efficace de la société est mise en œuvre : les êtres humains sont sélectionnés, conditionnés dès avant leur naissance. Les connecteurs logiques « mais, en même temps, de sorte que, d'où » dans les propos du directeur montrent que rien n'est laissé au hasard : les manipulations génétiques sont utiles pour un ordre social optimisé. En effet, les embryons sont sélectionnés et répartis en groupes : ceux qui sont destinés à diriger « alphas », ceux voués aux travaux manuels « epsilons ». L'emploi du champ lexical de la hiérarchisation sociale en atteste : « gens de caste inférieure, les basses classes, les masses. » Les personnes inférieures sont reléguées à l'anonymat avec l'emploi du pronom indéfini « on ». Les bébés « deltas » sont soumis à des expériences pour leur faire haïr les livres et les fleurs. Il s'agit de conditionner les êtres humains comme le montre le champ lexical correspondant : « conditionner, faire en sorte, faire naître le désir de ».

Le projet de société présenté me fait penser au nazisme avec l'élimination des gens dits inférieurs, les expériences sur les détenus. Je pense par ailleurs que le récit présente un monde proche du nôtre : la recherche de l'efficacité économique, la volonté de modifier la nature humaine par la génétique.

……………………………………………
……………………………………………
……………………………………………
……………………………………………
……………………………………………
……………………………………………
……………………………………………
……………………………………………
……………………………………………
……………………………………………
……………………………………………
……………………………………………
……………………………………………

Vers l'épreuve

J'ANALYSE

1 Dans la marge, annotez la réponse du candidat en indiquant les idées suivantes : connaissance de l'œuvre ; lecture personnelle de l'œuvre ; procédés d'écriture ; exemples.

2 La réponse du candidat est-elle conforme aux attendus ?

……………………………………………
……………………………………………

3 Vous sentez-vous capable de rédiger une telle réponse ? Quel(s) point(s) devez-vous travailler pour réussir ?

……………………………………………
……………………………………………
……………………………………………

JE M'ENTRAÎNE

4 À votre tour, proposez votre lecture personnelle d'un poème étudié dans le parcours sur Andrée Chédid (▶ p. 42), en insistant sur la restitution des connaissances acquises durant son étude.

……………………………………………
……………………………………………
……………………………………………
……………………………………………
……………………………………………
……………………………………………
……………………………………………
……………………………………………

CAPACITÉ | **PARLER**

Travailler l'**argumentation à l'oral**

Les attendus de l'épreuve

À l'examen, vous devrez rédiger un écrit argumentatif. Les techniques d'argumentation se travaillent à l'oral lors des échanges avec votre professeur.

Travailler l'argumentation à l'oral, c'est être capable de :
- **répondre** aux questions posées en développant et en illustrant.
- **revenir** sur ses idées pour les préciser, les rectifier, les nuancer.
- **mobiliser** d'autres connaissances, envisager de nouveaux liens ou échos.

Un exemple

Le professeur. En quoi l'émerveillement face à la nature permet-il de prendre conscience de la condition humaine ?

l'élève. S'émerveiller peut permettre une certaine introspection. En effet, la beauté de certains paysages reflète nos états d'âmes. C'est le cas avec le romantisme : la peinture des paysages devient un mode d'expression des sentiments intérieurs. Par exemple, dans le tableau de Caspar Friedrich le *Voyageur au-dessus de la mer de nuages*, le personnage prend conscience de sa vraie place dans l'univers face à un paysage infini : il n'est pas immortel.

Le professeur. Pouvez-vous développer votre commentaire sur le tableau de Caspar Friedrich : en quoi cela symbolise-t-il l'introspection ?

l'élève. Le personnage est pensif et mélancolique devant la grandeur de la nature qui lui fait face.

Le professeur. À quel mouvement littéraire pouvez-vous associer cette idée de mélancolie ?

l'élève. Le mouvement réaliste.

Le professeur. Êtes-vous certain ?

l'élève. Non, je me suis trompé. C'est dans le romantisme car les sentiments sont exaltés. Le réalisme décrit le réel avec précision.

Le professeur. Connaissez-vous d'autres œuvres parlant du rapport de l'homme à la nature ?

l'élève. Oui, je peux citer le film *Into the wild* parce que le personnage réfléchit énormément sur la condition humaine à travers le regard qu'il porte sur la nature.

Le professeur. S'émerveiller, est-ce forcément réfléchir sur soi-même ?

l'élève. Non, on peut juste apprécier la nature pour ce qu'elle est. On le voit par exemple dans l'œuvre de Bansky, *Cameraman et Fleur* où le personnage est fasciné par la beauté de la plante.

....
....
....
....
....
....
....
....
....
....
....
....
....
....
....
....
....
....

Vers l'épreuve

J'ANALYSE

1. Dans la marge, annotez la réponse de l'élève avec les idées suivantes : préciser ; rectifier ; nuancer ; développer ; illustrer ; apport de connaissances personnelles ; connecteurs logiques ; annonce d'un argument.

2. L'argumentation de l'élève est-elle efficace ? Pourquoi ?

....

....

3. Préciser, rectifier, nuancer : qu'est-ce qui vous semble le plus difficile ? Pourquoi ?

....

....

JE M'ENTRAÎNE

4. Pour bien comprendre ce qui est attendu de vous à l'examen, construisez une grille d'auto-évaluation listant les attendus d'une bonne argumentation.

Choisir un **plan**

Les attendus de l'épreuve

Avant de rédiger un écrit argumentatif, il convient de choisir un plan. En fonction du type de sujet, la stratégie argumentative à mettre en œuvre sera différente.

Vous pourrez :
- **défendre** une thèse en démontrant sa pertinence.
- **délibérer** sur un sujet en pesant le **pour** et le **contre** avant de formuler un avis personnel.
- **réfuter** la thèse défendue par un auteur.

Des exemples

SUJET 1 **En quoi l'émerveillement face à la nature est-il source de réflexion sur la condition humaine ?**

	S'émerveiller face à la nature, c'est réfléchir sur soi.	S'émerveiller face à la nature, c'est réfléchir à la place de l'homme sur terre.
Idée défendue	Plonger son regard dans un paysage, c'est faciliter le développement d'un monologue intérieur.	En s'intéressant à la nature, l'homme peut se rendre compte qu'il en est coupé par un quotidien aseptisé.
Références mobilisées	Caspar David Friedrich, *Voyageur au-dessus de la mer des nuages*, 1818.	Marc Jeanson, Charlotte Fauve, *Botaniste*, 2019.

- ……………………………………………………………………………………

SUJET 2 **Selon vous, le progrès scientifique doit-il être contrôlé ?**

	Le progrès scientifique doit être maîtrisé.	Il faut laisser la science avancer comme elle veut.	Mon avis personnel.
Idée défendue	Les progrès en matière de prédiction scientifique peuvent entraîner des dérives.	La recherche scientifique apporte des solutions pour améliorer l'espérance de vie.	Il faut légiférer face aux avancées scientifiques pour limiter les dérives.
Références mobilisées	Philip K. Dick, *Minority report*, 1956.	Article du journal sur les cellules souches, *Le Monde*, août 2001.	Article sur la bioéthique de la revue *Euréka*, 2001.

- ……………………………………………………………………………………

SUJET 3 **Partagez-vous les choix extrêmes décrits dans *Paradis sur mesure* de Bernard Weber (▸ p. 108) pour défendre la nature ?**

	La théorie développée dans *Paradis sur mesure* est totalitaire.	De plus, c'est en éduquant les individus que l'on sauvera la nature.
Idée défendue	Pendre les pollueurs, c'est céder à l'extrémisme et à l'intolérance.	Il faut impliquer les enfants dès leur plus jeune âge dans la protection de l'environnement par des activités éducatives adaptées.
Références mobilisées	Bernard Weber, *Paradis sur mesure*, 2008.	Article de l'UNESCO sur l'éducation forestière.

- ……………………………………………………………………………………

Vers l'épreuve

J'ANALYSE

1 Sous chaque proposition de plan, indiquez la stratégie argumentative. Précisez ce qui la rend efficace.

JE M'ENTRAÎNE

2 Quel plan mettriez-vous en place pour le sujet suivant : « Selon vous, peut-on réparer les corps sans se poser de questions éthiques ? » Justifiez votre plan.

……………………………………………………………………………………

……………………………………………………………………………………

……………………………………………………………………………………

Rédiger un texte argumentatif

Les attendus de l'épreuve

Le jour de l'écrit, vous devez rédiger un texte argumentatif d'au moins une quarantaine de lignes portant sur le sujet d'étude de terminale.

Cela implique :
- **d'analyser** les attendus du sujet.
- **de mobiliser** des connaissances acquises en cours d'année.
- **de faire référence** à des éléments de votre culture personnelle.
- **d'exploiter** les informations du corpus de documents.

Un exemple

CORPUS
- Affiche d'une campagne pour le don d'organes, 2017
- Alain Corbier, Jean-Jacques Courtine, Georges Vigarello, *Histoire du corps. Les mutations du regard.* Le xxe siècle, 2006.

SUJET
Selon vous, faut-il limiter les modifications de notre corps en raison des questions éthiques que cela suppose ?

L'ÉCRIT DU CANDIDAT

Selon moi, les questions éthiques doivent passer au second plan car toute greffe apporte une plus-value non négligeable. En effet, dans le roman *Réparer les vivants* de Maylis de Kerangal, le personnage de Claire ne peut survire que si elle reçoit un nouveau cœur. Le document du corpus, extrait d'une campagne pour le don d'organes, va dans le même sens. Peu importe de savoir qui est le donneur et dans quelles circonstances il est mort, l'important c'est que l'organe soit de bonne qualité et puisse sauver la personne malade. De même, dans le film *Iron Man*, le personnage principal se fait greffer un cœur artificiel (son cœur est un réacteur) et cela le rend plus performant. Grâce à ce cœur, il peut sauver le monde. Donc, il ne faut pas limiter les greffes d'organes.

....
....
....
....
....
....
....
....
....

Vers l'épreuve

J'ANALYSE

1. Dans la marge, annotez la réponse du candidat en plaçant les idées suivantes : argument ; mobiliser ses connaissances ; éléments de culture personnelle ; références au corpus.

2. Les réponses du candidat sont-elles conformes aux attendus ?

....
....

3. Quels points devez-vous encore consolider pour réussir à produire une réponse similaire à celle proposée ?

....
....
....

JE M'ENTRAÎNE

4. Selon vous, une œuvre littéraire permet-elle de nous interroger sur la condition humaine ? Vous argumenterez à partir de deux documents choisis dans un corpus de votre choix.

....
....
....
....
....
....
....
....
....

CAPACITÉ | **ÉCRIRE**

LA MÉTHODE BAC
De la Première à la Terminale

Inclure des références littéraires

Les attendus de l'épreuve

L'écrit argumentatif s'appuie sur le corpus et les lectures faites en classe ou tirées de votre culture personnelle. Votre capacité à inclure des références littéraires est évaluée.

- **Sélectionner** les éléments du corpus et les connaissances qui répondent au sujet.
- **Intégrer** ces références : elles doivent illustrer, justifier, expliquer vos arguments.
- **Justifier** leur inclusion en développant des idées en lien avec les références choisies.

Un exemple

CORPUS

- Alexandre Lacroix, *Devant la beauté de la nature* (▶ p. 103)
- Marc Jeanson et Charlotte Fauve, *Botaniste* (▶ p. 106).

SUJET

Selon vous, en quoi la nature peut-elle être source de réflexion pour l'Homme ?

L'ÉCRIT DU CANDIDAT

Pour certains, la contemplation de la nature n'est pas seulement béate : elle amène à se questionner sur soi-même. Ainsi, dans *Botaniste*, Marc Jeanson et Charlotte Fauve s'interrogent sur leur rapport au monde et à la vitesse de celui-ci en le comparant à la croissance d'un végétal. Ils se rendent compte que, malgré leur métier censé être en contact direct de la nature, ils se retrouvent à étudier la flore derrière un écran. Ils ne se sentent plus rattachés à la réalité du monde.

Aussi, dans le livre *Into the Wild*, inspiré de faits réels, Christopher McCandless décide de quitter le monde moderne fait de béton, d'argent et de règles pour se réfugier dans la nature sauvage de l'Alaska et se retrouver lui-même. [...]

Enfin, pour d'autres, réfléchir sur le rapport de l'homme à la nature suppose de se questionner sur les dégâts causés par l'homme dans la nature. Ainsi Jacques Chirac, dans son discours au Sommet de la Terre, évoqua ce lien destructeur que l'homme peut avoir sur la nature qui l'entoure. La phrase « Notre maison brûle et nous regardons ailleurs » est célèbre, puisqu'elle montre qu'à force de s'éloigner de la réalité de la nature, nous sommes parfois tellement déconnectés d'elle que nous ne nous rendons plus compte des dégâts qui lui sont fait, d'autant plus que cela assure notre confort égoïste.

Vers l'épreuve

J'ANALYSE

1. Dans la marge, annotez la réponse du candidat en repérant : les connaissances personnelles ; les connaissances acquises dans l'année ; les éléments du corpus ; les formules pour introduire les références ; le développement des idées.

2. Vous sentez-vous capable de réussir cet exercice ? Pourquoi ?

3. Tout le corpus n'est pas exploité : est-ce un problème ? Pourquoi ?

JE M'ENTRAÎNE

4. Selon vous, les progrès des techniques peuvent-ils nous faire perdre notre humanité ? Vous répondrez de manière argumentée en prenant appui sur vos lectures de l'année et vos connaissances personnelles.

Apprendre à apprendre

L'accompagnement personnalisé va vous permettre d'atteindre plusieurs objectifs.

- Organiser votre temps de travail personnel
- Gérer votre matériel de travail
- Travailler efficacement

Méthode pas à pas

ÉTAPE 1 — COMPRENDRE L'UTILITÉ DU TRAVAIL PERSONNEL

1. Effectuez-vous un travail personnel chez vous ? Si oui, en quoi consiste-t-il ?

....

2. Travaillez-vous l'ensemble des matières ou privilégiez-vous certaines ? Pourquoi ?

....

ÉTAPE 2 — GÉRER SON TEMPS DE TRAVAIL

3. Combien de temps consacrez-vous chaque jour à vos devoirs ?

....

4. Combien de temps consacrez-vous chaque jour au travail personnel de votre initiative ?

....

ÉTAPE 3 — GÉRER SON ENVIRONNEMENT DE TRAVAIL

5. Possédez-vous un bureau personnel pour travailler ? Si non, dans quel lieu travaillez-vous ?

....

6. Préférez-vous travailler dans une atmosphère calme ou bruyante (musique, tv…) ?

....

▶ **CONSEIL**

…pour travailler efficacement

Il est important de définir à l'avance le travail obligatoire à effectuer et de le répartir tout au long de la semaine. Afin d'être efficace et d'éviter de s'éparpiller, il faut privilégier un environnement de travail calme et éviter les éléments parasites qui pourraient vous déconcentrer (télévision, radio, musique, téléphone portable…).

Mise en œuvre

Complétez la **fiche de planning** afin d'organiser votre temps de travail personnel dans la semaine :

- **Répartissez** les devoirs et révisions de chaque matière tout au long de la semaine.
- **Précisez** l'activité que vous souhaitez réaliser.
- **Estimez** le temps que vous voulez y consacrer.

Vous n'êtes pas obligé de programmer des activités chaque jour. Cette activité peut être réalisée chaque semaine et vous donnera une vision de ce que vous avez à faire et vous permettra de mieux gérer votre temps.

Fiche de planning

JOUR DE LA SEMAINE	LUNDI	MARDI	MERCREDI	JEUDI	VENDREDI	SAMEDI	DIMANCHE
MATIÈRES							
ACTIVITÉS							
TEMPS CONSACRÉ À CHAQUE ACTIVITÉ							

Apprendre à analyser une consigne

La consigne, sous la forme d'une question ou d'une injonction, donne des instructions pour réaliser une tâche. Pour bien appliquer une consigne, il faut la lire plusieurs fois, identifier le sens des mots clés, et la reformuler afin de bien comprendre ce que l'on attend de vous.

Les types de consignes	Quelles questions dois-je me poser ?
Les consignes-buts	Qu'est-ce que je dois faire ? À quoi doit ressembler mon travail final ?
Les consignes-procédures	Quelles sont les étapes facultatives ou obligatoires pour réussir ?
Les consignes-structures	Sur quoi attire-t-on mon attention ? Y-a-t-il des points précis à prendre en compte ? Pourquoi ?
Les consignes critères	Qu'est-ce qui sera évalué ? Qu'est-ce que je dois vérifier dans mon travail ?

S'entraîner

1

Identifier des consignes

• **Pour chacune des consignes suivantes, notez à quel type elles appartiennent.**

a Écrivez un récit fantastique.

....

b Analysez l'énoncé proposé.
Veuillez à ne pas confondre récit et discours.

....

c Pour rédiger le portrait du personnage, commencez par décrire son allure générale puis insistez sur son physique en allant du général au particulier. Vous finirez par la description de son visage.

....

d Imaginez la suite de cet extrait du roman *Les Misérables* de Hugo. Pour réussir votre travail, vous devez utiliser un point de vue interne ainsi que le champ lexical des sentiments. Votre texte doit être cohérent avec l'extrait et lui apporter une conclusion satisfaisante.

....

2

Donner du sens aux verbes des consignes

• **Donnez une définition claire et précise de chacun des verbes suivants :**

VERBES	L'EXPLICATION
Définir	
Expliquer	
Réfuter	
Montrer	
Commenter	
Repérer	

3

Comprendre ce que l'on attend de vous

• **Lisez la consigne suivante, puis analysez-la en complétant le tableau.**

Dans un court paragraphe, montrez comment le personnage de roman évolue entre le XIXe et le XXe siècle. Vous expliquerez quelles sont les caractéristiques du personnage romantique puis réaliste. Vous définirez ce qu'est « l'effacement » du personnage à partir des années 1950.

• **Reformulez la consigne avec vos propres mots.**

Forme de la réponse	Les tâches à réaliser	Les connaissances à apporter	Le cadre chronologique

Apprendre à prendre des notes

Vous pouvez prendre des notes en cours, en réunion, lors d'un appel téléphonique ou pendant les révisions. La prise de notes permet d'écrire rapidement les informations essentielles et d'en garder une trace claire, compréhensible et synthétique. N'écrivez pas mot pour mot ce que vous entendez ou lisez.

Exemples d'abréviations ou de symboles	Signification
Ø	Rien
Tjrs	Toujours
Cf.	Se reporter à…
Nb	Nombre, nombreux

S'entraîner

1

S'interroger sur la prise de notes

• D'après vous, quels principes faut-il respecter au cours de la prise de notes ?

Ce qu'il faut faire	Ce qu'il faut éviter
....	....
....	....
....	....
....	....
....	....

2

Écrire plus vite

• Pour chacun des mots ou expressions suivantes, trouvez le symbole graphique ou l'abréviation qui peut le remplacer.

TERME (S)	ABRÉVIATIONS / SYMBOLES
En conséquence	
La cause	
Apparition/naissance	
Équivalence	
Pourquoi	
Augmentation	
Mis en évidence par…	
Disparition/décès	
Tout/toutes	
Beaucoup	

3

Retenir l'essentiel d'un texte

Le romancier Victor Hugo meurt en 1885 d'une congestion pulmonaire.

Figure engagée du XIXe siècle, il a des obsèques nationales. Son cercueil est exposé sous l'Arc de Triomphe et deux millions de personnes assistent à ses funérailles. Cet écrivain a rédigé de nombreuses œuvres dont certaines sont toujours très populaires comme *Notre-Dame de Paris* ou encore *Les Misérables*. Malgré le temps qui passe, le nombre d'écoliers étudiant ces œuvres ne cesse d'augmenter.

a Lisez le texte sur Victor Hugo.

b Prenez des notes pour résumer son contenu.

....
....
....
....
....
....
....
....
....

▶ CONSEIL

Supprimez toutes les informations superflues.
N'abusez pas des abréviations ou des symboles qui rendraient le texte difficile à lire.

Apprendre à organiser sa pensée

Une carte heuristique se compose de ramifications tout autour d'une idée principale. Les différentes branches comportent des nœuds avec des mots, des phrases courtes ou des images.

Les tâches à réaliser	Les démarches à mettre en œuvre
Résumer un sujet sous forme de carte mentale.	Construisez autour du sujet des ramifications avec des mots clés que vous aurez listés, puis développez les branches à l'aide de vos connaissances.
Mettre en place des aides à la lisibilité et à la mémorisation.	Utilisez un mot clé ou deux par nœud et insérez des images. Votre carte sera plus facile à lire et les couleurs aideront à la mémorisation.
Hiérarchiser les informations.	Hiérarchisez les idées grâce à la couleur, la taille des caractères et l'épaisseur des traits. Vous pouvez numéroter les nœuds.
Mobiliser le numérique.	Utilisez Freemind, Mindmap ou le module « Draw » d'OpenOffice. Pour un travail collaboratif, utilisez Popplet.

S'entraîner

1

Analyser le texte

• Soulignez dans le texte et à l'aide d'un code couleur, les différents champs lexicaux.

Albert Camus, *La Peste*, 1947

Du port obscur montèrent les premières fusées des réjouissances officielles. La ville les salua par une longue et sourde exclamation. Cottard, Tarrou, ceux et celle que Rieux avait aimés et perdus, tous, morts ou coupables, étaient oubliés. Le vieux avait raison, les hommes étaient toujours les mêmes. Mais c'était leur force et leur innocence et c'était ici que, par-dessus toute douleur, Rieux sentait qu'il les rejoignait. Au milieu des cris qui redoublaient de force et de durée, qui se répercutaient longuement jusqu'au pied de la terrasse, à mesure que les gerbes multicolores s'élevaient plus nombreuses dans le ciel, le docteur Rieux décida alors de rédiger le récit qui s'achève ici, pour ne pas être de ceux qui se taisent, pour témoigner en faveur de ces pestiférés, pour laisser du moins un souvenir de l'injustice et de la violence qui leur avaient été faites, et pour dire simplement ce qu'on apprend au milieu des fléaux, qu'il y a dans les hommes plus de choses à admirer que de choses à mépriser.

2

Construire la carte mentale

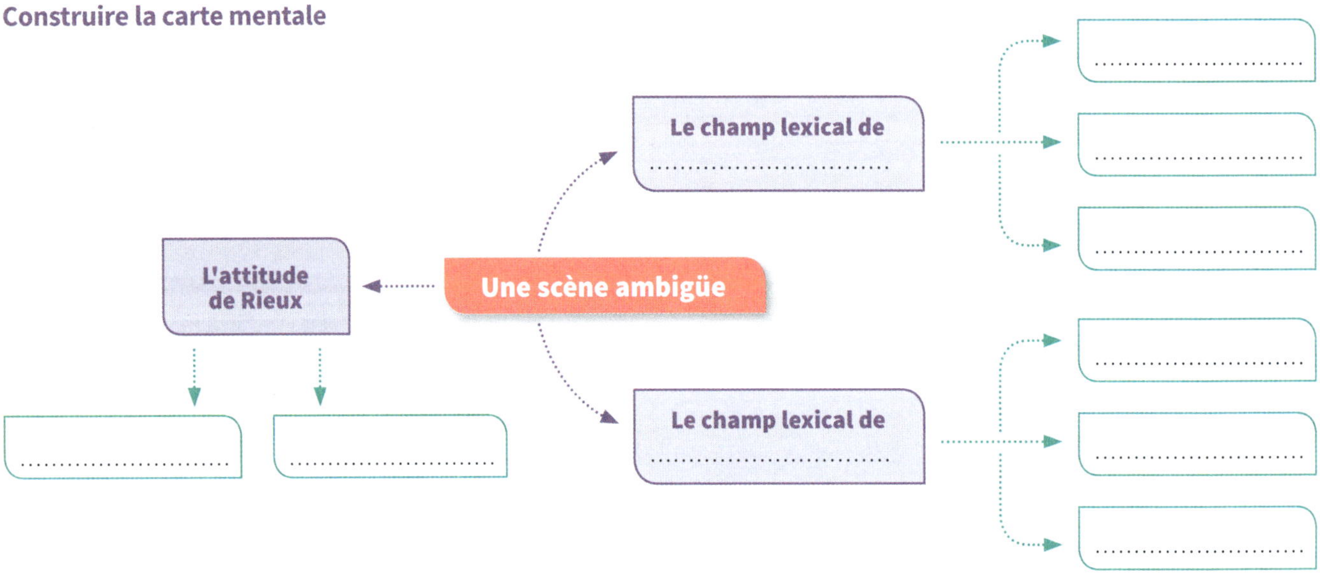

Apprendre à faire un brouillon

Le brouillon permet d'analyser les consignes, travailler le sujet et organiser ses idées.
La rédaction se fait directement au propre à partir du brouillon.

Les étapes à suivre	La démarche à adopter au brouillon
Analyser la consigne.	Écrivez l'intitulé, repérez les mots clés et notez à côté ce qu'ils impliquent.
Trouver des idées.	Listez les idées, les regrouper par codes de couleurs. Barrez les idées moins intéressantes.
Organiser les idées.	Écrivez le plan détaillé, donnez un titre aux différentes étapes. Notez les grandes lignes du début et de la fin pour vous repérer.

S'entraîner

1 Analyser un sujet

• **Analyser le sujet proposé en répondant aux questions.**

Nicolas-Prosper Levasseur, *Le Jeune Romantique*, 1822.

Rédigez le portrait détaillé de l'homme représenté sur la gravure. Vous veillerez à utiliser les procédés qui feront une bonne représentation du personnage romantique.

a Surlignez à chaque fois la réponse dans le sujet proposé. Que faut-il rédiger ? Que faut-il relever? Identifier ? Sur quelle période culturelle doit-on s'attarder pour traiter le sujet ?

b Notez ce dont il faudra tenir compte.

▸ **Le portrait détaillé :** ....

....

▸ **Les procédés :** ....

....

▸ **Le personnage romantique :** ....

....

2 Trouver des idées

• **Après avoir analysé les termes du sujet, approfondissez votre réflexion au brouillon.**

a Notez ici les idées qui vous viennent à l'esprit au sujet de ce jeune homme.

....

....

....

....

....

b Regroupez-les selon un code couleur vos idées : portrait moral, physique, pensées, état d'esprit, l'endroit où il est.

c Quelles sont les idées que vous ne gardez pas ? Pourquoi ?

3 Organiser les idées

• **Au brouillon, réfléchissez à la manière dont vous allez organiser votre travail.**

a En combien de paragraphes allez-vous organiser votre écrit ?

b Quelles seront les thématiques de chaque paragraphe ?

c Rédigez les deux premières lignes (introduction) et les deux dernières lignes de votre texte (conclusion).

Introduction : ....

....

....

Conclusion : ....

....

....

Apprendre à lire un texte en autonomie

Dans le cadre des objets d'étude, vous êtes amenés à effectuer des lectures personnelles qui viendront enrichir vos connaissances.
Comment vous y prendre pour faire le lien entre le texte lu et l'objet d'étude étudié en classe ?

Les étapes	L'objectif de l'étape	Ce que l'on analyse
Après la première lecture.	Questionner le texte	Les personnages, le narrateur, l'époque racontée, les lieux, l'action, le genre littéraire, la tonalité, le registre.
La deuxième lecture.	Étudier le lexique, la modalisation	Les champs lexicaux, les registres de langue, les modalisateurs…
La troisième lecture.	Étudier les figures de style	Les comparaisons, métaphores, métonymies, hyperboles, énumérations, personnifications…
Dernière lecture.	Étudier les sons, les rythmes (surtout en poésie)	Les vers ou les phrases, les sonorités (allitérations, assonances), les gradations, les symétries.

S'entraîner

1

Découvrir le texte

Victor Hugo, *Notre-Dame de Paris*, 1837

L'acclamation fut unanime. On se précipita vers la chapelle. On en fit sortir en triomphe le bienheureux pape des fous. Mais c'est alors que la surprise et l'admiration furent à leur comble. La grimace était son visage.

Une grosse tête hérissée de cheveux roux ; entre les deux épaules une bosse énorme dont le contre-coup se faisait sentir par devant ; un système de cuisses et de jambes si étrangement fourvoyées qu'elles ne pouvaient se toucher que par les genoux, et, vues de face, ressemblaient à deux croissants de faucilles qui se rejoignent par la poignée ; de larges pieds, des mains monstrueuses ; et, avec toute cette difformité, je ne sais quelle allure redoutable de vigueur, d'agilité et de courage ; étrange exception à la règle éternelle qui veut que la force, comme la beauté, résulte de l'harmonie. Tel était le pape que les fous venaient de se donner.

a Répondez aux questions suivantes : Qui ? Quoi ? Où ? Quand ?

....

....

....

....

b Le narrateur est-il le personnage dont le texte présente le portrait ?

....

c Quelle est la tonalité de cet extrait ?

....

2

Revenir sur le texte pour le comprendre

a Quel champ lexical domine le texte ?
Surlignez d'une couleur les mots ou expressions qui en rendent compte.

....

b Soulignez d'une couleur les différentes images utilisées par Hugo.

c Soulignez d'une autre couleur les hyperboles présentes dans le texte.

d Entourez les énumérations.

e Observez-vous des particularités dans le rythme de certaines phrases ? Précisez lesquelles.

....

....

....

3

Construire une signification d'ensemble

Quel portrait Hugo dresse-t-il du roi des fous ?

....

....

....

....

....

....

....

....

Apprendre à lire selon un objectif

La lecture est essentielle pour développer ses connaissances, répondre aux questions, comprendre de nouveaux concepts. Cependant, pour qu'elle soit efficace, la lecture doit être méthodique et avoir des objectifs précis.

Les modes de lecture	La démarche à adopter en lisant
La lecture passive	Relire plusieurs fois pour prendre connaissance et comprendre sans classer et mémoriser les informations.
La lecture sélective	Découvrir un livre par la table de matière, l'introduction et la conclusion pour vérifier son utilité sur un sujet précis.
La lecture en diagonale	Repérer l'information en balayant le texte. Les passages les plus pertinents seront relus attentivement plus tard.
La lecture active	Analyser en profondeur en surlignant, annotant, commentant. Il devient possible de faire ressortir le plan et les idées.

S'entraîner

1 La lecture en diagonale

• **Lisez ce texte en diagonale.**

Philippe Mesmer, *Le Monde*, 13 janvier 2007

Après avoir appris à se déplacer, s'exprimer, reconnaître voire sentir, les robots sont en passe d'acquérir le sens du toucher. À Nagoya, au Centre de recherche sur le contrôle biométrique, dépendant de l'Institut Riken, des scientifiques travaillent à la mise au point d'une peau artificielle à appliquer sur une machine afin d'« établir le contact », précise le professeur Toshiharu Mukai. [...]

Ces scientifiques se sont inspirés de l'architecture de la peau des mammifères. La première peau prototype est constituée de deux couches, l'une dure, en plastique, l'autre souple, en éponge. « Nous avons du créer des capteurs spécifiques car ceux sur le marché manquaient de précision », explique le professeur. Ces instruments traduisent par effet piezorésistif[1], les différentes variations de pression en signal électrique. La transmission des informations entre les capteurs et l'unité centrale, c'est-à-dire le cerveau du robot, se fait par un réseau de fils.

Cette peau a été testée sur le robot Ri-Man [...] imaginé pour évoluer en milieu hospitalier, dans une société japonaise vieillissante qui manque de main d'œuvre et conçoit le robot comme un assistant de vie.

1. Qui est en mesure d'exploiter une pression.

a Quelle(s) information(s) avez-vous retenues ?

....

....

....

....

b Surlignez un passage qui vous a semblé pertinent et destiné à être relu plus tard.

2 La lecture active

• **Lisez activement le texte de l'exercice 1.**

a Soulignez les passages clés.

b Quels commentaires pourriez-vous noter face à chaque paragraphe ?

Paragraphe 1 : ....

....

....

....

Paragraphe 2 : ....

....

....

....

Paragraphe 3 : ....

....

....

....

c Quel est le plan du texte ?

....

....

....

....

....

....

....

....

....

Apprendre à lire un texte documentaire

La lecture d'un texte documentaire vise à rechercher des informations pour préparer un cours, un exposé, un débat, voire vous accompagner dans le cadre d'une lecture d'œuvre. Sa maîtrise favorise la construction d'un savoir cohérent, distancié.

Les tâches à réaliser	Les démarches à mettre en œuvre
Définir un objectif de lecture.	Identifiez le but de la recherche en vous demandant ce que vous savez déjà sur le sujet et quelle(s) sont les informations nécessaires.
Exploiter les éléments qui organisent le texte.	Identifiez les repères (typographie, titres et intertitres, sommaire, connecteurs) pour optimiser votre lecture.
Varier les modes de lecture.	Survolez rapidement et notez les informations essentielles. Seuls les passages pertinents sont lus de manière approfondie.

S'entraîner

1

Comprendre la construction d'un texte documentaire.

• **Rendez-vous sur la page Wikipédia qui traite du personnage de Julien Sorel dans *Le Rouge et le Noir* puis répondez aux questions posées.**

Consultez le site.
liennathan.fr/5e70lq

a Comment la page est-elle structurée ?

b Pour rechercher des informations simples sur le personnage (origine, caractéristiques, entourage), est-il nécessaire de consulter l'intégralité de l'article ? Pourquoi ?

c Si vous souhaitez découvrir les personnes qui ont inspiré ce personnage, dans quelle partie de l'article devez-vous vous rendre ?

2

Revenir sur le texte pour le comprendre

• **Après avoir découvert la structure de l'article « Julien Sorel », construisez votre recherche.**

a Pour chacun des mots-clés identifiés dans la consigne, notez ce que l'on attend de vous. « En une trentaine de lignes, présentez Julien Sorel : ses caractéristiques, son parcours dans le roman, les personnes qui ont inspiré Stendhal pour le créer. »

▸ **Ses caractéristiques :**

▸ **Son parcours dans le roman :**

▸ **Les personnes qui ont inspiré Stendhal pour le créer :**

b Avez-vous déjà certains éléments de réponses ? Si oui, lesquels ?

c Recherchez les informations qui vous manquent et réalisez le travail demandé.
Attention, il ne s'agit pas de recopier le texte tel quel.

d Quelles sont les rubriques de l'article que vous n'avez pas consultées ? Pourquoi ?

Apprendre à s'auto-évaluer

Lors d'un travail d'écriture ou d'une prise de parole orale, vous devez être capable d'identifier vos points forts et vos faiblesses afin de décider des pistes d'amélioration à mettre en œuvre. Vous gagnerez ainsi en autonomie et progresserez régulièrement.

Les étapes de l'auto-évaluation	Les démarches à mettre en œuvre
Comprendre ce que l'on attend de vous.	Analysez le libellé de l'exercice et listez les tâches à mettre en œuvre.
Catégoriser les tâches.	Regroupez-les par catégories pour faciliter ensuite leur évaluation.
Construire la grille d'auto-évaluation.	Regroupez par catégories les tâches et associez-y trois colonnes : « validé », « non validé », « partiellement validé ».
S'évaluer.	Confrontez votre travail à la grille de critères. Validez, totalement ou partiellement, ou invalidez les tâches réalisées.
Remédiation.	En fonction des constats établis, procédez à une correction de votre travail.

S'entraîner

1

Construire une grille d'auto-évaluation

Sujet : « **Selon vous**, l'arrivée de l'intelligence artificielle est-elle une bonne nouvelle pour l'Humanité ? Vous **répondrez de manière argumentée** en prenant appui sur vos **lectures de l'année et vos connaissances personnelles**. »

a Complétez le tableau en vous aidant des éléments surlignés :

Catégories	Liste des tâches à réaliser
....	....
....	....
....	....
Qualité de l'expression écrite	....

b Construisez la grille d'auto-évaluation de ce travail.

2

Évaluer un travail d'écriture

• **Lisez ce texte rédigé par un élève. Puis, à l'aide de la grille de critères de l'exercice 1, identifiez les points à retravailler.**

D'une part, l'arrivée de l'intelligence artificielle nous facilite la vie. En effet, elle permet le développement de nouveaux produits, lesquels nous proposent de nombreux services au quotidien. Par exemple, certains assistants vocaux répondent à nos besoins en nous trouvant des chansons ou des films sans que l'on fasse d'efforts. D'autre part, l'intelligence artificielle est un danger : c'est ce que montre l'auteur Asimov quand il explique qu'il est nécessaire d'imposer des lois dans le cerveau positronique (basé sur une intelligence artificielle) des robots afin de nous protéger.

a Évaluez ce travail en prenant appui sur la grille que vous avez construit.

b Quels sont les points qui ne sont « pas validés » ?

....

....

....

c Qu'est-ce qui est « partiellement validé » ?

....

....

....

d Quels éléments sont « validés » ?

....

....

....

Apprendre à travailler avec le numérique

Travailler avec le numérique, c'est utiliser des logiciels ou des services informatiques pour développer vos compétences en lecture, expressions écrite ou orale. C'est un moyen très efficace pour travailler en groupe ou remédier progressivement à certaines difficultés.

Les outils numériques	Les démarches à mettre en œuvre
Framapad	Écrivez à « plusieurs mains » un texte : vous avez la possibilité de vous entraider, d'enrichir mutuellement vos écrits avec vos camarades.
Resoomer	Identifiez les idées forces d'un texte pour ensuite construire un résumé cohérent et fiable.
Dictionnaire des synonymes CRISCO	Entrez un mot, et une liste de synonymes vous sera proposée avec un indicateur de pertinence.
Audacity	Enregistrez-vous puis ré-écoutez-vous : vous analyserez vos erreurs et mesurerez vos progrès entre deux enregistrements.

S'entraîner

1

Travailler l'oral avec le numérique

- **Améliorez votre mise en voix d'un poème à l'aide du logiciel Audacity.**

a Enregistrez votre mise en voix de l'un des poèmes du groupement de l'objet d'étude « Créer et inventer : l'invention de l'imaginaire ».

b Comparez votre production avec celles de vos camarades : qu'est-ce qui change ? Qu'est-ce qui est identique ?

c Mettez-vous d'accord sur les choix de mise en voix qui sont pertinents.

d Individuellement, ré-enregistrez-vous en tenant compte des réflexions précédentes.

e Ré-écoutez-vous et enregistrez-vous plusieurs fois jusqu'à obtenir une prestation orale de qualité.

> **▶ CONSEIL**
> Identifiez ce que l'on attend de vous et construisez une grille de critères pour vous évaluer.

2

Collaborer à l'écrit

- **Réalisez le sujet de l'atelier d'écriture « Un personnage et son itinéraire » (▸ p. 66-67). Travaillez par groupes de quatre et utilisez Framapad.**

a Répartissez-vous le travail : chacun d'entre vous rédigera une partie du texte (ce que le personnage pense de sa situation, les regrets qu'il peut avoir par rapport à ses choix passés, les dilemmes qu'il a pu rencontrer, ce qu'il pense de ce qu'il voit à l'extérieur).

b Ouvrez un pad avec vos camarades sur le site Framapad.org.

c Chacun d'entre vous travaille depuis un ordinateur différent en se connectant à l'adresse du pad qui vient d'être créé.

d Accordez-vous par le biais de la messagerie intégrée sur la cohérence entre vos parties, la qualité de l'expression écrite, les choix de champs lexicaux.

e Finalisez le travail.

> **▶ CONSEIL**
> • Vous pouvez enrichir votre lexique en employant des synonymes et des antonymes.
> • N'oubliez pas de structurer votre texte en paragraphes et de sauter une ligne entre chacun d'eux.

Apprendre à mémoriser

Nos sens nous permettent de mémoriser une information ou une impression. On parle plus précisément de mémoire visuelle (la vue), de mémoire auditive (l'ouïe) ou de mémoire kinesthésique. Cette dernière repose sur les autres sens : le goût, le toucher, l'odorat.

Par ailleurs, un souvenir se garde plus ou moins longtemps en mémoire. On distingue quatre formes de mémoire.

Formes de mémoires	Ce que l'on garde en mémoire	Durée de ce que l'on garde en mémoire
Immédiate	Les sensations liées au goût, au toucher…	De quelques millisecondes à quelques secondes
À court terme	Des informations que l'on vient de nous donner ou que l'on s'approprie pour exécuter une tâche	De quelques secondes à quelques minutes
Durable	Les souvenirs liés au travail et aux connaissances	De quelques jours à toute la vie
Absolue ou photographique	Ce que l'on regarde avec attention pendant un certain temps	Sur une très longue période.

S'entraîner

1 Identifiez votre mémoire dominante

a Pour chaque mot de la liste, notez la première chose qui vous vient à l'esprit : *pomme • voiture • piscine • cheval • pas • arbre • maison • argent • poisson • bouteille.*

b Repérez, pour chacune de vos réponses, quel type de mémoire vous avez utilisé (visuelle, auditive, kinesthésique).

c Quelle est votre mémoire dominante ?

2 Entraînez votre mémoire à court terme

a Selon que votre mémoire est plutôt visuelle ou auditive, lisez ou écoutez les listes suivantes puis, de mémoire, reproduisez-les sur papier.

a) O – F – K – A – B – J – L – F – M

b) 49 – 89 – 34 – 45 – 77 – 12 – 57 – 66 – 24

c) soleil – montre – cadran – nuage – aiguille – flûte – ordinateur – pomme – canapé

b Combien d'éléments avez-vous retenus ?

De 1 à 3 éléments			
De 3 à 6 éléments			
De 6 à 9 éléments			

3 Entraînez votre mémoire durable

a Lisez plusieurs fois le texte suivant à voix haute. Prenez le rythme et l'intonation qui vous conviennent le mieux.

William Shakespeare, *Hamlet*, 1601
Acte III - Scène 1

***Hamlet* –** Être, ou ne pas être : telle est la question. Y-a-t-il pour l'âme plus de noblesse à endurer les coups et les revers d'une injurieuse fortune, ou à s'armer contre elle pour mettre frein à une marée de douleur ? Mourir... dormir, c'est tout ; ... Calmer enfin, dit-on, dans le sommeil les affreux battements du cœur ; quelle conclusion des maux héréditaires serait plus dévotement souhaitée ? Mourir... dormir, dormir ! Rêver peut-être ! »

b Récitez le texte.

c Avez-vous réussi à retenir le texte ? Avez-vous éprouvé des difficultés ou au contraire cet exercice a été difficile ?

> **▶ CONSEIL**
> Gardez en tête la manière dont vous avez lu le texte pour vous en servir pour apprendre vos leçons ou mémoriser des citations.

VERS LE BTS

S'orienter en BTS

DÉFINITION

En BTS, vous suivrez un enseignement de « **Culture Générale et Expression** » (CGE) afin de construire la culture générale dont vous aurez besoin dans votre vie professionnelle et citoyenne. Il s'agit aussi de **développer vos aptitudes** dans la communication **orale et écrite**.

COMPARAISON ENTRE LA TERMINALE ET LE BTS

	En terminale	En BTS
LE PROGRAMME	➔ **Un thème :** Vivre aujourd'hui : l'humanité, le monde, les sciences et les techniques ➔ Une **bibliographie** indicative	➔ **Deux thèmes**, dont l'un renouvelé chaque année ➔ Une **bibliographie** indicative
LES ÉPREUVES	➔ Un **corpus** composé de textes et/ou d'images ➔ **Compétences de lecture :** compréhension, interprétation, rendre compte de l'unité et de la pertinence du corpus ➔ **Compétences d'écriture :** un travail argumentatif faisant appel aux lectures de l'année et aux connaissances personnelles	➔ **Corpus de trois à quatre documents** de natures différentes s'inscrivant dans l'un des deux thèmes ➔ **Réalisation d'une synthèse** confrontant les documents du corpus ➔ **Rédaction d'une écriture personnelle :** produire une réponse argumentée à une question relative aux documents proposés

ANALYSER

1 En quelques lignes, notez ce que, pour vous, désignent les expressions « culture générale » et « expression ».

....

....

....

....

....

2 Répondez aux questions du tableau ci-après par oui ou non.

	Oui	Non
La synthèse de BTS est préparée en Bac Pro par un exercice sur le corpus.		
Les compétences argumentatives de Bac Pro sont réutilisées en BTS.		
L'exigence de l'épreuve en BTS est similaire à celle du Bac Pro.		
L'enseignement des lettres en Bac Pro ne prépare pas à la CGE en BTS.		
Il est nécessaire de lire des œuvres sur des thèmes précis en Bac Pro et en BTS.		

3 En quelques lignes, expliquez en quoi le BTS est un prolongement du Bac Pro.

....

....

....

SE PROJETER VERS LE BTS

4 Complétez le tableau suivant en analysant votre situation personnelle.

Quelles compétences maîtrisez-vous en cette année de terminale ?	Quelles sont les compétences que vous devrez consolider en BTS au vu des épreuves qui vous attendent ?

VERS LE BTS

La synthèse

Analyser un corpus

DÉFINITION

Analyser, c'est identifier le document clé pour repérer les pistes de réflexion illustrées par la lecture des autres documents. Cela permet de formuler une problématique.

EXEMPLE

Un corpus

Document 1	Document 2	Document 3
Delphine Cunny, *Ma conseillère bancaire est un robot*, latribune.fr, 07 août 2017	Une image de la série télévisée *Reals Humans*, 2012	Alexandre Édip, *Les robots, une chance pour l'homme ?*, capital.fr, le 26 avril 2017.

Une présentation d'un étudiant

Ce corpus se compose d'extraits d'articles de presse et d'une image tirée d'une série de science fiction. La problématique est : « Les robots sont-ils un atout ou un danger pour l'homme ? ». Cela correspond au thème « L'être artificiel ».

Selon le document 2, au Japon, le robot est vu comme un alter ego : c'est le cas dans *Reals Humans*, une série qui en met en scène un robot d'apparence âgée et accompagnant un vieillard dans son quotidien.

Les machines gagnent en autonomie : Alexandre Edip cite des robots aidant les médecins dans les opérations de pointe, l'analyse des données ou l'établissement de diagnostics. Delphine Cunny raconte qu'une banque suédoise a recruté un robot qui participe à 4000 conversations avec 700 employés et répond à des courriels. Cette dimension est poussée à l'extrême dans *Reals Humans* : la machine joue le rôle d'aide soignante.

Mais il existe des dangers : pour Édip, l'Occident ne cesse de revisiter avec *Terminator* ou *Frankenstein*, le mythe de la machine qui se retourne contre son créateur. Selon le document 1, l'homme sera remplacé dans le monde du travail à cause des progrès de l'intelligence artificielle.

....
....
....
....
....
....
....
....
....
....

Un tableau de confrontation réalisé par l'étudiant

Document 1	Document 2	Document 3	Document 4
	Le robot gériatrique	Au Japon, le robot est perçu comme un alter ego.	Une aide au quotidien
Le robot communique avec des collègues.	Le robot est capable de gérer seul une personne dépendante.	Le robot, un partenaire incontournable en médecine.	Des robots de plus en plus autonomes et efficaces.
Une menace pour l'emploi		L'invention peut se retourner contre le créateur	Le robot : une menace pour l'homme

→ ....

→ ....

ANALYSER

1 En quelques lignes, expliquez ce que le travail de l'étudiant sur le corpus vous inspire.

....

....

....

....

....

2 Répondez aux questions du tableau suivant par oui ou par non.

	Oui	Non
La problématique reflète-t-elle le contenu du tableau de confrontation ?		
La présentation de l'étudiant est-elle cohérente avec son analyse du corpus ?		
Le tableau est-il construit à partir d'un document du corpus en particulier ?		
Le tableau de confrontation permet–il de dégager les lignes de force du corpus ?		
La dernière colonne du tableau de confrontation a-t-elle un intérêt ?		
L'étudiant liste-t-il les points communs et différences entre les documents ?		
La présentation se limite-t-elle à citer les auteurs et les titres des documents ?		

3 Annotez la présentation et le tableau de confrontation en utilisant les expressions suivantes :

• *document clé du corpus* • *problématique du corpus*
• *les axes retenus dans le tableau de confrontation*

SE PROJETER VERS LE BTS

4 Complétez le tableau suivant en analysant votre situation personnelle.

Comment analysez-vous un corpus en Bac Pro ?	Que devrez-vous approfondir dans votre démarche en BTS ?

VERS LE BTS

La synthèse

Les attendus

DÉFINITION

La **synthèse** répond à une problématique en confrontant les idées du corpus.
Concise, ordonnée et structurée logiquement en deux ou trois parties, elle n'exprime pas l'avis personnel de son auteur.

EXEMPLE

Une charte des examinateurs

COMPÉTENCES	Attentes	Seuil	Barème
COMPRENDRE LE CORPUS/ LES DOCUMENTS	**Réception : « Appréhender un message »** • Compréhension de chaque document • Sélection des idées pertinentes en lien avec l'unité thématique du corpus	• Lecture attentive des idées essentielles (sans attendre un relevé exhaustif) • Thème spécifique du corpus : l'étudiant ne doit pas se contenter de reprendre le thème annuel	/10
CONFRONTER	**Utilisation et confrontation objective des documents** • Exploitation de tous les documents référencés et sans ajout (mais sans exiger un traitement égal) • Mise en relation des documents en lien avec la problématique en évitant la juxtaposition d'analyses ou de résumés	• Présence de liens entre les idées portées par les documents • Appui sur plusieurs documents par partie (et non nécessairement par sous-partie)	/10
STRUCTURER	**Organisation de la synthèse** • Mouvement dynamique de la composition (sans exiger d'introduction « à l'ancienne »), quelle que soit la logique choisie.	• Présence d'une ligne directrice : l'introduction énonce la problématique et un parcours. Indication des références des documents (sans formalisme)	/10
RÉDIGER/ REFORMULER	**Production : « Réaliser un message »** • Expression claire, reformulation attestant des qualités de concision requises • Respect des usages normés de la langue écrite, en fonction de sa lisibilité et de sa compréhension par le lecteur.	• Tout est rédigé : pas de titres, pas de liste, pas de tissage de citations (avec ou sans guillemets) Caractère lisible et compréhensible (y compris au regard de la langue et de l'orthographe)	/10

Charte des examinateurs 2013 pour l'épreuve de culture générale et expression au BTS
Académies de Creteil, Paris, Versailles.

ANALYSER

1 Rédigez, en quelques lignes, les attendus de l'épreuve.

....

....

....

....

....

2 Répondez aux questions du tableau suivant par oui ou par non.

	Oui	Non
L'étudiant doit porter un jugement sur le contenu des documents.		
Dans le développement, la confrontation des documents est obligatoire.		
Il n'est pas obligatoire de faire des références précises au corpus.		
Les documents sont abordés selon l'angle de la problématique.		
On peut citer des extraits des documents.		
La syntaxe, l'orthographe et le style ont de l'importance dans l'écrit de la synthèse.		
La synthèse a un cheminement problématisé.		

3 Qu'est-ce qui vous semble le plus important parmi les attendus de l'examen ?
Justifiez votre réponse.

....

....

....

SE PROJETER VERS LE BTS

4 Complétez le tableau suivant en analysant votre situation personnelle.

Que savez-vous déjà faire en Bac Pro ?	Que devrez-vous approfondir en BTS ?

VERS LE BTS

La synthèse

La rédaction

DÉFINITION

La synthèse **confronte** les documents du corpus pour répondre à la **problématique** annoncée. Elle est logiquement **structurée** et **n'exprime pas l'avis personnel** de son auteur.

UN EXEMPLE

Introduction

Le rôle ancestral de la médecine est de guérir les hommes, mais aussi de prévenir la maladie pour les maintenir en bonne santé. La pratique de la médecine évolue. Récemment, elle s'est ouverte au traitement de la douleur. Le corpus que nous allons synthétiser montre qu'elle va maintenant plus loin : avec les nouvelles technologies, il ne s'agit plus seulement de faire de la prévention ou de la thérapie, mais « d'augmenter l'homme » pour le guérir ou de façon à lui permettre d'accroître ses performances naturelles. Le dossier analyse cette tendance, mais semble aussi l'interroger : malgré ses promesses, faut-il accepter l'innovation médicale sans condition ? Après avoir fait l'état des lieux de la médecine aujourd'hui, nous verrons que les progrès ne vont pas sans poser des questions.

Développement

La médecine est placée aujourd'hui sous le signe de l'innovation. Certes, elle assure toujours son rôle traditionnel, qui est de soigner les vivants. L'essai *Histoire du corps* dirigé par Jean-Jacques Courtine rappelle en 2006 que la médecine a pris de plus en plus de place dans notre vie. Ses progrès tout au long du XXe siècle ont permis une meilleure connaissance et donc une plus grande efficacité dans la lutte contre les maladies. La durée de la vie a été allongée. Dans l'essai *Les Robots font-ils l'amour ? Le transhumanisme en 12 questions* publié en 2016, Laurent Alexandre et Jean-Michel Besnier s'entretiennent sur ce sujet. Le médecin Laurent Alexandre note que la médecine permet de mieux vivre car les individus sont de mieux en mieux soignés. C'est le cas du personnage de Claire dans le roman de Maylis de Kerangal *Réparer les vivants*, publié en 2014. Claire souffre d'une maladie cardiaque : la greffe annoncée dans l'extrait soulève l'espoir de mettre fin à son quotidien difficile. Enfin, la campagne de presse gouvernementale de 2017 pour le don d'organes montre que cette démarche s'est banalisée. La loi prévoit que chaque individu est donneur par défaut, sauf s'il a signifié le contraire. [...]

Conclusion

En somme, l'innovation médicale pose question, mais le dossier nous amène à constater qu'elle est en marche et que rien ne semble pouvoir l'arrêter : demande des individus patients-consommateurs, existence d'un marché, remarquables progrès. L'éthique semble cependant se heurter à des problématiques de plus en plus complexes.

ANALYSER

1 En quelques lignes, expliquez ce que l'exercice de la synthèse en BTS vous inspire.

....

....

....

....

....

2 Répondez aux questions du tableau ci-après par oui ou non.

	Oui	Non
Le plan de la synthèse est-il annoncé dans l'introduction ?		
Le candidat a-t-il recopié de longs passages des documents du corpus ?		
L'argumentation est-elle écrite à la première personne du singulier ?		
L'avis personnel du locuteur est-il affirmé ?		
La synthèse cherche-t-elle à répondre à la problématique posée en introduction ?		
À quel moment répond-on à la problématique posée ?		
La conclusion propose-t-elle une ouverture sur le sujet ?		

3 Complétez la légende du développement en utilisant les expressions suivantes :

• *annonce de l'idée directrice* • *articulations logiques* • *citation des sources*
• *reformulation des idées du corpus.*

SE PROJETER VERS LE BTS

Complétez le tableau suivant en analysant votre situation personnelle.

Que savez-vous déjà faire en Bac Pro ?	Que devrez-vous approfondir en BTS ?

L'écriture personnelle

VERS LE BTS

L'analyse du sujet

DÉFINITION

Analyser le libellé d'un sujet, c'est faire émerger ses attentes afin de dégager la problématique qu'il sous-tend.

UN EXEMPLE

Voici les éléments d'un corrigé correspondant à un travail d'écriture personnelle.

Selon vous, rendre notre corps artificiel est-ce trahir notre nature ?

• **Analyse du sujet**

— « L'artifice » est-il forcément l'antithèse de « notre nature » ? C'est le cœur du sujet, reprenant l'opposition des termes « artificiel » et « nature », présents dans l'intitulé du thème inscrit au programme de BTS, et qu'il conviendra de discuter.

— Qu'est-ce que « Notre nature » ? Ce que la nature nous a donné (le « corps naturel »), ou ce qui nous définit, à savoir notre identité – ce qui pose également la question du lien entre le corps et la nature, mais aussi entre le corps et l'esprit (où la « nature » de l'homme se loge-t-elle ?)

— Pourquoi devrait-on la « respecter » ? (ce que sous-entend le terme fort de « trahir » qui pourrait s'opposer à une obligation de fidélité, de respect). Au nom de quelles valeurs (religieuses, morales, etc.) ? « Notre nature » est-elle définie par une valeur supérieure, sacrée et intangible, ou par nous-mêmes ?

Une formulation explicite d'une problématique n'est pas forcément attendue. En revanche, une copie qui se poserait, à un moment ou à un autre, ce genre de questionnements pour prendre de la hauteur pourrait être valorisée.

— « Rendre notre corps artificiel » ne précise pas la nature exacte de ces artifices. Il conviendra d'accepter l'ensemble de ces modifications – en lien avec le thème mis au programme :
• Non seulement les pratiques évoquées dans le corpus : tatouage (voire scarifications et piercing dans l'interview de Le Breton),
• mais aussi la chirurgie, esthétique ou réparatrice, ou encore le sport quand il est envisagé comme une pratique visant à modifier le corps,
• voire toutes les tentatives relevant de « l'homme augmenté »,
• ainsi que les artifices temporaires et réversibles tels que le maquillage, les cosmétiques, etc.

ANALYSER

1 En quelques lignes, résumez les attendus de ce sujet.

....

....

....

....

....

2 Répondez aux questions du tableau suivant par oui ou par non.

	Oui	Non
Le problème soulevé par le sujet est clairement identifié.		
Les mots clés du sujet sont définis.		
L'analyse du sujet prend appui sur le thème « Corps naturel, corps artificiel ».		
La liste des « artifices » est clairement délimitée.		
Le sujet ne fait apparaître aucune sous-question plus précise.		

3 Annotez le corrigé avec les expressions suivantes :

• *définition des mots clés du sujet* • *sous-questionnement induit par le sujet*
• *le problème soulevé par le sujet* • *pistes d'exemples possibles.*

SE PROJETER VERS LE BTS

Complétez le tableau suivant en analysant votre situation personnelle.

Comment analysez-vous le libellé d'un sujet d'écriture délibérative en Bac Pro ?	Que devriez-vous approfondir dans votre démarche pour réussir en BTS ?

VERS LE BTS

L'écriture personnelle

La problématique et le plan

DÉFINITION

Le **plan** répond à la problématique par une **démarche dialectique** (peser le pour et le contre), **analytique** (étudier les causes, conséquences et solutions), **diachronique** (étudier l'évolution d'un phénomène), **synchronique** (étudier un phénomène à un moment précis) ou **mixte** (analyser puis prendre position).

DES EXEMPLES DE PLANS

Thème : L'extraordinaire

Sujet d'écriture personnelle :
Selon vous, notre société a-t-elle besoin d'admirer des individus extraordinaires ?

Commentaire extrait du corrigé du BTS 2017 :

Le « nous » peut être interprété comme [...] la société occidentale contemporaine. [...] Mais le « nous » [...] peut aussi amener une généralisation à travers l'espace et le temps. [...] Le sujet n'interroge pas le besoin de héros – à priori admis – mais plutôt la nature de ces héros. Pourtant, certains candidats peuvent être tentés de questionner la nécessité même d'avoir des héros [...]. Cet angle peut être accepté dès lors qu'il est expliqué et que la réflexion inclut une prise en compte du caractère extraordinaire de l'héroïsme. [...] L'enjeu de la question porte sur le caractère extraordinaire des héros et sur leur valeur exemplaire.

Plan 1

I – Portrait du héros : celui qui est ordinaire et celui qui est extraordinaire

- **A.** Le super-héros et le héros ordinaire
- **B.** Des héros à deux visages ?

II – Le héros : un réel besoin pour la société

- **A.** Le héros et les valeurs d'une société
- **B.** Le héros, source d'identification

Plan 2

I – Certes, d'un côté, les héros « extraordinaires » sont valorisés dans la société…

1. Les héros historiques : de grandes figures que l'on célèbre
2. Les héros du quotidien

II – … Cependant, d'un autre côté, on peut leur préférer des humains tout à fait ordinaires

1. Les héros et leurs excès
2. Les gens ordinaires… des gens d'exception

Plan 3

I – Ce qu'est un héros dans la réalité

- **A.** Les héros historiques
- **B.** Les héros du quotidien

II – Les héros extraordinaires dans la fiction : un besoin pour ré-enchanter le monde et donner de l'espérance

- **A.** Les grandes figures de la mythologie
- **B.** Les super-héros

CONSEILS

- Au brouillon, notez seulement les grands titres de votre plan.
- Une fois votre plan établi, rédigez votre introduction et votre conclusion. Vérifiez qu'elles soient bien cohérentes avec votre plan.

ANALYSER

1 En quelques lignes, expliquez à quelle démarche appartient chacun des types de plan proposés.

....

....

....

....

....

2 Répondez aux questions du tableau suivant par oui ou par non.

	Oui	Non
La problématique du sujet, ce sont les héros en général.		
L'extraordinaire doit être au cœur du sujet traité.		
Chaque grande partie est subdivisée en plusieurs paragraphes.		
Les deux grandes parties sont à chaque fois équilibrées.		
Systématiquement, le candidat affirme un avis personnel.		
La dimension extraordinaire des héros n'est pas traitée dans les plans proposés.		
Le plan répond systématiquement à la problématique soulevée par le sujet.		

3 Quelle démarche vous semble la plus pertinente pour traiter le sujet proposé ? Justifiez votre réponse en quelques lignes.

....

....

....

SE PROJETER VERS LE BTS

4 Complétez le tableau suivant en analysant votre situation personnelle.

Pour répondre à sujet de Bac, comment construisez-vous votre plan ?	Qu'est-ce qui va changer en BTS par rapport à votre démarche actuelle ?

L'écriture personnelle

VERS LE BTS Mobiliser des références

DÉFINITION

Mobiliser des références, c'est d'abord identifier les attendus du thème à traiter puis repérer et sélectionner les œuvres à étudier afin de traiter tous les aspects requis d'un sujet.

UN EXEMPLE

Thème : À toute vitesse !

Introduction :

La vitesse et l'intensité ont toujours été associées à des vies fulgurantes et exceptionnelles. Pratique de sports extrêmes, conduites à risque : certains choisissent de vivre vite et pleinement, quitte à mettre leur existence en danger. La lenteur semble être dévalorisée. Cependant de multiples activités humaines - création, recherche, artisanat, etc. - nécessitent patience et et endurance. Nombreux sont ceux qui refusent l'accélération constante de nos vies et prônent le retour à des rythmes plus lents, mieux ancrés dans les cycles de la nature et le respect des temps biologiques. Ne faut-il pas accepter de perdre du temps pour s'inscrire dans une durée épanouissante ? Comment trouver le bon tempo, le rythme qui convient ? Comment donc prendre le temps de vivre sans pour autant se priver de tous les possibles qu'offre la vitesse ?

Mots clés :

• *accélération* • *aérodynamisme* • *allegro* • *atermoiement* • *bolide* • *circuit* • *contemplation*
• *diffusion de l'information* • *élan* • *embouteillage* • *empressement* • *ennui* • *flow (rap)*
• *fulgurance* • *griserie* • *hâte* • *immédiateté* • *imminence* • *mobilité*

Expressions :

• *vivre à cent à l'heure* • *vitesse de croisière* • *vitesse de la lumière* • *à la vitesse de l'éclair*
• *flux tendu* • *blitzkrieg* • *Formule 1* • *24 heures du Mans* • *confondre vitesse et précipitation*

Littérature	Essais	Films
• Alessandro Baricco, *Cette histoire-là* • Samuel Beckett, *Oh les beaux jours* • Philippe Besson, *Vivre vite* • Blaise Cendrars, *La Prose du Transsibérien et de la petite Jehanne de France* • Jean Echenoz, *Courir* • Jack Kerouac, *Sur la route* • Milan Kundera, *La Lenteur* • Jean de La Fontaine, *Fables*, Le lièvre et la tortue • Charles Perrault, *Le Petit Poucet*	• Nicole Aubert, *Le Culte de l'urgence : la société malade du temps* • Roland Barthes, *Mythologies*, « La nouvelle Citroën » • Marc Desportes, *Paysages en mouvement* • Jean-Philippe Domecq, *Ce que nous dit la vitesse* • Tristan Garcia, *La Vie intense*	• Jan de Bont, *Speed* • Rob Cohen, *Fast and furious* • Christian de Challonge, *Les quarantièmes rugissants* • Roger Donaldson, *Burt Munro* • Jean Epstein, *La Glace à trois faces* • Jean-Luc Godard, *À bout de souffle*

Le Bulletin officiel, n°10 du 7 mars 2019

ANALYSER

1. En quelques lignes, expliquez ce que l'étudiant pourrait mener comme travail préalable en s'appuyant sur l'extrait du Bulletin Officiel.

....

....

....

....

....

2. Répondez aux questions du tableau suivant par oui ou par non.

	Oui	Non
Il est demandé de traiter le sujet sous un seul angle d'analyse.		
Il n'y a qu'un seul type de références à étudier.		
Les œuvres proposées permettent de traiter les mots clés et expressions proposées.		
Toutes les œuvres citées sont à connaître.		
Le Bulletin Officiel donne des pistes sur la manière de comprendre le sujet du thème.		
Les problématiques soulevées par le thème « À toute vitesse » sont formulées.		

3. Annotez l'extrait du Bulletin officiel en utilisant les expressions suivantes :

• *les sujets abordés dans les œuvres* • *les différents aspects du sujet à traiter*
• *les problèmes que l'étudiant doit aborder à travers ses lectures*

SE PROJETER VERS LE BTS

4. Complétez le tableau suivant en analysant votre situation personnelle.

Menez-vous un travail d'analyse des attendus des objets d'étude en Bac Pro ?	Que devrez-vous faire en BTS pour rendre votre travail efficace ?

L'écriture personnelle

VERS LE BTS
L'introduction et la conclusion

DÉFINITION

L'**introduction** amène le sujet, en définit les mots clés et pose la problématique à laquelle répond le plan. La **conclusion** répond au questionnement posé.

UN EXEMPLE

Sujet

Selon vous, en proposant à l'homme un corps augmenté, la médecine sort-elle de son rôle ? Vous répondrez à cette question d'une façon argumentée en vous appuyant sur les documents du corpus, vos lectures et vos connaissances personnelles.

Introduction

Les progrès technologiques accomplis au cours du demi-siècle dernier sont phénoménaux : les outils numériques ont envahi notre quotidien et on compte de plus en plus d'objets connectés autour de nous. La médecine a bien sûr profité de ces progrès, quand elle n'a pas été elle-même à la pointe de l'innovation. Cela nous a permis de vivre plus vieux et en meilleure santé. Un pas de plus est franchi depuis que nous sont proposés des dispositifs qui augmentent notre corps en y ajoutant des machines qui l'aident à mieux vivre – voire à vivre tout court –, ou à améliorer ses performances sans forcément avoir un problème de santé au départ. En cela, la médecine sort-elle de son rôle ? Après avoir tenté de définir son rôle premier, nous verrons que la médecine a aussi toujours été, par essence, ouverte au progrès et qu'elle l'est donc naturellement à l'augmentation. Cela nous amènera pourtant à nous poser la question des limites.

Conclusion

En somme, on constate que la médecine, en cherchant des solutions à différentes pathologies, se met aussi en position de proposer à l'homme de changer de nature par l'hybridation, ce qui, entre enthousiasme et rejet, est encore pour l'instant envisagé avec méfiance par la société.

ANALYSER

1 En quelques lignes, expliquez quelles sont vos impressions à la lecture de l'introduction et de la conclusion.

....

....

....

....

....

2 Répondez aux questions du tableau suivant par oui ou par non.

	Oui	Non
L'introduction débute par un constat qui sert d'accroche.		
La problématique de l'introduction reprend les termes du sujet.		
Les différentes étapes du raisonnement développé ne sont pas précisées dans l'introduction.		
Les termes importants du sujet sont expliqués dans l'introduction.		
Des références de culture personnelle sont dans l'introduction et la conclusion.		
La conclusion apporte une réponse à la problématique posée en introduction.		
Une ouverture sous forme de question est une obligation dans la conclusion.		

3 Annotez le sujet, l'introduction et la conclusion en utilisant les expressions suivantes :

• *phrase d'accroche* • *problématique* • *annonce du plan* • *réponse à la problématique*
• *notion clé du sujet.*

SE PROJETER VERS LE BTS

4 Complétez le tableau suivant en analysant votre situation personnelle.

Comment construisez-vous vos introductions et conclusions en Bac Pro ?	Que devrez-vous améliorer pour répondre aux attentes en BTS ?

VERS LE BTS

Le rapport d'activité

DÉFINITION

Le **rapport d'activité** vous permet de présenter l'entreprise où vous avez effectué votre stage. Il décrit l'évolution de vos compétences grâce aux activités exercées en milieu professionnel.

UN EXEMPLE

Extrait d'un rapport d'activité en BTS « Négociation et Digitalisation de la Relation Client ».

Objectif(s) :

Valoriser la gamme de produits et l'image de l'entreprise. Concourir au développement du chiffre d'affaires.

Annexes :

- Outils de préparation et d'évaluation : tableau de bord.
- Outils pour évaluer les actions : ratios de prospection et de rentabilité, graphiques.
- Outils pour exploiter les résultats : détermination d'un prix psychologique, étude de marché, graphique d'évolution du chiffre d'affaires.
- Outils d'analyse : benchmarking, matrice SWOT, matrice BCG.
- Sites pour rendre visible l'entreprise : réseaux sociaux, outils de référencement.
- Outils pour inciter à l'achat et fidéliser : flyers, offres promotionnelles, publipostage électronique.
- Outils d'aide à la vente : fichier prospect, plaquettes, brochures.
- Différents supports pour récupérer l'information : bons de commande, factures.

Description du projet commercial :

L'entreprise « Je vais vite », à Metz, existe depuis 2011. Son capital est de 20 000 euros et elle a quatre salariés. Elle loue des trottinettes et des vélos électriques pour des déplacements en milieu urbain. L'entreprise veut développer son activité commerciale en innovant.

Dans ce but, j'ai effectué trois missions :

1. J'ai étudié la concurrence puis créé un concept novateur que j'ai commercialisé.
2. J'ai fait connaître l'entreprise sur Internet.
3. J'ai négocié avec de nouveaux clients et je les ai fidélisés.

Compétences acquises :

1. Relation client et négociation vente : cibler et prospecter la clientèle, négocier et accompagner la relation client…
2. Culture économique, juridique et managériale : proposer des solutions argumentées, établir un diagnostic préparant une prise de décision stratégique…
3. Relation client à distance et digitalisation : animer la relation client digitale…

ANALYSER

1 En quelques lignes, dîtes ce que vous pensez du travail proposé par l'étudiant.

....

....

....

....

....

2 Répondez aux questions du tableau suivant par oui ou par non.

	Oui	Non
Les compétences listées correspondent aux activités menées pendant le stage.		
La situation présentée par le candidat n'est pas problématisée.		
Le rapport d'activité est structuré et organisé de manière logique.		
L'étudiant n'a pas besoin de présenter les besoins de l'entreprise.		
Le rapport d'activité ne parle que d'une seule action réalisée en stage.		

3 En quelques lignes, expliquez en quoi le rapport d'activité permet au candidat de porter un regard critique sur son stage.

....

....

....

....

SE PROJETER VERS LE BTS

4 Complétez le tableau suivant en analysant votre situation personnelle.

Comment rendez-vous compte de vos activités en stage en Bac Pro ?	Pourrez-vous rendre en BTS le même type de travail qu'en Bac pro ? Pourquoi ?

VERS LE BTS

Le portfolio

DÉFINITION

Le **portfolio** permet l'acquisition d'une culture générale. Il est constitué de fiches grâce auxquelles vous pouvez garder une trace de vos lectures. Vous pourrez ainsi les réinvestir dans l'écriture personnelle.

UN EXEMPLE

Un document

Philothée Gaymard,
Le Vintage. Le monde expliqué aux vieux,
2013.

Un thème de BTS

Ces objets qui nous envahissent : objets cultes, culte des objets.

Un extrait

Le vintage est le témoin d'un nœud d'incompréhension entre les baby boomers et leurs enfants. Et ce nœud est fondé sur une définition de la jeunesse qui a changé. Quand on dit « jeunesse », la génération de nos parents entend « révolte », « nouveauté », « nihilisme », « liberté ». Confrontés au goût de leurs enfants pour le vintage – c'est-à-dire pour des choses qu'eux se sont efforcés de repousser pour la seule raison qu'elles n'étaient pas neuves -, les baby boomers y voient une fascination morbide, des jeunes déjà vieux, confits dans la peur de l'avenir et incapables de créer quoi que ce soit.

Quand on dit « jeunesse », la génération Y entend « inquiétude », certes, mais aussi « enracinement », « harmonie », « cohérence », « responsabilité », et oui, « enthousiasme », « envie », « innovation », « création ».

Philothée Gaymard, *Le Vintage. Le monde expliqué aux vieux*, 2013.

Une justification

Les plus vieux considèrent ce phénomène comme superficiel alors qu'il est en réalité sérieux et témoigne des craintes, des aspirations des jeunes.

Mon avis

L'œuvre s'intègre dans le thème. Le « vintage » interroge sur le rapport que nous entretenons avec les objets et sur ce qu'ils disent de ceux qui les possèdent. Parmi les mots clés du thème dans cette œuvre : accumulation, collection, symbole, récupération, recyclage.

Avoir le culte des objets anciens, est-ce une attitude superficielle ?

Le « vintage » est un marqueur identitaire et illustre les ressentis des jeunes urbains. L'auteur cite l'exemple d'une jeune parisienne récupérant les robes seventies de sa mère et s'équipant de meubles anciens. Les parents ne comprennent pas : c'est contraire à l'idée de progrès et c'est une preuve de repli sur soi. Or, la jeunesse exprime à travers le vintage ses doutes et aspirations. Ainsi, il peut y avoir une dimension écologique derrière le « vintage » : on ne surconsomme plus, on recycle, on utilise des matériaux plus naturels tels les meubles en bois. Mais, au nom du refus de la consommation standardisée, le passé n'est-il pas idéalisé de manière trompeuse ?

ANALYSER

1 En quelques lignes, expliquez la démarche de l'étudiant lorsqu'il a construit la fiche de son portfolio.

....

....

....

....

....

2 Répondez aux questions du tableau suivant par oui ou par non.

	Oui	Non
L'avis donné est l'expression d'une émotion ressentie.		
L'avis est une réponse personnelle à la problématique posée par le livre.		
L'étudiant fait le lien avec le thème du programme en explicitant ce dernier.		
Le passage retenu illustre parfaitement son opinion personnelle.		
L'étudiant procède à un résumé du livre .		

3 **a.** Annotez l'avis de l'étudiant en utilisant les expressions suivantes :

• *formulation de la problématique du livre* • *citations d'exemples tirés de la lecture*
• *lien avec le thème de BTS.*

b. Surlignez de trois couleurs différentes les passages auxquels se rapportent les expressions.

SE PROJETER VERS LE BTS

4 Complétez le tableau suivant en analysant votre situation personnelle.

Comment gardez-vous trace de vos lectures en Bac Pro ?	Que devriez-vous approfondir dans cette démarche pour réussir en BTS ?

CRÉDITS TEXTES

p. 24 André Breton, *Manifeste du surréalisme*, © Société nouvelle des éditions Pauvert, 1924, 1979 **p. 29** Raymond Queneau, *Cent mille milliards de poèmes*, préface, © Éditions Gallimard, 1961 **p. 30** Paul Éluard, « L'Amoureuse » in *Capitale de la douleur*, © Éditions Gallimard, 1926 **p. 31** Robert Desnos, « J'ai tant rêvé de toi » in *Corps et biens*, © Éditions Gallimard, 1930 **p. 32** André Breton « Union libre » in *Clair de terre*, © Éditions Gallimard, 1931 **p. 34** Paul Claudel, *Cent phrases pour éventails*, © Éditions Gallimard, 1927 **p. 40** Andrée Chédid, couverture *Rythmes*, © Éditions Folio Gallimard, 2003, 2018 **p. 40** Entretien avec Martine Laval et Andrée Chédid pour *Télérama*, octobre 2000 **p. 42** Andrée Chédid, « Le Hasard » in *Rythmes*, © Éditions Gallimard, 2003 **p. 43** Andrée Chédid, « Le sens » in *Rythmes*, © Éditions Gallimard, 2003 **p. 43** Entretien avec Martine Laval et Andrée Chédid pour *Télérama*, octobre 2000 **p. 44** Andrée Chédid, « La source des mots » in *Rythmes*, © Éditions Gallimard, 2003 **p. 45** Andrée Chédid, « Je m'écris » in *Rythmes*, © Éditions Gallimard, 2003 **p. 45** Entretien avec Martine Laval et Andrée Chédid pour *Télérama*, octobre 2000 **p. 46** Andrée Chédid, « Épreuves du langage » in *Rythmes*, © Éditions Gallimard, 2003 **p. 48** Andrée Chédid, « L'Autre » poème inédit commandé par *le Printemps des Poètes* 2008 **p. 48** Jean-Pierre Siméon, *Rythmes*, préface, © Éditions Gallimard, 2003 **p. 50** Jean-Paul Sartre, *Les Mots*, © Éditions Gallimard 1964 **p. 51** Andrée Chédid, *Où la vie advient*, © Éditions Gallimard, 1991 **p. 54** *Stratégies* no1921, 19 octobre 2017 **p. 58** George R. R. Martin, *Game of Thrones*, 1996 **p. 72** Stefan Zweig, couverture *Ivresse de la métamorphose*, © Éditions Belfond, 1984 **p. 72 à 80** Stefan Zweig, *Ivresse de la métamorphose*, © Éditions Belfond, trad. Robert Dumont, 1984 **p. 84** Nathalie Sarraute, *L'Ère du soupçon*, © Éditions Gallimard, 1956 **p. 84** Alain-Robbe Grillet, *Pour un nouveau roman*, © Éditions de Minuit, 1963 **p. 87** Albert Camus, *L'Étranger*, © Éditions Gallimard, 1942 **p. 88** Georges Perec, *Les Choses*, © Éditions Julliard, 1965 **p.91** Louis-Ferdinand Céline, *Voyage au bout de la nuit*, © Éditions Gallimard, 1932 **p.94** Aurélie Filippetti, *Les Derniers Jours de la classe ouvrière*, Éditions Stock, 2003 **p. 102** Henry David Thoreau, *Walden ou la vie dans les bois*, © Éditions Nouvelle Revue Française, traduction Louis Fabulet, 1854, 1922 **p. 103** Alexandre Lacroix, *Devant la beauté de la nature*, © Éditions Allary, 2018 **p. 104** Jean Giono, *Un roi sans divertissement*, © Éditions de la Table ronde, 1947 **p. 106** Marc Jeanson et Charlotte Fauve, *Botaniste*, © Éditions Grasset, 2019 **p. 108** Bernard Werber, « Et l'on pendra tous les pollueurs », dans *Paradis sur mesure*, © Éditions Albin Michel, 2008 **p. 110** Philip K. Dick, couverture *Minority Report*, © Éditions Citadel, Reprint edition, 2002 **p. 110** Pierre Barthelemy, *Le Monde*, 2013 **p. 112** Philip K. Dick, *Minority Report*, © Éditions Citadel, 1956, 2002 **p. 112** La Presse, *Prévoir les crimes avant qu'ils ne soient commis avec l'informatique*, juillet 2012 **p. 113 à 116** Philip K. Dick, *Minority Report*, © Éditions Citadel, 1956, 2002 **p. 118** Institut Paris Région Ile de France, *La police prédictive, enjeux soulevés par l'usage des algorithmes prédictifs en matière de sécurité publique*, 2019 **p. 119** Olivier Parent, *Ce que « Minority Report » nous dit sur demain*, Futurhebdo **p. 122** Ray Bradbury, *Farenheit 451*, © Éditions Denoël, traduction Jacques Chambon et Henri Robillot, 1953 **p. 125** Jean-Louis Charvet, *Qu'est-ce que l'éducation humaniste ?*, © Éditions Connaissance hellénistique, 2015 **p. 128** Cheikh Anta Diop, *Alerte sous les tropiques*, © Éditions Présence africaine, 1960 **p. 130** Rapport mondial de l'UNESCO, *Vers les sociétés du savoir*, 2005 **p. 131** George Orwell, *1984*, © Éditions Gallimard, traduction Amélie Audiberti, 1950 **p. 132** Maylis de Kerangal, couverture *Réparer les vivants*, © Éditions Folio Gallimard, 2014 **p. 132** Entretien de Maylis de Kerangal avec *Culturopoint*, 2014 **p. 133 à 140** Maylis de Kerangal, *Réparer les vivants*, © Éditions Gallimard, 2014 **p. 142** Kazuo Ishiguro, *Auprès de moi toujours*, © Éditions des deux Terres, traduction Anne Rabinovitch, 2005, 2006 **p. 143** Richard Martineau, *La Vie après la mort*, journaldemontreal.com, 20 avril 2014 **p. 146** Isaac Asimov, « Raison », *Les Robots*, © Éditions J'ai lu, 2012 **p. 147** Libération, « La troisième révolution après la poudre et l'arme nucléaire », 2015 **p. 165** Christian Bobin, *Autoportrait au radiateur*, 1997 **p. 168** André Breton « Union libre » in *Clair de terre*, © Éditions Gallimard, 1931 **p. 174** Albert Camus, *L'Étranger*, © Éditions Gallimard, 1942 **p. 177** Albert Cohen, *Le Livre de ma mère*, © Éditions Gallimard, 1954 **p. 178** Maylis de Kerangal, *Réparer les vivants*, © Éditions Gallimard, 2014 **p. 181** Paul Éluard, *Les Yeux fertiles*, © Éditions Gallimard, 1936 **p. 194** Albert Camus, *La Peste*, © Éditions Gallimard, 1947 **p. 197** Philippe Mesmer, *Le Monde*, 13 janvier 2007 **p. 220** Philothée Gaymard, *Le Vintage. Le monde expliqué aux vieux*, 2013.

CRÉDITS ICONOGRAPHIQUES

Couverture : Jules-Joseph Lefebvre, Graziella, 1878 - The metropolitan Museum of Art – CCO 1.0
Dominique Appia, Le Temps des gares, 1978 - akg-images

p. 4 Bibliothèque nationale de France / 744189 **p. 5** Bridgeman images **p.6** BIS/Ph. Luc Joubert/Archives Larbor Droits réservés **p.7** Erich Lessing/AKG images **p. 8** Bibliothèque nationale de France / 744189 **p. 9** Bridgeman images **p. 10** Bibliothèque nationale de France / 744189 **p. 12** Bibliothèque nationale de France / 833513 **p. 13** Bibliothèque nationale de France / 872474 **p. 14** Landesmuseum Hannover / Artothek / LA COLLECTION **p. 16** Bibliothèque nationale de France **p. 17** Adoc-photos **p. 18** h Photo Josse/Leemage **p. 18 bg** Photo Josse/Leemage **p. 18 bd** Bibliothèque nationale de France / 756334 **p. 19** Bibliothèque nationale de France / 56673 **p. 20** Etienne Carjat/Roger-Viollet **p. 22** BIS/Ph.Hubert Josse © Archives Larbor **p. 24 h** Albert Harlingue / Roger-Viollet **p. 24 b** Bis/Ph. Coll Archives Larbor **p.25** Archives Charmet/Bridgeman Images **p. 26** h Bis/Photo Françoise Foliot © Coll Archives Larbor **p.26 b** Bridgeman Images © Adagp, Paris, 2020 **p. 28 h** Bibliothèque Jacques Doucet BIS/ Photo X, D.R. Coll. Archives Larbor **p. 28 b** Guillo/ Archives CDA/ akg-images © Adagp, Paris, 2020 **p. 29 h** Henri Martinie/Roger-Viollet **p.29 b** Bibliothèque nationale de France, Rés M Ye 641 © Editions Gallimard **p. 30 g** Henri Martinie/ Roger-Viollet **p. 30 d** akg-images © Adagp, Paris, 2020 **p.31** Archives Charmet/Bridgeman Images **p.32** Bis/Ph. Coll Archives Larbor **p. 33** Association Atelier André Breton **p.34 g** BIS/ Photo © Archives Larbor **p. 36** Association Atelier André Breton **p. 37** Association Atelier André Breton **p. 38** : Maison Elsa Triolet-Aragon **p. 39 1** Sculptures de Pierre Marie Lejeune Photo Claude Gaspari **p. 39 2** Jean-François Lange **p. 39 3** Maison Elsa Triolet-Aragon **p. 39 4** Pablo Volta **p. 40** Jacques SASSIER/Gallimard/Opale/Leemage **p. 41** Collection / Active Museum / Le Pictorium **p. 42** Fondation Hartung-Bergman © Hans Hartung / Adagp, Paris 2020 **p. 43** Fouad Elkoury/Signatures **p. 44** © Jason deCaires Taylor. All rights reserved / Adagp, Paris, 2020 **p. 46** © BIS / © Archives Larbor © Adagp, Paris 2020 **p. 48** FineArtImages/ Leemage © Adagp, Paris, 2020 **p. 54** Avec l'aimable autorisation de CHANEL **p. 55** Nikada/Istock **p. 56-57** Bridgeman images **p. 59 1-6** Collection Christophel © Home Box Office **p. 60 h** BIS/Ph. H. Josse © Archives Larbor **p. 60 b** Fine Art Images/Heritage Images/ Coll. Christophel **p. 62** Bibliothèque nationale de France **p. 63** Photo Josse/Leemage **p. 64 h** Costa/Leemage **p. 64 b** De Agostini Pictures/akg-images **p. 65** Bibliothèque nationale de France **p. 66** BIS/ Photo Coll. Archives Nathan **p. 68** akg-images **p. 70** Droits réservés **p. 71 1** Werner Forman/ akg-images **p. 71 2** Hocquart / Andia.fr **p. 71 3** Pascal Victor/ArtComPress via Leemage **p. 71 4** BIS / Ph. Jeanbor © Archives Larbor; **p. 72 b** Imagno/Roger-Viollet **p. 73 g et d** Collection Christophel © Ring-Film / Kammerspiel-Film **p. 75** Photo Centre Pompidou, MNAM-CCI, Dist. RMN-Grand Palais / Guy Carrard © Archive Florence Henri / Galleria Martini & Ronchetti, Gênes **p. 76** Maia Flore / Agence VU **p. 79** Archiv Munch Nasjonalmuseet, Oslo **p. 82** akg-images **p. 84 h** Sophie Bassoul/Leemage **p. 84 b** BIS/Ph. Patrice Pascal © Archives Larbor **p. 86** BIS/Ph. Coll Archives Larbor **p. 87** René Saint-Paul/Rue des Archives/ Bridgeman images p.88 Gérard Bloncourt/Rue des Archives/ Bridgeman images **p. 90** Artothek/LA COLLECTION © Adagp, Paris, 2020 **p. 94** service Communication Mairie d'Uckange **p. 95** SDI Productions/ Istock **p. 96-97-98** BIS/Ph. Luc Joubert/Archives Larbor Droits réservés **p. 100** akg-images **p. 102 h** Rue des Archives/ Bridgeman images **p. 102 b** Prod DB © Studio Ghibli/ D.R. **p. 103** Patrice Normand/Leextra via Leemage **p. 104 h** Roger-Viollet**p. 104 b** akg-images **p. 106** Banksy/PestControl **p. 110 b** Philippe Hupp/Leemage **p. 111-113-114-116** COLLECTION CHRISTOPHEL © Cruise Wagner Productions / Blue Tulip Productions **p. 120** © S. Sonnet-EPPDCSI **p. 121 1** Issei Kato/Reuters **p. 121 2** © EPPDCSI/COM 03/2019 Création Levin/ J. Triboul, L. Quetglas **p. 121 3** R. Thenadey/EPPDCSI **p. 122 b** Süddeutsche Zeitung/Leemage **p. 124 h** BIS/Ph. H. Josse © Archives Larbor **p. 124 b** Collection Jean Vigne/Kharbine Tapabor **p. 126** Leemage **p. 127 h** Lebrecht/Bridgeman images **p. 127 b** Musée Gadagne, Lyon **p. 128** Courtoisie Présence Africaine Editions **p. 132 b** Gallimard/Opale/Leemage **p. 133** Collection Christophel © Les films du Belier / Les films Pelleas / France 2 Cinema / Mars Film **p. 136** © Agence de la biomédecine, 2019 **p. 138** BIS/ Ph. Scala © Archives Larbor **p. 147** Collection Christophel © Johan Paulin **p. 148 h et b** Collection Christophel © Mandarin films / Gaumont **p. 149** sturti/Istock **p. 151** Yuri Arcus/Istock **p. 153 h** François Guenet/Divergence **p. 155** © Elisabeth. Carecchio **p. 157** Photo Centre Pompidou, MNAM-CCI, Dist. RMN-Grand Palais / Bertrand Prévost © Michele de Lucchi **p. 159 h** Jean-Claude N'Diaye / LA COLLECTION **p. 159 b** Siméon Levaillant, 2020 © MEN **p. 160-161** Erich Lessing/AKG images **p. 195** Bis/ Ph. Coll.Archives Larbor

ISBN : 978-2-09-167107-9

Couverture : Séverine Tanguy
Conception maquette : Deligraph
Mise en pages : Deligraph
Édition : Karine Le Forestier
Iconographie : Nadine Gudimard
Fabrication : Laura Milhomme

MIXTE
Papier issu de sources responsables
FSC® C022030

N° projet : 10261451 - Dépôt légal : Avril 2020
Achevé d'imprimer en Italie par L.E.G.O. S.p.A., Lavis (TN)